Horst Krüger:
Kennst du das Land
Reise-Erzählungen

Deutscher
Taschenbuch
Verlag

Von Horst Krüger
sind im Deutschen Taschenbuch Verlag erschienen:
Ostwest-Passagen (1562)
Poetische Erdkunde (1675)
Spötterdämmerung (10355)
Tiefer deutscher Traum (10558)
Das zerbrochene Haus (10665)
Zeit ohne Wiederkehr (11121)

Ungekürzte Ausgabe
1. Auflage Dezember 1989
Deutscher Taschenbuch Verlag GmbH & Co. KG,
München
© 1987 Hoffmann und Campe Verlag, Hamburg
ISBN 3-455-01892-0
Umschlaggestaltung: Celestino Piatti
Gesamtherstellung: C. H. Beck'sche Buchdruckerei,
Nördlingen
Printed in Germany · ISBN 3-423-11158-5
2 3 4 5 6 · 94 93 92 91 90

Inhalt

Amerika ist anders
Bilder aus der neuen Welt

Es war ein Wiedersehen, wunderschön, als wir durch Manhattan liefen am ersten Abend. Was heißt in Amerika schön, nicht wahr? Es war grauenvoll, aber wunderbar. Es war eine donnernde Ouvertüre zu dem Stück, das nun begann und das einen Monat dauern sollte: From East to West. Wie sieht es denn aus in den Vereinigten Staaten, jetzt?

Obwohl Mitte März, ging eben über Manhattan ein Gewitter nieder, das jedem Hochsommer Ehre gemacht hätte. Die Uhren zeigten nach neun, obwohl es nach unserer inneren Uhr schon drei Uhr nachts sein mußte. Ob daher die traumhafte Phantastik der Szene kam? Es war dunkel, aber nicht ganz. Regen platschte auf den Asphalt. Später riß der Himmel plötzlich auf und ließ im Mondlicht Wolkengebirge erkennen, die wie Nebelhauben direkt auf den Wolkenkratzern hingen. Manhattan sah an diesem ersten Abend wie die Hölle aus, also faszinierend durch Schrecken von großem Format.

Plötzlich zuckten Blitze in die Straßenschluchten hinein. Einen Augenblick wirkte Times Square grell weiß, total überbelichtet. Dann fiel der weiße Spuk im Nebel zusammen. Das Flirren der vielen Lichter vom Times Square gewann wieder an feuchter Kraft. Die Donner rollten heran. Ihr Krachen hallte und brach sich in diesen monströsen Steinschluchten, die man ja hier Avenuen nennt. Es war, als wenn New York eben seinen ersten Atomschlag erlebte. Die Stadt brüllte und zuckte und schien zu brennen. Heller als tausend Sonnen hat man die Atombombe taxiert. So ungefähr war der Schein. Und dann begann wieder ein Regen, den man Orkan nennen könnte, nach unseren Begriffen. Wassermassen peitschten durch die Straßen, flogen die Häuser entlang. Überall sah man zerbrochene Regenschirme auf dem Bürgersteig liegen. Konstruktionen von so kunstvoller Art sind so roher Gewalt nicht gewachsen. Die Amerikaner schmeißen die Dinger, einmal geknickt, einfach auf die Straße. Weg damit! Der nächste Schirm, bitte!

Trotzdem war Times Square nicht tot. Autos surrten und zogen Wasserfontänen hinter sich. Neger huschten von Bar zu Bar. Sie klebten wie schwarze Engel an Hauswänden. Sie hockten wie tot an Subway-Eingängen, nasse Stoffbündel. Andere schritten auf der Straße, als wenn nichts wäre. Der Regen wusch ihre schlanken Körper schön. Sie gingen wie stolze Stammesfürsten mit Transistorradios, die noch im Platschen des Regens laut dröhnten. Für die Nutten vom Times Square war dieses Gewitter natürlich geschäftsschädigend. Im Augenblick war nichts zu sehen. Das sündigste Quadrat der Welt wirkte sauber, kurzfristig. Doch ist, man weiß das, das älteste Gewerbe der Welt durch solche klimatischen Zwischenspiele nicht kleinzukriegen. Die haben ganz andere Katastrophen überstanden. Ich gedenke ihrer vieltausendjährigen Geschichte nicht ohne Respekt.

Was macht man in solchen Augenblicken? Man huscht, nachdem man sich als Newcomer sattgesehen hat an diesen nächtlichen Phantasien des Untergangs, schließlich in einen Drugstore. Immer haben in Amerika irgendwelche Läden mit Coffee-Shop offen: around the clock. They never close! Die Läden sehen von außen schmal aus, sind aber innen kleine Warenhäuser. Es war still und leer im Drugstore. Ein fetter Mann mit weißer Visage und mächtigem Doppelkinn, einen verbeulten Hut in den Nacken geschoben, hockte müde hinter seiner Theke. Den Höllenschlag gegen Manhattan draußen schien er verdämmert zu haben. Müde und ächzend stellte er uns Cola-Ähnliches auf den Tresen. Wenn man in die Tiefe des Ladens sah, war diese öde Tristesse der Warenwelt Amerikas zu erkennen. Trostloser Wohlstand. Erst nachts wird das ganz deutlich. Massenhaft und vereinsamt liegt alles rum, was niemand will. So, sagte ich, als wir unseren Drink beendet hatten, jetzt stoßen wir vor in den Warendschungel: lonely in the crowd. Wir brauchen auch Regenschirme. Wir sind ja pitschnaß. Es war so um Mitternacht. Von den Schirmen konnte ich nur sagen, sie waren primitiv, miserabel gearbeitet, kosteten 6,50 Dollar. Für 9,90 DM kriegt man bei uns im Kaufhof Solideres. Aber wir haben die Dinger auch nicht mehr gebraucht.

Der prächtige Weltuntergang war zu Ende. Es regnete nicht mehr. Der Himmel hellte sich auf. Ich meine: Das zuckende, bunte Glitzerlicht von den riesigen Reklamefronten rundum gewann wieder deutlich die Oberhand. Es warf seinen rötlichen Schein auf Wolkenreste, die davoneilten. Times Square orgelte wieder Lichtkaskaden, original. Erste Transvestiten sprangen stöckelnd über Wasserlachen. Sie kicherten und kreischten. Happy scheint auch der Strich allzeit in den USA.

Und als wir am nächsten Morgen zum erstenmal wieder über die Fifth Avenue gingen, war ein keuscher, ein strahlender Frühsommertag aufgezogen. New York kennt ja keinen Frühling. Es kennt klirrende Wintertage und brütende Sommertage. Unsere sanften Übergänge sind hier unbekannt. Strahlende Sonne lag über der Prachtstraße. Im Rockefeller-Center blühte es schon, obwohl dort noch Eisläufer tanzten. Mittags wurde es sommerlich warm. Ich sah wieder all die Gegensätze: die Armut und Häßlichkeit und den Luxus dieser Gesellschaft, der mich an das späte Rom erinnert. Welch ein verschwenderischer Reichtum ist versammelt. Was soll man sagen? Es gibt eine Armut, die an Ägypten erinnert. Es gibt eine Eleganz wie in Paris. New York ist die Welt noch einmal: Alles ist hier zu haben.

Es ist verblüffend zu sehen, wie die Stadt wächst. Immer meint man: Manhattan ist von monströsen Bürotürmen längst überwuchert. Und dann stellt man, nach fünf Jahren wiederkommend, fest: Die Banker-Trusts haben in den letzten Jahren phantastische neue Wolkenkratzer hingezaubert. Es sind neue, strahlende Lichttürme emporgeschossen, die von außen jetzt meistens voll verspiegelt sind. Sie warfen an diesem strahlenden Morgen das Licht der Sonne vielfach zurück. Jetzt geht das also wieder los, das Ah und Oh, das dauernde Staunen, der Kniefall vor all den Superlativen? Gerade das wollte ich diesmal vermeiden. Aber wenn man dann vor den beiden Bürotürmen des World Trade Center unten in Wallstreet am Hudsonufer steht: 420 Meter hoch, 110 Stockwerke, und dies alles doppelt, und wenn man noch Augen hat zu sehen und Sinne, hier mitzuphantasieren, dann geht man eben doch wieder in die Knie. Der Anblick der Giganten, die etwas Leichtes, ja Schwebendes haben, ist atemberaubend. Neue Phantasien in Stahl und Glas sind entstanden. Die Kraft Amerikas, sein vorwärtsstürmender Wille, die Welt immer größer, immer höher, immer kühner zu konzipieren, ist mit den Augen abzulesen. Es gibt hier, so unzeitgemäß es für uns auch erscheint, diesen prometheischen Willen himmelstürmender Gigantomachie ungebrochen, immer noch.

Und wie das läuft und arbeitet und funktioniert: perfekt. Man soll sich da gar nichts vormachen bei uns. Sterbender Spätkapitalismus? Ach Gott, Wallstreet jedenfalls blüht. Wir haben dieses Allerheiligste des Kapitals ausführlich betrachtet. Wir standen wohl eine Stunde in der Börse: The New York Stock Exchange. Wir sahen, wie hier die Wertpapiere der Welt vollelektronisch gehandelt werden. Das Kapital stampft nicht mehr. Es surrt und tickt und summt alles leise von Computern. Ausgespuckte Papierbänder am Boden, Fernschreiber tickern, Telefone klingeln. Jeder Makler hat mindestens drei Hörer zugleich in der Hand. Vor so etwas steht man fast wie vor

Kathedralen: schweigend, staunend, beinah andächtig. Vor so etwas sagt man wie in Kathedralen: Schön war das früher, nur: Hier lebt es noch, und wie!

Und als wir später in Wallstreet in diesem kleinen, diskreten Lokal zum Lunch saßen, sagte ich: Eine Woche werden wir in der Stadt bleiben. New York ist ja nicht langweilig. Es hat viel zu bieten. Aber im Grunde war das schon die Stadt. Sie ist wie ein Spiegel. Ist man müde, deprimiert, sieht man nur Leere und öden Schein. Ist man glücklich, begegnet einem überall Schönheit. New York ist die Welt schlechthin. Man kann natürlich sagen: Ein Hauch von Untergang liegt schon über diesem wuchernden Steingebirge. Hörst du nicht das Krabbeln der Kakerlaken und wie sie schaben, tief unten? Man kann genausogut sagen: Die Stadt dröhnt, sie stampft, sie brüllt aus einer Kraft, die nur sehr junge Nationen besitzen. Die sind nicht am Ende. Die platzen vor pubertärer Potenz. Die fangen erst richtig an.

Was ist die Wahrheit? Ein Mann, der etwas verstand von moderner Architektur und Städtebau, hat die Wahrheit gesagt. Le Corbusier, der Meister des neuen Stahlbetonbaus, hat New York »die wunderbare Katastrophe« genannt.

Chicago oder Die Karyatiden des Kapitalismus

Ich war müde. Ich war es satt. Resigniert war ich. Es hat keinen Sinn, sagte ich. Man kommt da nicht hinter. Wir wollen doch immer hinterfragen, wir Deutschen. Wir sind jetzt eine Woche in den Staaten, und was ist? Alles wie gehabt. Das große Staunen geht wieder um, schrecklich. Ich will das doch nicht. Als Tourist, plötzlich eingetaucht in diesen fremden Kontinent, ist man zunächst einfach erschlagen. Nicht Amerika, man selbst kommt ins Taumeln. Man selbst schlingert mit all seinen klugen Fragen: America now – was hat sich denn hier nun verändert?

Zugegeben, neulich die Tankstelle, wo sie neben dem Zapfhahn diese köstliche Karikatur Ayatollah Khomeinis an einem Galgen aufgehängt hatten. Der böse Oberpriester blickt da gierig auf das fließende Benzin. Khomeini tankt mit! Spart Benzin, Amerikaner!, stand da sinngemäß geschrieben. Auch der Autopark hat sich verändert. Wie rasch das hier geht: Die großen Schlitten sind weg. Es sind fast nur noch Mittelklassewagen zu sehen. Auf den Straßen schieben sich sichtbar die Japaner und VW-Golf klein und flink nach vorne. Aber sonst? Es läuft wie gehabt.

Ich weiß, daß diese Stunde erster Reiseresignation in Chicago auftrat. Es war im Conrad Hilton. Zugegeben, ein Haus erster Klasse. Ich lag in dieser Zweizimmer-Suite, die wir ergattert hatten, auf dem Bett. Ich war müde und ratlos. Und es war auch hier wie immer – gastronomisch. Der Fernseher lief. Die Air-condition rauschte in bitterer Kälte zu laut. Hellgelb strahlten jene sechs prächtigen Stehlampen aus Pappmaché, die alle Hotelzimmer in den USA ins Feudale hochmotzen sollen. Eiswürfel klickerten in meinem Whiskyglas. Wir waren ins Reden gekommen. Du hingst noch mitten in deinem New-York-Schock. Natürlich hält so etwas an, vor allem, wenn man es zum erstenmal sieht.

Du sagtest: Ich weiß nicht, ich hatte es mir anders vorgestellt. Nach deinen Erzählungen zu Hause erschien mir Amerika trotz aller Probleme immer etwas wie Disneyland: verrückt, doch faszinierend im ganzen. New York aber hat mich eher entsetzt. Dieser Gegensatz zwischen privatem Reichtum und öffentlicher Armut ist doch eine Affenschande. Weißt du noch unten in Wallstreet, wo die riesigen Banktrusts ihre glitzernden Lichttürme hinsetzten, wie sauber und gepflegt da die Bürgersteige aussahen? Und wie dann weiter oben Richtung Washington Square, auf der Höhe der Bowery, die Armen hausen und die Ausgeflippten auf der Straße liegen – nichts als Dreck und Müll überall. Rattenparadiese. Die großen Kapitalmonopole protzen mit einem Glanz, der schamlos wirkt. Und die Kommune New York ist so arm, so überschuldet, daß sie nicht einmal den Dreck beseitigen lassen kann. Das ist doch ein ungerechtes System!

Ich sagte: bekannt, geschenkt, alles zugegeben. Aber vergiß nicht, aus diesem gigantischen Privatreichtum kommt auch all das Schöne, das dich in dieser Woche in Manhattan bezauberte. Nicht nur die Kirchen und Universitäten, auch das Museum of Modern Art, auch das Guggenheim-Museum, die Frick-Collection, auch das Lincoln-Center mit seinen zwei Opernhäusern und herrlichen Musikhallen, es sind alles private Stiftungen. Das ist Hochkapitalismus, klassisch: Big business hat alles in der Hand. Der Staat ist eine Maus, die Wirtschaft ein Elefant. Du mußt einräumen: Diese Privatwirtschaft ist nicht eben knausrig in ihren Gaben. Kannst du dir ein Rockefeller-Center, das doch herrlich und für alle da ist, etwa von Siemens in Erlangen vorstellen?

Du sagtest: Ich bin einen Abend bei meiner Tante draußen in Long Island gewesen. Du weißt, die leben da seit dreißig Jahren in guten Verhältnissen als Möbelhändler. Deutsche sind in dieser Branche nicht übel dran. Den älteren Leuten geht es trotzdem mies. Nicht nur, daß sie sich abends nicht mehr auf die Straße wagen. Meine Verwandten hatten sich eine Altersversorgung im Laufe der Jahrzehnte mit Aktienpaketen zusammengezimmert. Neulich aber kam zu meiner Tante der Vertreter und erklärte, die Aktien seien so gut wie futsch. Da sei nichts mehr drin in Zukunft. Ob sie neue kaufen wolle? Meine Tante hat eine Kieferkrankheit. Da müßten die ganzen Zähne raus, eine große Operation, die aber die Krankenversicherung nicht übernimmt. Das kann vielleicht 15 000

Dollar kosten, die sie nicht hat. Also kaut sie krank weiter, während in der Madison Avenue die Millionen für sinnlose Werbung nur so rotieren. Das ist doch ein unsoziales System. Die sind hier doch hundert Jahre zurück!

104 Jahre, verbesserte ich. Bismarck hat das System der Sozialversicherung 1883 in Deutschland eingeführt. Aber wahr ist: Das ganze Sozialsystem ist in Amerika eine Katastrophe. Wer hier alt ist und krank und vielleicht auch noch farbig, ist miserabel dran, wenn er kein Geld hat privat. Du mußt das historisch sehen, früher war das noch viel schlimmer. Heute gibt es immerhin Ansätze. Es gibt ein Wohlfahrtssystem, das für eingefleischte Yankees aus dem Mittelwesten schon purer Kommunismus ist. Die leben hier in einer anderen Geschichtsepoche. Es wird einfach erwartet, daß ein tüchtiger Bürger im Laufe eines Arbeitslebens so viel Kapital zurücklegt, daß er im Alter davon leben kann. In der Schweiz ist das übrigens ganz ähnlich.

Haben solche Gespräche einen Sinn? Ich glaube schon. Das Land ist zu widersprüchlich, zu komplex. Immer muß man auch die andere Seite ins Spiel bringen. Außerdem entlasten solche Dispute. Sie sind Verdauungsvorgänge für Touristen. Wenn man allein durch Amerika reist, ist man verlassen: Verstopfungssymptome stellen sich unweigerlich ein. Meine Antwort auf unseren Disput ergab sich aus einem Bild. Nur Bilder sind wahr – für mich. Wir hatten uns fertiggemacht. Wir wollten Chicago besichtigen. Chicago am Abend ist wunderschön. Die Michigan Avenue, der Rathausplatz am Civic Center mit seiner herrlichen Picasso-Konstruktion, der Sears-Tower in Downtown, mit seinen 443 Metern das höchste Gebäude der Erde, augenblicklich. Wir waren durch die langen Flure des Conrad Hilton zum Lift gegangen, der in Amerika bekanntlich Elevator heißt: Erheber. Vieles ist in Amerika so erhebend, wenn es nicht niederwirft. Wir stiegen in den Fahrstuhl, der sehr geräumig war. Er hielt abwärts im sechsten Stock. Die Türe öffnete sich lautlos, Massen von Männern drängten, softig von Musik berieselt, herein.

Was ich jetzt meine, vollzog sich ganz rasch im Niedersinken zur Lobby. Es waren wohl ein Dutzend Herren, die zu einem Kongreß hier gehörten? In diesen Riesenhotels finden immer zugleich auch Riesenkonventionen statt. Irgendwelche Ölkonzerne oder Stahlcompanys bitten ihr oberes Management zum Erfahrungsaustausch. Die Herren hier schienen aus einer sehr harten Branche zu kommen, Beton vielleicht? Sie waren absolut Klasse. Einer sah wie der andere aus: mächtige Brocken, jeder ein schwerer, kantiger Geldschrank in korrektem Maßanzug, Schlips und weißem Kragen. Ihre Gesichter wirkten wie aus Beton. Es waren diese markanten Manager-Visagen, die mit wenigen Furchen zwischen Nase und Mund und einem kräftigen Kinn äußerste Willenskraft vortäuschen. In Amerika kommt da noch etwas Infantil-Knabenhaftes hinzu. Riesenburschen, verkleidete Cowboys, die förmlich krachen vor fröhlichen Energien. Die Herren waren happy. Einer schien einen Witz gemacht zu haben. Der Lift bebte sanft vor kollegialem Gelächter.

Und wenn ich nicht zufällig beim Gedränge im engen Lift hinter so einen lachenden Geldschrank geraten wäre, wäre ich wohl auch nicht auf diese Erkenntnis gekommen, die ich mit meinem Bild meine. Ich, der ich nicht eben klein bin von Wuchs, sah nur den Rücken dieses Zementbrockens: einen dicken Hals, einen kantigen Schädel, und das alles auf Schultern, die man bullig nennen muß. Ich kam mir wie ein Zwerg vor und dachte aus meiner Niedrigkeit: Das sind die Karyatiden des Kapitalismus. Die tragen das System. Wenigstens die Wirtschaftselite sitzt hier noch knallhart im Sattel. Und Al Capone läßt grüßen. Im Safe unten hing tatsächlich ein Bild dieses Gangsters. Es hing wie ein Heiligenbild: fromm.

Galveston – kennen Sie Galveston? Nie etwas gehört von diesem Nest? Ich hatte es auch nicht zuvor. Galveston ist eine kleine Hafenstadt und eine schmale, aber sehr lange Insel, die am Golf von Mexiko idyllisch dem Land vorgelagert ist. So ungefähr wie Sylt, nur viel ordinärer. Daß es eine Insel ist, hatten wir zunächst nicht bemerkt. Es war warm und sehr neblig, als wir, unwissend, über die breite Stahlbrücke rübergerollt waren. Hier unten im südlichsten Texas gibt es immer wieder tropisch-feuchte Nebel. Nichts war zu sehen, aber als wir weiterfuhren, hörten wir es einfach. Wir hörten ein schweres Rollen, ein dumpfes Rauschen und Branden. Gib doch die Karte mal her, sagte ich. Das muß schon der Golf von Mexiko sein?

Wir stiegen aus. Wir gingen durch weiße Nebelwände über die Ocean-Beach-Avenue auf den Strand zu. Und dann sah man es auch. Ist das noch der Atlantik? Ist das schon der Pazifik? Der Ozean lag auf jeden Fall vor uns: majestätisch, sehr schwer. Riesige Wellenberge kamen angerollt, bäumten sich haushoch, brachen krachend in sich zusammen. Das Meer donnerte und zog sich zischend wieder zurück. Ein neuer Brecher kam an. Warum spürte ich Glück? Das Meer ist die Mutter, der Anfang, der Ursprung schlechthin. Unser Anfang auf der Erde muß einmal glücklicher gewesen sein als das, was danach kam, nach dem Sündenfall, meine ich.

Dabei hatten wir Furchtbares hinter uns. Wir hatten Houston gebucht bei American Airlines. Als wir aber auf dem Flughafen niedergingen, sah ich nur eins rundum: Wasser. Ganz Texas, das später von der Hitzewelle heimgesucht wurde, schien unter Wasser zu stehen. Happy raining! rief uns der Captain aus dem Cockpit aufmunternd zu, als wir ausstiegen. Und als wir mit dem Taxi zum Hilton-Houston wollten, lernte ich als erstes: Houston als Stadt gibt es gar nicht. Es ist nur ein Gerücht. Es gibt eine weit verzweigte Industriezone mit Dutzenden von Houston-Centern, fast wie das Ruhrgebiet, dazwischen viel Grün. Es gibt auch nicht nur ein Hilton. Es gibt viele Hiltons in vielen Houston-Centern, und natürlich hatten wir von Chicago aus genau das falsche gebucht. Unseres hieß Shamrock-Hilton und lag weit draußen in einem Medizin-Zentrum. Es goß, wie es nur in Texas gießen kann: tropisch. Und als wir dann nach gut einer Stunde Fahrt den großen Hotelkasten im einsamen Grün so medizinisch-septisch liegen sahen, rief ich dem Taxi-Driver zu: No, Sir! That's wrong! We want to go to another Hilton! Der Schwarze sah mich aus seinen verglasten Augen schläfrig und erstaunt zugleich an. Es war so, als wenn einer vor dem Excelsior in Düsseldorf sagt: Nein, ich will jetzt lieber ins Excelsior in Dortmund. O. k., murmelte er und zog auf dem pitschnassen Highway weiter seine großen Bogen. Nach einer weiteren Stunde hielten wir vor dem Brookhollow-Hilton. 41 Dollar kostete die Irrfahrt. Viel oder wenig? Wir waren den ganzen Abend Taxi gefahren.

Auch das Brookhollow-Hilton erwies sich, obwohl exquisit, als sinnlos. Es war einfach eine Highway-Station mit Tankstelle. Da war überhaupt nichts mehr von Houston, auch kein Grün. Man hörte nichts als das Rasen der Autos. Es muß einigermaßen komisch gewirkt haben, als wir da mit dem Taxi vorfuhren, die Koffer ausluden. Zwei Gäste aus Old Germany, die auf der Autobahn offenbar Urlaub machen wollen? So etwas gibt es hier nicht: zu Fuß oder mit dem Taxi. Alles fließt, alles rollt, alles ist in dieser irren Autogesellschaft im eigenen Wagen immer unterwegs. Zu Fuß ist man voll amputiert. Man wird von Angst heimgesucht.

Am nächsten Morgen dämmerte es mir. Endlich begriff ich es, konkret. Es hat keinen Sinn, sagte ich. Wir müssen endlich rein in den Way of Life hier. Wir müssen's genau wie die anderen machen: fahren, fahren, immer nur fahren, wohin, ist egal. Mitmachen, ans Benzinsparen denkt hier niemand. Das ginge auch nicht. Die ganze Gesellschaft bräche zusammen ohne Autos. Wir mieteten uns also einen Wagen. Sobald man in diesen hochlackierten, bequemen Benzinkutschen sitzt, verlieren sich Hilflosigkeit und Angst. Es überkommt einen große Entspannung, obwohl man doch Neuling ist auf den Highways und im Auto sitzend. Nichts wie weg, hatte ich aufatmend gesagt. Wo ist hier das Meer? So sind wir nach Galveston geraten. Der Ozean hat uns erquickt und gelabt.

Trotzdem ist Houston eine Reise wert. Hier unten ist US-Entwicklungsland: Ein gewaltiger Aufbruch findet statt. Neben der Landwirtschaft mit ihren riesigen Baumwollfeldern und den Rinder-Ranchen läuft ein Industrialisierungsprozeß, phantastisch. Es wird nicht nur nach Öl und Erdgas gebohrt. Chemie, Stahl und Aluminium florieren: Asphalt, Schwefel, Helium, Magnesium, Kupfer. Also, wenn die Yankees entschlossen sind, so etwas rauszuholen, dann machen sie es auch, krachend vor Kraft. Und so wild, so frisch, so kaputt und modern sieht Houston bei Sonnenschein dann auch aus. Da werden alte Stadtteile einfach eingestampft. Daneben entsteht eine Zukunftsstadt: blitzblank und strahlend in technischer Schönheit.

Die Wolkenkratzer von Houston, sie sind noch moderner, noch schöner als die von New York. Obwohl riesig, wirken sie ungemein leicht. Schwerelos und schön streben sie in den Himmel von Texas. Es sind nicht einfach Kästen. Es sind ganz neue Formen: Kuben und Pyramiden, Stufenhäuser und elegante Bögen. Und da auch diese jüngsten Giganten außen alle verspiegelt und aufeinander wie ein Ensemble bezogen sind, spiegeln sie sich alle gegenseitig. Ich denke an das Ensemble um das Hyatt-Hotel zum Beispiel. Es sieht in der Dämmerung, wenn die Lichter rundum angehen, wie ein gläserner Traum aus, eine Symphonie im Spiegellicht. O holder Narziß Amerika! Wie kannst du schön sein! Utopia, du glänzt und verwirrst. Ich meine: Wer wird mir das glauben, zu Hause? Die zu Hause werden sagen: Der spinnt!

Spacelab: Wir sind zweimal bei der NASA in Houston gewesen. Es liegt 35 Kilometer südöstlich der Stadt und heißt Lyndon B. Johnson Manned Spacecraft Center. Da liegen schon im piekfeinen Park diese Mondraketen: Mercury, Gemini, Apollo, in allen Größen sortiert. Sie liegen wie phallische Phantasien. Mythen unseres späten Jahrhunderts, museumsreif jetzt. Und drinnen im Visitor-Center ist die Geschichte der amerikanischen Mondfahrt penibel und sehr instruktiv aufgebaut. Es ist alles da, was wir vom Fernsehen kennen. Die Weltraumkapsel und auch dieses spinnenbeinige Monstrum, das dann auf dem Mond aufsetzte. Es hat mich vor allem das Mondauto interessiert.

Es sieht wie ein besserer Landrover aus. Natürlich ist es von innen verzwickter. Die Vorstellung, daß dieses Ding damals tatsächlich auf unserem guten, alten Mond, den wir schließlich kennen, nicht nur von Matthias Claudius her, mit seinen stahlvernetzten Ballonreifen einfach so rumkurvte, ist erregend. Für meine Phantasie gibt das was her. Nur die Helden des Stücks sind hier nicht original. Sie stehen mit Fahnen dekoriert ausgestopft am Rande. Neil A. Armstrong und Edwin E. Aldrin hießen die beiden ersten Menschen, die am 20. Juli 1969 auf dem Mond herumstaksten. So lange ist das schon her? Die Bilder sind noch lebendig in mir. Armstrong ist heute Dozent für Raumfahrt. Natürlich, das Spiel ist gelaufen. Die Botschaft an alle, US-deklariert, blieb samt Flagge auf dem Mond. War das Ganze nicht doch eine Sackgasse? Ich glaube, man muß es politisch werten. Es war vor allem ein Prestige-Projekt, also ein Wettlauf mit den Russen.

Und unser Thema? fragte ich später, als wir wieder in

Galveston im Motel Sandpiper saßen. Das Meer rauschte. Noch immer zogen Nebelschwaden am Horizont, obwohl es aufklarte. Feucht und klamm war das Zimmer. Ich meine, wir sind doch nicht zum Vergnügen hier. Hast du was ausgemacht in unserer Frage: America now, bitte? Wir hatten so viele Fahnen und nationale Embleme bei der NASA gesehen und auch, wie respektvoll, ja ehrfürchtig die Leute davorstanden. Etwas hat sich tatsächlich verändert, seitdem ich das letzte Mal hier war vor fünf Jahren. Ich bin nicht sicher, ob man es einfach »Rechtsruck« nennen kann. Das alles sind Begriffe europäischer Tradition, die hier nicht ganz passen. Aber es ist, alles in allem, ruhiger geworden. Die Amerikaner streben nicht mehr explosiv auseinander. Sie schließen sich eher zusammen. Sie sind, weil sie da und dort gedemütigt wurden in der Welt, nationaler geworden. Ein Patriotismus ist jetzt zu erkennen, den ich früher so weit verbreitet nicht sah. America first, right or wrong – my country! Ist das nicht die Stimmung im Land?

Mach mal Pause – Urlaubsland

Doktor! Sie waren es neulich doch? Als ich Ihre Praxis eben verlassen wollte, sagten Sie plötzlich: Wir können ja leider immer nur in den grauen Wintermonaten Urlaub machen, wenn unser Sanatorium geschlossen hat. Wo soll man hin zwischen November und März? Mit Wintersport ist nicht viel drin bei uns. Wir sind nun schon so oft in Tunesien, Andalusien, auf Malta und Kreta gewesen, schön und gut. Richtiger Sommer war das nie. Mal fror man, mal war es warm. Wo könnten wir im Winter wirklich Sommer haben?

Lieber Doktor! In Ihrem Fall rate ich zu Amerika. America now? Für uns Bundesdeutsche ist nach dem

Dollarverfall in den letzten Jahren da ein ganz neues Ferienziel im Kommen. Wenn Sie das Abenteuer »in Freiheit und Sicherheit« suchen – das sind doch die zugkräftigsten Slogans unserer Parteien –, würde ich sagen: nur USA. Niemand beschummelt Sie hier so kleinkariert wie die Händler vom Place Pigalle. Niemand bestiehlt oder kidnappt Sie gleich wie in Italien. Mit baskischen Bombendrohungen brauchen Sie auch nicht zu rechnen. Sie sind sicher. Für die Gauner Amerikas sind Touristen einfach zu kleine Fische. Kriminalität setzt hier hochkarätiger an.

Ich entwerfe Ihnen jetzt einen kleinen Reiseplan: höchst konkret. Es ist alles gecheckt und erfahren von mir. Sie können sich darauf verlassen. Nehmen Sie sich sechs Wochen Zeit. Bereiten Sie gar nichts vor. Bloß keine Hotelvorbestellungen und so, alles Unsinn, weil europäisch gedacht. Sie brauchen vier Dinge: das Visum, das Flugticket, dreihundert Dollar in bar und eine Kreditkarte. Die Kreditkarte ist das Wichtigste. Wunderbar leicht wird das Leben mit ihr. Nur Verbrecher bezahlen noch bar. Was das Flugticket anbelangt, würde ich raten: Frankfurt–San Francisco nonstop und zurück. Nehmen Sie irgendeine Chartergesellschaft, je billiger, um so besser. Man kann da unheimlich sparen. Und belasten Sie sich nicht mit schwerem Gepäck: ein mittlerer Koffer, eine kleine Reisetasche, auf keinen Fall mehr. Bei der Gepäckausgabe im Flughafen San Francisco stehen rechts an der Wand Hoteltelefone. Sie brauchen da nur abzunehmen und zu fragen. Irgendwelche Häuser haben immer Zimmer frei. Überhaupt: In Amerika gibt es keine Wohnungsnot und Gedrängel wie bei uns. Das Angebot ist eher zu groß.

Fahren Sie vom Flughafen mit dem Taxi ins Hotel. Halten Sie sich die ersten drei Tage autofrei. San Francisco ist genau wie New York eine Stadt für Fußgänger. Solche Ausnahmen muß man auskosten. Am vierten Tag sollten Sie sich dann ein Auto mieten. Mit der Kreditkarte geht das mühelos und ohne Kaution. Sie sollten noch einmal drei Tage San Francisco per Auto einlegen: die Golden Gate Bridge, Sausalito drüben und Berkeley und die Muir Woods. Nach einer Woche sollten Sie dann mit dem Auto aufbrechen. Ich empfehle natürlich die berühmte Küstenstraße 1, die Südroute am Pazifischen Ozean. Schöneres haben Sie nie gesehen: Da liegen die Glanzpunkte von Italien, Spanien, Norwegen und Griechenland zusammen und sind doch anders: kalifornisch, also übertrieben schön. Machen Sie keine zu großen Strecken. Es ist überall schön, und überall finden Sie Motels und Restaurants, massenhaft. Ich empfehle Monterey und Santa Barbara als Zwischenstation.

Irgendwann werden Sie in Los Angeles ankommen. Bleiben Sie nur vier oder fünf Tage. Dieses Stadtmonstrum schaffen Sie nie, ist auch nicht nötig. Quartieren Sie sich in einem Motel am Meer ein: Santa Monica vielleicht? Mit Ihrer Kreditkarte ist das in drei Minuten erledigt. Und vergessen Sie alle Terminabsprachen. Ob Sie nun drei oder vier Tage gesagt hatten zu Anfang beim Einchecken. Wenn Sie am nächsten Morgen wieder auschecken, wird kein Wort fallen. Sie sind frei.

Und machen Sie sich auch keine Mühe, einmal fein, einmal bescheidener wohnen zu wollen. Es ist alles gleich, meist auch im Preis. Die Zimmer der Motels sind viel größer als unsere Hotelzimmer. Sie haben sehr breite und weiche Betten, alle natürlich mit Blick auf den Fernseher. Air-condition und pompöse Stehlampen inbegriffen. Überall wird Ihnen das geräumige Badezimmer mit der lächerlich kleinen Badewanne auffallen. Rest des Puritanismus? Wannenbad ist unkeusch, duschen gesund. Wenn Sie ausgehen, ist es nicht üblich, den Schlüssel abzugeben. Wenn Sie nachts wiederkommen, schert sich kein Mensch darum, wieviel da mitkommen. Dieses gräßliche Aufpassersystem unserer Hotelportiers ist in Amerika unbekannt.

Wichtiger ist: Sie müssen jetzt das Auto wechseln. Geben Sie den PKW ab. Mieten Sie ein Wohnmobil. Nein, Sie müssen bitte nicht an die Campingplätze in Deutschland denken. Campen in den USA ist etwas ganz anderes, sozusagen naturgegeben. An den schönsten Aussichtspunkten der Küste stehen überall freundliche Einladungen: »Campers stop!« Man kann sich da im Freien hinstellen und bleiben, so lange man will. Die Menschen, die man hier kennenlernt, sind fast alle sympathisch und hilfsbereit. Die Jugend ist fabelhaft höflich.

Ich rate zum Wohnmobil aus zwei Gründen. Erstens haben Sie endlich die Möglichkeit, selbst zu kochen. Sie lachen, das sei doch keine Erholung! Ich sage Ihnen, wenn Sie nur zehn Tage die amerikanische Küche genossen haben, werden Sie dankbar rührend am eigenen Herd vor einer Linsensuppe mit Bockwurst stehen. Das Essen drüben ist grauenvoll. Man kann's nicht beschreiben. Es sind ja nicht nur diese Hamburgers und Cheeseburgers, diese Sandwichkultur der Angelsachsen, sozusagen die ganze Welt zwischen zwei Brotscheiben zu klemmen. Wir haben im Hyatt-Hotel Houston im feinsten Restaurant ein Steak gegessen: Prime Rip, versteht sich. »The Pride of Texas« stand da geschrieben, immerhin 18 Dollar. Der Stolz von Texas schmeckte miserabel. Die Amerikaner können rohes Fleisch einfach nicht sachgerecht schneiden. So etwas lernen bei uns die Lehrlinge in ihren ersten Metzgerjahren. Hier? Hier schneidet jeder, der gestern noch als Bauarbeiter oder Bierfahrer jobbte, drauflos. Gewerbefreiheit heißt das. Ja, und dann schien mir der Stolz von Texas auch noch nach Seife und Marmelade zu schmecken.

Machen Sie sich wegen des Proviants keine Sorge. Überall Supermärkte, in denen man nach sehr langem Suchen auch schmackhafte Waren findet. Der US-Käse zum Beispiel ist eßbar. Die Milch, tiefgekühlt, ist vorzüglich. Das Brot der Amerikaner ist so riesig und daunenweich, daß Sie es im Wohnwagen auch als Kopfkissen benützen können. Es gibt holländisches Bier, das uns schmeckt. Nehmen Sie keine deutschen Weine, die es jetzt tatsächlich gibt in den Staaten. Das sind diese Liebfrauen- und himmlischen Moseltröpfchen, die bei uns 1,90 DM kosten, auch so schmecken, drüben 7,00 DM und mehr. Nehmen Sie kalifornische Weine: trocken, auch billiger. Ich warne Sie schließlich mit Nachdruck vor jenen blaßroten Riesenrädern, die, in Plastik verschweißt, in den Kühlfächern liegen und die die Amerikaner auf so hartnäckige Weise als Wurst bezeichnen. Ich sage nur: schlimm. Kitekat ist da besser. Nehmen Sie statt Wurst immer Corned beef. Daraus läßt sich mit Zwiebeln, ein paar Kartoffeln und Eiern jenes Hash bruzzeln, das hierzulande als essenswert zu verbuchen ist.

An der Kasse der Supermärkte werden Ihnen merkwürdige Riten auffallen. Es gibt zum Beispiel keine Plastiktragetüten mehr. Sie kriegen immer die grauen, riesigen Papiertüten, umweltbewußt. Eine Hilfskraft packt Ihnen alles blitzschnell rein. Aber dann wird die Tüte auf keinen Fall zugemacht. Wagen Sie das nicht. Die Tüte muß immer offen gehalten werden. Das ist wie mit den Fenstern der Amerikaner: nur keine Gardinen, jeder muß reingucken können, wie vorbildlich es zugeht da drinnen. Das Mädchen an der Kasse hat schließlich eine Art, Ihnen das Wechselgeld zurückzugeben, die mich auch nachdenklich machte. Sie legen das nicht einfach hin wie bei uns. Sie nehmen jeden Dollarschein in beide Hände, straffen ihn, zerren, ja reißen dann mit einer Energie an ihm, daß es nur so knallt. Es klingt wie flatternde Fahnen im Wind und ist, als wollten sie in jedem Schein die Reißfestigkeit ihres Dollartraums checken.

Der zweite Grund für das Wohnmobil geht tiefer. Sie sollten jetzt in die Wüste fahren. Es beginnt nun ein Reiseabenteuer großen Stils. Es gibt eine Größe und Gewalt der Landschaft hier, die Sie nie in den Städten, nur draußen in der Natur erleben. Ich werde nicht müde werden, immer wieder die Weite und Schönheit der Natur hier zu preisen. Sie ist überwältigend und viel zu unbekannt bei uns. Ich empfehle in Ihrem Fall zuerst die Wüste Nevada. Sie sollten von Los Angeles zunächst den San Bernardino Freeway nehmen, später den Highway 15, der nach Las Vegas führt. Ein strahlendes Schneemassiv hoch in den Bergen begleitet Sie durch heißen Sand, wo wunderliche Kakteen und andere Pflanzen blühen. Es ist ein Schauspiel für Augen, reiner Augenzauber, der nun beginnt. So etwas Schönes an Farben, Formen und Verwandlungen des Lichts habe ich noch nie gesehen. Ein Gefühl endloser Weite und Freiheit begleitet.

Es ist nicht sinnlos, zwei Tage in Las Vegas Rast einzulegen. Die Stadt ist weit toller als ihr Ruf. Sie ist auch viel billiger, weil die Hotels hier ihr Geld durch diese albernen Slot-Maschinen eintreiben, die überall stehen. Ich bin immer hingerissen von dieser Stadt. Sie ist fabelhaft. Wenn die Amerikaner sich zu Glücksspiel und Unzucht entschließen, dann machen sie das mit einer Entschlossenheit, die grandios ist. So wütend entschlossen zur Lust können nur verklemmte Puritaner sein. Auf dem Strip sind schon wieder riesige neue Hotelpaläste hochgeschossen. Ihre Eingänge sind Orgien pompöser Traumphantasien. Sie locken wie Riesenorchideen im Glitzerlicht. Alles falsche Pracht natürlich. Hollywoodträume für den Mittelstand. Ich könnte einen Film drehen, Las Vegas bei Nacht. Sein Untertitel: Das Klischee ist die Wahrheit.

Ich rate, einen Blick auf die jüngste Glücksburg zu werfen: Caesar's Palace, zum Lachen. Als ich den Bau sah, mußte ich sofort an Stuttgart-Stammheim denken. Von außen alles abgeschottet und dicht, damit niemand auf die Idee kommt, das Haus zu verlassen. Das sind die Zuchthäuser des amerikanischen Glücks, und schämen Sie sich auch nicht, mit Ihrem Wohnmobil hier vorzufahren. Kein Portier wird die Nase rümpfen. In Amerika ist man da anders. Jeder ist als Gast gleich, wenn er nur zahlt.

Das Schönste beginnt erst jetzt, wenn Sie Las Vegas verlassen. Wie soll ich es je vergessen? Ich erzähle jetzt einfach, wie es war, bei uns. Früh um sieben sind wir von Las Vegas nach Death Valley aufgebrochen. Herrliches Morgenlicht lag über dem Land: Der Himmel war stahlblau, die Sonne brannte, die Luft trocken und klar. Das Wüstenlicht hatte jetzt jene Überschärfen, die ich auch aus Ägypten von Theben West kenne. So gleitet man langsam auf der vorzüglichen Straße 95 ins Wunder der Erde. Es ist wunderbar zu spüren, wie sich nun alles verändert. Die Wüste Nevada liegt wie ein Märchen da. Man fährt und fährt, manchmal hebt sich die Erde etwas, dann senkt sie sich sanft. Ein Gefühl von Weite und Glück fährt befreiend mit.

Dann kommen die alten Goldminen, die Geisterstädte. Hier fieberte einmal in kochender Hitze der große Goldrausch: versunkene Abenteuer, Reichtum und Tod. Die Geisterstädte erzählen davon, sehr instruktiv. Es war einmal, erzählen die verlassenen Ruinen, eine große Zeit. Vor hundert Jahren kam hier der große Treck ans große Geld. Go West, go West! Amerika hat viele Mythen. Der Wilde Westen, den wir nur vom Film kennen, lebt noch in Resten. Nach gut zwei Stunden Fahrt muß man von der 95 herunter. Lathrop Wells heißt die wichtige Abbiegung. Da steht das Schild: »Death Valley Junction 30 Meilen«, links ab, bitte!

An dieser Abbiegung sind wir ausgestiegen. Wir wollten noch einmal tanken, bevor es in die tiefe Wüste geht. Aber es war nicht das Tanken, es war der Tankwart, der Mann, der uns bediente. Schon dieses Wort ist falsch. So alte zerfranste Cowboy-Typen dienen ja nicht. Am Geld schien ihm auch nichts zu liegen. Er platzte förmlich vor Lebenslust. Brüderlichkeit empfing uns. Er packte mich zur Begrüßung mit seinen beiden Pranken. Er schüttelte mir beide Hände mit einem Druck, daß ich beinahe aufjaulte vor Schmerz. Man spürte sein Glück, in dieser Wüsteneinsamkeit plötzlich Menschen zu haben: alte Freunde natürlich. Herrliche Freiheit war um diesen Alten, und als wir dann wegfuhren, rief er uns zu: Have a good trip! In Death Valley ist der Tod zu Hause – viel Glück! Er kam noch einmal ans Auto, beugte sich ins Fenster und sagte: Da vorne nach drei Meilen gibt's Weiber im Saloon: fünf Stück! Happy motoring, gentleman! Dann gab ich Gas. Siehst du, sage ich später, das ist nun wirklich Amerika original: alte Rasse. Der Wilde Westen ist schön.

Zabriskie-Point – darauf will ich hinaus. Kennen Sie, Doktor, den gleichnamigen Film von Antonioni? Vor Ort im Original sieht der Punkt noch phantastischer aus. Death Valley war schon immer mein Traum. In Wirklichkeit ist es viel ergreifender, als ich vermutet hatte. Ich hatte an eine Schlucht gedacht mit Felsbrocken. Death Valley ist ein riesiger Wüstendistrikt: 225 Kilometer lang, ein Nationalpark, wo man mindestens vier Tage bleiben sollte, um das Wichtigste zu erleben. Der größte Teil liegt schon wieder im Staat Kalifornien. Nur im Winter ist hier die Hitze erträglich. Im Sommer müssen Sie mit 57 Grad Hitze rechnen.

Was ist es, das hier ergreift und verzaubert? In Urzeiten muß hier etwas mit der Erde geschehen sein. Da muß aus glühenden Tiefen Urkraft ausgebrochen sein, und die hat die wunderlichsten Erdformationen hinterlassen, die ich je sah. Flora und Fauna gibt es nur ganz am Rande. Es ist eine Landschaft aus Stein. Es sind nur Felsformationen und Sanddünen zu sehen, aber von welch bizarrer Schönheit der Form! Man blickt vom Zabriskie-Point über ein Meer von Felsen, die merkwürdig gerundet wie Hauben nebeneinanderliegen. Jeder Felsen ist von etwas anderer Farbe und Form. Man könnte auch an hellgelbe, braune Rieseneier denken. Ganz oben die Schneeberge, und weit in der Ferne flimmert in Death Valley immer diese weiße Horizontlinie. Ist das eine Fata Morgana? Ist es Realität?

Man meint, ständig auf eine weiße Salzwüste zuzufahren, die dann aber nicht kommt. Das sind die geheimnisvollen Boraxbestände, die hier einmal vor hundert Jahren ausgebeutet wurden.

Ich rate auch, nach Bad Water zu fahren, dem tiefsten Punkt der USA: 86 Meter unter dem Meeresspiegel. Sie kommen da am Golden Canyon vorbei: hellbraune, bizarre Felsschluchten, in denen man wandern kann, stundenlang. Sie sollten sich mit Ihrem Wohnmobil in der Oase niederlassen, die Furnace-Creek-Rang. Das ist nun wieder ganz luxuriös mit Swimmingpool, Golfplätzen, Restaurants. Auch ein Supermarkt steht zur Verfügung. Wenn Sie dann nach den Lichtwundern am Tag in der Ranch nachts noch eine Stunde im Gras sitzen, werden Sie die Wunder der Wüstennacht erfahren. Man kann ganz tief in den Kosmos sehen. Das Universum steht offen. Es hat mich an Weihnachten erinnert: Jeder Stern scheint an einem hauchdünnen Lichtfaden zu hängen.

Ja, das wär's ungefähr. Das zum Beispiel, lieber Doktor, könnte ich Ihnen empfehlen, als einen Urlaubsplan. Ich füge nur noch hinzu: Sie müssen Englisch können. Es genügen Reste aus Schultagen, etwas aufgefrischt. Aber ohne Englisch bleiben Sie lieber zu Hause. Keiner weiß hier was von Fremdsprachen. Der Rest der Welt ist ganz unwichtig.

Gespräche am Sunset Boulevard

Sie war köstlich. Sie war schlank, mittelgroß. Ihr Alter undefinierbar. Das knapp sitzende weiße Kleid, sehr elegant, ließ auf Ende Zwanzig schätzen. Sie hätte aber bei bester Kosmetik auch Anfang Sechzig sein können. Es war einfach alles falsch an ihr. Sie trug eine hellblonde Perücke, und das ganze Gesicht war eine milchweiße

Maske mit zarten Chemie-Rötungen dazwischen. Sie trug eine dunkle, kunstvoll mit Silber beschlagene Schildpattbrille, deren Glasränder sich oben pfauenartig ins Groteske verrenkten. Sie hatte eine hohe, fast piepsige Stimme und wiederholte, als wir uns eincheckten, wie vom Tonband immer dieselben Sätze: It's a lovely point, really! It's a beautiful day, now. Have a nice time! You are welcome, Sir! Falsches Geschmeide klirrte dabei von Armbändern, massenhaft, scheppernd.

Das war nun das Highlander-Motel mitten in Hollywood. Wer jetzt meint, später sei dann wieder alles anders gekommen, täuscht sich. Die Puppe hatte schon recht. Es war sehr schön bei ihr. Es war ein Motel mittlerer Größe, genau zwischen dem Sunset Boulevard und der berühmten Hollywood-Bowl, wo vor 30 000 Plätzen die berühmten Festkonzerte von Los Angeles stattfinden. Es bestätigte sich wieder meine alte Reiseerfahrung: Das Berühmte ist meistens das Rühmenswerte auf Erden. Das Klischee ist die Wahrheit: perfekt. Hollywood ist eine Traumstadt, wie seine Filme. Es ist auch ein Alptraum von Hitchcock, der Angst macht. Ein tiefblauer Himmel, südliche Vegetation: Palmen, Zypressen, Pinien, Riesenkakteen und dazu diese sanft schwingenden Berge, die hellgrün, hellblau an die Toscana erinnern. Man sieht in der Ferne an Hügelrändern die römischen Paläste von Beverly Hills liegen. Da hausen die alten Film-Mumien, bräunlich zerfallend in Alter und Gold.

Nein, jetzt nichts von all den Mythen der alten Film-Hure Babylon. Sie lebt immer noch rüstig weiter, vorwiegend von Werbespots fürs Fernsehen. Ich will von dem einen Mythos sprechen, den ich noch nicht kannte. Schon am ersten Abend hatte ich gesagt: Laß uns auf den Sunset Boulevard gehen. Mal sehen, was es da gibt. Um es vorwegzusagen: Die berühmteste Vergnügungsstraße der Welt ist nur von maßvollem Reiz, optisch. Hotels, Restaurants, Amüsierschuppen, dann plötzlich ganz simple Häuser, kurze Zonen schwarzer Schäbigkeit, dann wieder Paläste von antikischem Pomp. Zwischen Beverly Hills und Santa Monica unten ist der größte Privatreichtum der Welt versammelt. Dem ersten Blick entzieht er sich sehr diskret. Es war Wind aufgekommen, ganz plötzlich fegten Sturmböen durch die Straßen. Ich sagte: Es hat keinen Sinn, laß uns umkehren. Wir sind jetzt genau bis Hausnummer 77 gekommen. Wir stehen exakt vor dem berühmten Krimiquatsch, den wir aus frühen Fernsehtagen kennen: Seventy-seven Sunset Boulevard. Wir schaffen das nie zu Fuß. Bis Pacific Palisades unten am Meer sind das noch zwölf Kilometer. Ich glaube, der Boulevard endet da unten bei der Hausnummer 12000?

Wir sind also umgekehrt. Wir haben dasselbe noch einmal im Auto versucht. Man fährt durch lauter Filmstädte, die heute meist zu Büros und Hotels umfunktioniert sind. Ich will nicht verschweigen, daß diese Stadtlandschaft auf mich einen merkwürdigen Reiz ausübt. In Hollywood ist einfach alles so falsch, daß es schon wieder goldrichtig ist. Bin ich zur falschen Zeit geboren? Dieser Glamour und Glanz, diese Traum- und Scheinwelt der bürgerlichen Mittelklasse, üben auf mich einen belebenden Zauber aus. Ich meine: Das Falsche ist doch das Richtige. Die Kunst ist doch die Wahrheit. Die Wirklichkeit ist nur ihr schäbiger Annäherungswert. Oscar Wilde hätte mich wohl verstanden. Was hat Andy Warhol so berühmt gemacht? Der Fetisch als Kunstwerk, das Kinoidol als Geburt der Venus. Die Pop-art ist voller Tiefsinn und sehr amerikanisch. Hier ist sie genau zu verstehen. Ich füge nur noch hinzu: Wir haben den Sunset Boulevard an diesem Abend auch nicht mit dem Auto geschafft. Es ist alles zu viel und zu weit. Große Verwirrung fühlte ich, als wir tief unten wie ein funkelndes Lichtermeer Santa Monica sahen. Schwindelgefühle suchten mich heim. Ich habe diese Fluchtburg der deutschen Schriftsteller unter Hitler auch diesmal nicht aufgebrochen. Laß sein! Es gibt Träume, die soll man nicht auseinandernehmen.

So sind wir vier Tage durch Hollywood gestreift. Hatte es einen Sinn? Offenbar. Es kam nämlich am letzten Morgen zwischen uns zu einem Disput. Er grenzte beinahe an Streit. Für mich war das ja nicht neu. Aber ich hatte wohl wahrgenommen, wie du dich verändert hattest. Ganz Kalifornien, ich habe das schon früher einmal geschrieben, ist ja kein Land, sondern ein Zustand, in den man gerät. Man gerät in eine merkwürdig rauschhafte Erregung: depressive Euphorien. Ich hatte diese seltsame Rötung in deinem Gesicht beobachtet, diese leicht fiebernde Überdrehtheit deiner Bewegungen. Das ist ganz normal. Alle sind hier etwas verrückt. Natürlich warst du fasziniert. Aber dahinter rumorte ein Rest hilfloser Aggression. Du wolltest denen was anhängen, na klar.

Es war jener Morgen, als wir zusammenpackten, um abzufahren. Hinter unserem Zimmer auf der Straße war die Müllabfuhr vorgefahren. Es krachte und donnerte rabiat. Ein eisernes Vehikel von höllischem Aussehen leerte dröhnend Müllkästen aus. Du warst ans Fenster gesprungen und sagtest kopfschüttelnd: Nun sieh dir das an. Das ist ja unfaßbar primitiv. Da sind die in der DDR ja noch moderner! Das will die technische Supermacht Amerika sein?

Aber das war's natürlich nicht wirklich. Der Ton der Verächtlichkeit, in dem du das sagtest, fiel auf. Erbitterung schwang mit. Du warst hingerissen und verschreckt zugleich. Auch das ist normal. Du fingst also jetzt mit den Leuten an, ganz allgemein. Die Puppe an der Rezeption fandest du auch nur komisch. Aber die anderen, was sind das eigentlich für Menschen hier? fragtest du. Sie sind sehr höflich und nett, das ist zuzugeben, aber sonst? Flach, dumm, unglaublich naiv. Die haben doch von der Welt draußen keine Ahnung. Die wollen uns vor den Sowjets schützen? Immerhin haben sie uns schon einmal von Hitler befreit, wagte ich vorsichtig einzuwerfen, aber du warst schon weiter, du fingst jetzt mit deinem Lieblingsthema an. Mein Gott, wie oft haben wir darüber diskutiert, gestritten, auch gelacht. Es war dein Tick: The Fats in America. Vorgestern in Disneyland, in Anaheim, sagtest du. Erinnerst du dich an all diese Monster, die da über den Plastikboden schlurften? Das sind richtige Entartungen. Vierzentnerfrauen, die wie gewaltige Fleischkugeln nur noch rollen können. Die tragen dann auch noch so stramme Hosen in giftigem Grün oder Knallrot – schön! Die Männer sind noch fetter! Fleischberge, gegen die unsere westdeutschen Schweine wahre Windhunde sind. Da wächst doch eine ganz neue Rasse in Amerika ran, sagtest du. So was ist doch nicht zufällig. Die signalisieren das große Fressen der USA.

Ich weiß, daß ich zunächst lachte. Nur bei dem Wort Rasse wurde ich nervös. Das ist natürlich Unsinn: Rasse, sagte ich. Das sind eher Ausfallprodukte dieser gigantischen Verbrauchergesellschaft, absterbende Reste. Sie signalisieren eine amerikanische Neurose. Es hängt mit der frühesten Kindheit zusammen. Die sind auf der Oralstufe stehengeblieben. Der Rest der Persönlichkeitsentwicklung fand nicht statt.

Dann stiegen wir einen Stock höher, sozusagen. Wir erreichten die anale Entwicklungsphase. Du sagtest: Das Land ist schon ein großes Erlebnis, aber leben könnte ich hier nie. Die Menschen sind mir fremd. Die reden den ganzen Tag nur vom Geld. Ob du nun das Radio oder den Fernseher aufdrehst, in jeder Zeitung, auf jeder Party: Es wird nur vom Dollar geredet. Das ganze Leben hier dreht sich nur ums Geschäft und ums Geld. Jeder will jedem etwas verkaufen. Der Dollar ist wirklich der Mammon, das Goldene Kalb, um das alles tanzt. Mir wäre es einfach zu wenig – zum Leben.

Ich weiß, daß ich auf diese Klage merkwürdig lakonisch reagierte. Ich wurde ganz cool. Ich kam dann nämlich immer mit meinem Standardsatz. Er ist tatsächlich das Resultat, die Bilanz schlechthin meines langen Reiselebens. Ich sagte sehr trocken: Mein Lieber, anderswo ist es eben immer anders! Und das, natürlich, bringt dich in sanfte Verzweiflungen. Na, so was Banales? Mehr hast du nicht zu bieten?

Nein, sagte ich, das ist meine ganze Wahrheit, zum Schluß. Du mußt sie nur richtig durchdenken. Wir haben nicht das Recht, die anderen draußen immer nur von unserem eigenen Standpunkt aus zu bewerten. So kommt man nicht durch, durch die Welt, meine ich. Mir ist das zu eng, zu ichbezogen, zu deutsch, wenn du willst. Die Amerikaner nannten die deutschen Juden, die unter Hitler nach New York kamen, spöttisch: die »Beiunskys«. Das waren solche wie du: gute Deutsche, die nicht aufhören konnten zu sagen: Aber bei uns in Nürnberg damals war das so, viel besser natürlich. Aber so ist nicht die weite Welt, so wie bei uns. Überall ist es anders, gottlob.

Im übrigen, sagte ich später, aber da saßen wir schon im Auto, bin ich nicht einmal sicher, ob du diesen Dollarfetischismus korrekt interpretierst. Das Geld ist hier einerseits mehr, andererseits aber auch wieder viel weniger als bei uns. Die reden zwar dauernd von Dollars, aber die Tatsache, daß bei uns die Steinreichen kein Sterbenswörtchen über ihr Geld verlieren, ist mir viel verdächtiger. Denk mal an die Reichen in der Schweiz. Die Züricher kleben doch wirklich mit Herz und Hirn an ihrem Geldsack. Ihr diskretes Schweigen zeigt mir Fixierungen, die viel tiefer gehen als bei den Amerikanern. Die nehmen das Moneymaking viel äußerlicher. Es hat etwas von Sport und Spiel. Mal hat man's, mal nicht. Dann fängt man wieder von neuem an mit dem Kampf. Du mußt bedenken, die haben hier keine historisch gewachsenen Wertsysteme wie wir. Der Dollar ist einfach das technische Regulativ, an dem man seine Leistung mißt. Der Dollar ist eine soziale Meßlatte, mehr nicht.

Ja, meine Reiseerfahrung, meine Bilanz. Ich räume ein: Ich bin wirklich etwas verliebt in diesen Satz. Ich könnte ihn dauernd wiederholen: Anderswo ist es immer anders. Ein analytisches Urteil a priori würde es Kant in seiner ›Kritik der reinen Vernunft‹ nennen. Zu deutsch: Das versteht sich aus sich. Der Satz trifft genau auf dieses Land. Hier ist alles anders, obwohl es uns auf den ersten Blick so ähnlich scheint. Weil sie mit Schlips und Kragen, mit Parker und Jeans so rumrennen wie wir, weil sie auch noch ein Englisch sprechen, das man halbwegs versteht, meinen wir immer: die Amerikaner? Ach, die sind doch wie wir, nur ein bißchen anders, natürlich. Man lächelt bei diesem »bißchen« etwas nachsichtig, leicht von oben herab.

Ich aber glaube: Sie sind von der Wurzel her anders. Sie kommen aus einer ganz anderen Geschichte. Sie sind die Römer. Wir sind die späten Griechen.

San Francisco
Beschreibung einer Faszination

Die Stadt ist ein Lichtschock zunächst. Sie liegt wie ein strahlendes Meer da: endlos. Sie blendet. Tausende von kleinen, weißen Häuschen tanzen dem Ankömmling vor Augen wie Wellenkronen. Dahinter wie ein gewaltiges Gewächs Downtown, die Türme und Wolkenkratzer der City. Eine Szenerie, die man in dieser Stadt, die ja nicht größer als Frankfurt am Main ist, so monumental nicht erwartet. Und dahinter die Bay, die die weiße Stadt einfaßt in flimmerndes Meeresblau. San Francisco ist, geographisch gesehen, eine Halbinsel. Die Stadt ist eine breite Landzunge, die im Westen vom Pazifischen Ozean und im Osten von der Bay begrenzt wird.

In der City brodelt und kocht es. Ihre Geschäftigkeit fasziniert. Immer noch spürt man die amerikanische Lust zur großen Selbstdarstellung, obwohl die alte Devise »Bigger is better«, die heute noch die Ostküste bestimmt, hier im Westen nicht mehr so gilt. Man will nicht die größte, man will die schönste Stadt Amerikas sein, und dazu in der Tat hat die Natur alle Voraussetzungen geschaffen. Die ganze Bay Area ist wie ein Entwurf zum Garten Eden. Dem Fremden schlägt Glück entgegen. Ist das nun Italien, ist das Griechenland oder Norwegens Fjordlandschaft? Alle Schönheit der Erde ist versammelt, aller Reichtum der Natur ist hier konzentriert. Kalifornien ist das Sonnenland und San Francisco seine glitzernde, strahlende Krone. Selbst wenn es die Stadt nicht gäbe: Die Bucht allein ist ein Wunderwerk unserer Mutter Erde. Paradiesgefühle stellen sich ein beim Besucher.

Die Stadt ist ein Klimaphänomen zunächst. Sie kennt kaum Jahreszeiten. Es gibt keine brütenden Sommer und keine klirrenden Wintertage. Sie hat das maßvollste und freundlichste Wetter, das sich der Mensch wünschen kann – meist ist es Frühling. Im Januar und Februar kann es ein paar Stunden regnen, aber sonst? Sonst herrscht ein ziemlich ausgeglichenes Anfangmaiwetter. 16 Grad im Schatten, in der Sonne selten mehr als 25 Grad. Ein leichter Wind weht fast immer, kurze Sturmböen sind möglich. Im Juli, wenn man nicht nur in Kalifornien unter drückender Hitze leidet, ist es in dieser Stadt eher kühl. Ein leichter Mantel am Abend ist ratsam. Zum Theater, zur Oper, zum Galadinner kommt die elegante Damenwelt gern im hellen, federleichten San-Francisco-Pelz.

Es herrscht also ein Wetter, das frisch und gesund hält. Man fühlt sich immer munter, auch wenn man in der Nacht schlecht geschlafen hat. Man tritt morgens auf die Straße, und ob es nun November ist und anderswo dunkel und naß – hier ist Frühling. Helligkeit, ein sauberes, weißes Licht liegt über der Stadt. Die Luft ist trocken, taufrisch. Die Sonne strahlt blendend und stark.

Aber dann, mittags um zwölf oder nachmittags gegen fünf, geschieht immer wieder das, was nur in San Francisco passieren kann. Plötzlich zieht vom Westen her Nebel auf. Lange, schmale Nebelbänke stehen hoch am Himmel, schieben sich rasch in die Stadt, decken sie plötzlich zu. Verwischt und fern wirkt alles. Das strahlende Wunder ist weg. Bleiche Laken wehen um Wolkenkratzer. Meist dauert das Nebelstück kaum eine Stunde. Dann ist die Sonne wieder da. »Unsere Aircondition«, sagen die Leute nicht ohne Belustigung, unser kosmischer Wischlappen. Die jähen, ganz unberechenbaren Nebeleinfälle, die vom kalten Pazifik in die wärmere Bay Area kommen, sind hilfreiche Himmelsputzer. Schon deswegen kennt San Francisco keine Smogprobleme, keine Luftverschmutzung. Während auf der anderen Bay-Seite über Oakland graue Industriewolken hängen, bleibt die Luft hier frisch. Der kurze Nebel nimmt alles mit.

Das ganz eigene San-Francisco-Feeling, das den Besucher befällt, ist es nicht auch ein Naturprodukt? Hängt es nicht mit Geologie, Bodenbeschaffenheit, also lokaler Erdkunde, zusammen? Man ist kaum ein paar Stunden in der Stadt und spürt es schon unter den Füßen. Die Stadtlandschaft ist wie ein Meer, zu Stein und Asphalt erstarrt. Die Straßen, die wie überall in Amerika schnurgerade, wie mit dem Lineal gezogen, schachbrettartig die Stadt zerteilen, from block to block, verlaufen hier in Wellenbewegungen. Sie heben sich, sie senken sich, steigen an, fallen oben steil ab, oft in kühnen Schwüngen, die in ihrer Heftigkeit etwas Belustigendes, manchmal, wenn man am Steuerrad sitzt, auch etwas Beängstigendes haben.

Als Autofahrer vom platten Land fühlt man sich jedenfalls an Berg-und-Tal-Bahn-Fahrten aus Kindertagen erinnert. Oben muß man immer eine Vollbremsung machen, um dann langsam, unendlich vorsichtig, in die Tiefe zu gleiten. Kaum unten, muß man sofort kräftig Vollgas geben, sonst kommt man die schräge Asphaltwand nicht hoch. Beim Parken auf solchen Straßen sind die Räder scharf einzuschlagen. Sie sind mit dem Bordstein gut zu verkanten, damit der Wagen nicht abrollen kann. Wer solchen Tricks nicht gehorcht, hat hier mit Strafzetteln zu rechnen.

Neue Erfahrung für Fremde: Dies ist eine Stadt für Fußgänger. Während sich die Amerikaner in ihren Städten überall nur im Auto bewegen, ist San Francisco zu Fuß zu erobern. Breite, bequeme Bürgersteige laden zum ziellosen Flanieren ein, fast wie in Paris oder München. Das macht diese westlichste Stadt der USA so europäisch, so scheinbar vertraut für uns. Der Schein trügt. Immerhin: Ein Auto ist zwecklos zur Stadtbesichtigung. Man betrachte die Häuser rund um den Union Square. Bemerkenswert ist diese Architektur aus den dreißiger Jahren nicht. Man geht durch die Geary zur Jones hoch, dann zur Post, dann zur Polk rüber. Man lernt erste Straßennamen, die bestimmte Amüsierzonen signalisieren. Vieles ist grell und platt, Unterhaltungsindustrie wie in allen Städten hier. Und trotzdem wirkt alles freundlicher. Man spürt eine andere, leichtere Lebensart, die etwas Schwebendes, Lächelndes hat. Eigentlich ganz unamerikanisch, wenn man an New York oder Chicago denkt. Aber was ist Amerika? Es besteht aus lauter Widersprüchen.

Die Rücksicht der Autofahrer fällt auf. Wie langsam und sanft die Wagen hier durch die Straßen gleiten, fast im Schrittempo und immer bereit, dem Fußgänger den Vortritt zu lassen. Das Recht des Stärkeren, wie in den meisten Städten der Welt, gilt hier nicht. Der Stärkere ist ein Gentleman: Er wartet diskret. Aber auch die Höflichkeit der Fußgänger untereinander ist erstaunlich. Jeder läßt jedem den Vortritt, entschuldigt sich, tritt zurück, lächelt höflich. Ist das noch Amerika? Ist das nicht schon ein Hauch von Asien, von China, der über den Pazifik in die Stadt weht? Die Menschen jedenfalls sind von einer heiteren Beschwingtheit, die einmalig ist. Bleib an einer Straßenecke stehen, lächle dem, der dir entgegenkommt, zu. Er wird zurücklächeln mit einem Charme, der gar nichts und doch etwas besagt. Du bist in San Francisco, sagt das Lächeln. Wir sind hier anders: die Sonnenkinder des Glücks!

Eine bunte Region nicht nur für Touristen ist auch die Szene, »Fisherman's Wharf« genannt. Es ist die North Beach. Wind kommt von der Bay. Salzgeschmack in der Luft. Hafenatmosphäre: bunt, verspielt, lauter kleine Verführungen im Vorübergehen. Man geht an der Wasserfront entlang: Schiffe, Bootsstege, Lagerschuppen, Menschen, die sich vor exotischen Geschäften drängeln, die in kleinen, einladenden Restaurants sitzen. »Enjoy yourself!« heißt die Parole. Jeder sucht sich sein eigenes, kleines Glück. Maritime Versammlung der Kuriositäten: das Wachsfigurenkabinett. »The wonderful World of Wax« steht geschrieben, auch so eine unverkennbar amerikanische Marotte! Vom Papst bis Jack the Ripper ist alles leibhaftig zu sehen. Amerika ist die Welt noch einmal, alles zum Staunen und Spielen.

Jetzt weiter: Parks, Grünanlagen, Strände. Menschen liegen im Sand, auf dem Gras, räkeln sich in der Sonne, lunchen lustvoll. Dann taucht der rotbraune Klinkerbau des Ghirardelli auf. Das war früher eine alte Schokoladenfabrik. Jetzt ist es ein raffinierter, hochartistischer Basar gehobener Konsumfreuden. Musikfetzen dringen auf die Straße. Eine Band musiziert im Garten. Man nimmt Platz, läßt sich eine Weile verführen vom Geist des Nichtstuns. Man sieht nur und staunt und ist plötzlich schon angesteckt vom Genius der Stadt, der immer sagt: Relax yourself, enjoy yourself, bitte! In Amerika wird geschuftet. In San Francisco aber ist die Freude zu Hause. Seit den Tagen der Goldgräber kam man immer nach San Francisco, um sich hier mit dem Geld, das man anderswo verdiente, zu amüsieren. Die Stadt ist ein einziger großer Vergnügungspark.

Beim Park Presidio geht der Freeway 101 halbrechts ab, und nach wenigen Autominuten ist man dann plötzlich da. Man ist an der Brücke, die eigentlich keine Brücke mehr ist, sondern ein Wunder und Wahrzeichen. Sie ist bis heute der Mythos des amerikanischen Westens. Go west, go west!, hieß über hundert Jahre der amerikanische Traum. Es zogen die Trecks der Glückssucher, von St. Louis kommend, immer dem Licht entgegen. Und als sie dann hier die Bay erreichten, waren sie am Ziel aller Träume. Weiter ging es nicht. Golden Gate Bridge steht dafür, für dieses triumphale Gefühl, den Traum erreicht zu haben.

Die Brücke wurde zwischen 1933 und 1937 erbaut. Sie verbindet die Stadt mit dem Marine County. Obwohl sie nur 2,8 Kilometer lang ist, gehört sie zu den größten Sehenswürdigkeiten der Welt. Warum eigentlich? Weil sie ästhetisch ein Kunstwerk ist, ohnegleichen. Was ist

Kunst? Ich denke: das Schwere ganz leicht erscheinen zu lassen, genau wie bei Akrobaten. Das Ding jedenfalls muß unheimlich schwer sein, wirkt aber leicht, fast schwerelos schwebend. Zwei hohe Masten tragen zwei Stahlbänder, die sich nach unten runden. An diesen beiden Bändern hängen unendlich viele Stahlbänder senkrecht herab, die ihrerseits die Fahrbahnen tragen. Eine Konstruktion von genialer Einfachheit und damit vollkommen, vollkommen schön. Verführung zur Kommunikation: Komm rüber zu mir!

Und ist man dann in der Mitte, so ist der Blick wieder überwältigend. Links liegt der Pazifische Ozean, rechts die Bay. Alles ist in ein schwebendes Blau gehüllt und darin diese überspannende, elegante Gebärde in rötlichem Braun. Kein Wunder, daß diese Brücke auch eine tiefe Faszination auf Selbstmörder ausübt. Über sechshundert Menschen haben hier trotz aller Sicherungen schon den Tod gesucht. Das Interessanteste dabei ist: Fast alle sprangen zur Bay-Seite herunter, also der Stadt und ihrer Schönheit entgegen. Ich könnte das nicht. Ich könnte mich wohl umbringen, aber nicht so, nicht hier, wo alles so voller Leben und Freude ist. Ich fühle mich allerdings auch an den berühmten Vers des Grafen von Platen erinnert: »Wer die Schönheit angeschaut mit Augen, / Ist dem Tode schon anheimgegeben, / Wird zu keinem Dienst auf Erden taugen, / Und doch wird er vor dem Tode beben, / Wer die Schönheit sah im Leben!«

Die ganze Bay Area hat heute etwa drei Millionen Einwohner. Daran gemessen, ist San Francisco beinah als klein zu bezeichnen. Seine Einwohnerzahl von 650 000 ist eher rückläufig. Viele Familien ziehen ins Umland, das billiger ist. Viele Singles ziehen in die City, so daß man das Zentrum heute fast als eine Stadt von lauter Einzelgängern, Außenseitern und skurrilen Individualisten bezeichnen kann. Typen laufen hier rum, verrückt und originell. Jeder bringt eine eigene Weltanschauung mit auf die Straßen.

Man hat die Stadt manchmal als den großen Schmelztiegel, den Meltingpot vieler Nationalitäten und Volksgruppen, bezeichnet. Das eben trifft nicht zu. Wahr daran ist, daß man fast alle Nationalitäten findet. Es leben hier 70000 Chinesen, 12000 Japaner, 23000 Deutsche und Iren, 22000 Engländer. Den größten Anteil nehmen die Italiener in North Beach mit 150000 und die Schwarzen mit 100 000 Bewohnern ein. Die vielen Puertoricaner, die meist illegal über Mexiko kamen, sind kaum zu schätzen. Latiner und Spanier beherrschen auch sprachlich das Bild der Stadt.

Die Besonderheit von San Francisco jedoch ist, daß von einer wirklichen Verschmelzung dieser Nationalitäten nicht die Rede sein kann. Es gibt hier auch keine ethnische Mehrheit, die das Ganze beherrscht. Die Mehrheit von San Francisco ist eigentlich die Summe aller Minoritäten. An keinem anderen Ort der Welt leben so viele unterschiedliche Gruppen auf so engem Raum relativ friedlich nebeneinander. Es gab 1966 einen Aufstand der Schwarzen in ihrem Viertel Hunter's Point, aber er war eher die Ausnahme. Das Einzigartige dieser Kommune besteht darin, daß hier keine amerikanische Gleichmacherei angestrebt wird. Gruppenidentität ist nicht nur erlaubt. Sie wird vom Rathaus sogar gewünscht und gefördert. Es soll jede nationale Gruppe auf ihre eigene Art leben. Anders zu sein gehört zur Moral der Bürgerschaft. Nur so ist es wohl zu erklären, daß die Stadt bis heute aus lauter höchst unterschiedlichen Völkerquartieren besteht, die alle zusammen die Stadt so farbig und exotisch machen.

Als Beispiel dafür mag Chinatown stehen. Die zwölf Blocks, die das Chinesenviertel umfassen, stellen die größte chinesische Gemeinde außerhalb Asiens dar. Ihre 70000 Einwohner bilden immerhin ein Zehntel der gan-

41

zen Stadt. Die Wohndichte hier ist enorm. Die Wohnbe-
dingungen sind meist ärmlich. Und doch halten die Bewohner mit dem Gleichmut und der Anspruchslosigkeit
der Asiaten an ihrem eigenen Quartier fest. Kein Wunder, daß es die Besucher immer wieder hierherzieht. Das
»Great Star Theatre« mit seinen klassischen Kung-Fu-
Filmen ist berühmt. Die Ko-Hsung-Bäckerei bietet chinesische Leckereien, deren Köstlichkeiten meinem Gau-
men verborgen blieben. Mir schmeckt das alles zu labb-
rig. Aber die chinesische Küche bedarf keiner Empfeh-
lung. Sie ist mit Recht weltberühmt. Chinatown hat zahl-
lose hervorragende Restaurants. Die Geschmacklosigkei-
ten der amerikanischen Küche sind unbeschreiblich. Es
lohnt sich, im Lande der Hamburgers und Cheesburgers
allein wegen des guten Geschmacks immer wieder nach
Chinatown zu pilgern. Hier weiß man doch, was man
kriegt. Das Essen ist leicht und bekömmlich zugleich.

So viel Exotik kann leicht ein falsches Bild vermitteln.
Man lasse sich durch die Buntheit der Szene nur nicht
täuschen. Diese schöne, verspielte Stadt für sehr große
Kinder ist in Wirklichkeit eine wichtige Zentrale des
amerikanischen Kapitalismus. Auch hier regiert, wie
überall in den Staaten, der Dollar – was sonst? Der Geist
eines knallharten Geschäftsdenkens ist auch hier der An-
trieb. San Francisco ist heute der Stammsitz der größten
Bank der Welt, der Bank of America. Die Stadt ist zugleich das bedeutendste Handelszentrum und der wichtigste Hafen der Westküste. Der ganze Handel mit Asien
wird über San Diego und San Francisco abgewickelt.
   Diese Wirtschaftskraft hat Downtown in den letzten
zwanzig Jahren fast explosionsartig verändert. Als Ver-
waltungs- und Finanzmetropole des Westens, zugleich
auch als Brückenkopf nach Asien kann sich die Stadt
heute, was ihre Wirtschaftsdynamik anbelangt, durchaus
mit New York und Chicago messen. Diese Westverlage-

rung der Produktionskraft ist ja bekannt. Das hatte auch politische Folgen. Die Reagan-Administration war eine California-Mafia. Und diese nationale Kraftverlagerung ist in der Stadt überall zu besichtigen. Zwischen der Market Street und der California Street wimmelt es von gigantischen Hochhäusern, die, eng an eng, fast wie Streichhölzer in den blauen Himmel ragen.

Man gehe zur Börse: The Pacific Coast Stock Exchange an der Sansome Street, Ecke Pine Street. Westlich davon läuft die Montgomery Street, die Hauptstraße des Finanz-Distrikts. Man besuche zwischen Pine Street und der California Street das Hochhaus der Bank of America. Es ist die größte Privatbank der Erde. Man fahre hier in den 52. Stock. Der Blick von oben ist verwirrend schön. Man gehe weiter zur Wells Fargo Bank, dann zur Transamerica Pyramid. Das 260 Meter hohe Bürohaus soll mit seiner pyramidenförmigen Gitterturm-Architektur bei Erdbeben besondere Sicherheit bieten. Ohne Frage, diese Stadtlandschaft ist phantastisch. Wohin will Amerika eigentlich mit seiner gewaltigen Wirtschaftskraft? Schon regen sich in der Stadt da und dort Bürgerinitiativen, die dem maßlosen Weiterbauen mit noch mehr Hochhäusern und Highways Einhalt zu gebieten versuchen. Manche Highway-Ruinen in der City erzählen vom zweifelhaften Wert solcher Bremsversuche.

Was an dieser Bankenwelt typisch für San Francisco ist? Ich meine, ihre lautlose Funktionstüchtigkeit. Ihre perfektionierte Glattheit besticht. Irgendwie sind die Banker hier eleganter, jünger, unverbrauchter als ihre Kollegen in Wallstreet, New York. Mitmachen und Mitfunktionieren heißt auch hier die Devise. Aber man tut es lockerer, lächelnder, leichter als anderswo. Aber im Grunde kommt alles aus einer Wurzel. Es ist das typisch protestantische Arbeitsethos einer radikalen Leistungsgesellschaft, das Amerika so kraftvoll bewegt. Daß Protestantismus und Kapitalismus ganz in der Tiefe zusammenhängen, hat gleich nach der Jahrhundertwende der Soziologe Max Weber geistvoll aufgedeckt. Auch hier kann man diese Wahrheit entdecken, durch Downtown schlendernd. Es ist ein eiserner Leistungswille, der San Francisco zum Leuchten bringt.

Man kann ihn sogar noch am Sonntag erleben. Ich meine jetzt Golden Gate Park. Auch diese Szene ist phantastisch. Parks, vor allem an Sonntagen, sind meist langweilig bis öde. Hier nicht. Fünf Kilometer lang zieht sich Golden Gate Park von der Innenstadt bis zur pazifischen Küste. Und alles ist wieder von einem Reichtum und einer Exotik, eben kalifornisch. Botaniker und Landschaftsgärtner haben auf einem Gelände von kahlen Sanddünen die Vielfalt der Natur nachgebaut. Fünftausend Pflanzenarten werden gepflegt. Eukalyptusbäume, Akazien, Eichen. Es riecht nach Thymian und Fenchel. Ein japanisches Teehaus erwartet und Freigehege für Bisons und Hirsche. Überall laden kleine Seen zur Ruhe ein. Und wer es ernster will, findet hier die großen Museen von San Francisco. Irgendwo hinter Büschen sind sogar Goethe und Schiller zu entdecken. Eine maßvoll gelungene Kopie des berühmten Denkmals aus Weimar erinnert an Germany, fern. Unsere jungen Grünen in der Bundesrepublik müßten so viel Naturliebe schätzen. Doch das ist es nicht, was ich meine.

Ich meine die Freizeitszene. Jeden Sonntag wird hier von den Bürgern der Stadt ein Stück aufgeführt, das es so bizarr und verrückt eben nur in San Francisco gibt. Es ist eine Freizeitgesellschaft versammelt, die genau der extremen Hochleistungsgesellschaft der Bankmetropole entspricht. Dieselben Leute, die während der Woche in ihren Büros vor den Computern saßen, üben jetzt große Entspannung. Jogger laufen in scharfem Trab, Karatekünstler machen sich fit, Rollschuhfahrer ziehen elegant ihre Schleifen. Es gibt keinen Sport, der hier nicht liefe. Und das Komische ist: Jeder betreibt sein Stück solo, ganz für sich. Jeder tanzt, mit Kopfhörern bestückt, sein eigenes Ballett. Der Individualismus der Leute ist exzessiv. Ihre Entschlossenheit, sich am Sonntag zu entspannen, ist für uns Europäer nicht ganz ohne Komik. Sie ist selber schon wieder eine Art Hochleistung, ein unverkennbarer Kraftakt in dieser Konkurrenzgesellschaft, der dauernd sagt: Siehst du mich? Bin ich nicht der Beste, die Glanznummer hier? Willst du mich nicht engagieren? San Francisco, ob im Arbeitsprozeß oder in der Freizeit: Es heißt immer Hochleistung. Ich werbe für mich.

Weiter: Im Unterschied zum restlichen Amerika ist die Stadt geradezu versessen darauf, ihren Minderheiten ein Maximum an Liberalität zuzusichern. Einmaliges Beispiel dafür ist die Welt der Gays. Weit über 100 000 Bürger der Stadt haben sich schon vor Jahren öffentlich und ohne Zwang zu ihrer gleichgeschlechtlichen Eigenart bekannt. Man darf annehmen, daß die wirkliche Zahl ungleich höher liegt. Das bedeutet, daß ungefähr fünfundzwanzig Prozent der Einwohner homosexuell sind. Das wiederum bedeutet nicht nur wirtschaftliche Macht als Konsumenten. Es bedeutet vor allem politischen Einfluß, kommunale Kraft. Kein Stadtrat, kein Bürgermeister könnte hier gegen den Willen der Gays gewählt werden. Sie sind politisch die aktivste Minorität. Ja, man kann sagen, sie sind die bestimmende Mehrheit in einer Bürgerschaft, die eher zum Unpolitischen neigt. Nichts geht hier gegen den organisierten Willen der einschlägigen Gruppen im Stadtrat. Es ist nicht übertrieben, wenn man San Francisco heute zur Welthauptstadt der Homosexuellen erklärt.

Der Tatbestand ist wunderlich, aber durchaus erklärbar. Menschen mit gleichgeschlechtlichem Empfinden sind auf der ganzen Welt auf besondere Weise der Schönheit zugetan. Beruflich kann man ihre überlegene Begabung fast immer in einem ausgeprägten Sinn für das

Schöne erkennen. »Schönmacher« könnte man sie nennen. Ästhetik ist ihr eigenes Element. Vom Friseur über den Schaufensterdekorateur, vom Modeschöpfer bis zum Poeten sind sie, schon rein quantitativ, stärker vertreten. Etwas Narzistisches, also Selbstverliebtes, ist ihnen auch eigen. Es entspricht genau dem Erscheinungsbild dieser Stadt.

Schon zur Zeit des Goldrauschs gab es hier fast nur Männer. Als die US-Army dann im Zweiten Weltkrieg ihre Hauptmusterungsbüros ausgerechnet in San Francisco eröffnete und viele Soldaten wegen Homosexualität unehrenhaft aus dem Militärdienst entließ, entschieden sich nicht wenige der Betroffenen, gleich hier in der schönsten Stadt zu bleiben. Zu Hause in der Provinz wären sie mit diesem Entlassungsbescheid ohnehin diskriminiert worden. Zehntausende wanderten von Jahr zu Jahr aus allen Teilen der Staaten zu. So wurde die Stadt nicht gerade zum Mekka, aber doch zur größten Gay-Community der Welt.

Ein Stadtteil aus lauter Homosexuellen – das Phänomen ist einmalig und eben deshalb wieder typisch für San Francisco und seine exzessive Liberalität. Der Anblick mag für Uneingeweihte zunächst verblüffend sein. Hier gehen nur Frauen, innig als Paare verschlungen. Hier gehen nur Männer, liebevoll Händchen haltend, im Viertel rund um die Castro Street, wo sie ihr dichtestes Quartier haben. Wer genauer hinsieht, merkt vor allem den Unterschied zu Europa. Geben sich bei uns die Betroffenen meist bewußt feminin, exzentrisch, »tuntig«, wie man sagt, so sind die US-Gays heute eher an ihrer lässig betonten Männlichkeit zu erkennen. Wenn man hier zwei knallharte Burschen trifft, die sportlich und drahtig wirken: kurzer Bürstenhaarschnitt, schwarze Lederjacke und Cowboystiefel, eben so richtig »normal«, wie man sich US-Boys vorstellt, kann man sicher sein: Die sind es, bestimmt.

Sie wohnen überall in der Stadt. In der Gegend um die Castro Street aber ist diese Minderheit zum Durchschnitt herangewachsen. Wer hier »normal« ist, wäre abnorm. Ein komplettes Gay-Getto ist so entstanden. Die Geschäftswelt, Handel und Banken, Wohnungsmakler, Rechtsanwälte, natürlich die abendliche Vergnügungsszene – alles »andersherum«. Selbst eigene Kirchen, Priester, Beerdigungsinstitute stehen zu Diensten. Die Szene ist total kommerzialisiert. Sie stellt eine wichtige Industrie der Stadt dar. Vorteilhaft hat sie sich vor allem auf den Immobilienmarkt ausgewirkt. Die jungen Gays übernahmen die alten, heruntergekommenen Häuser, wo früher die Armen armselig hausten, und verwandelten sie mit ihrem eigenen Schönheitssinn in kleine Schmuckstücke kultivierter Bürgerlichkeit. Der Außenseiter als Innenseiter – das Phänomen Castro Street gibt viel Stoff zur Nachdenklichkeit.

Was wäre eine kalifornische Community ohne ihre vielen Feste und Feiertage? Der größte und farbenprächtigste Feiertag dieser Gruppe findet immer am letzten Sonntag im Juni statt. Er heißt: »Gay Freedom Day«. Zu den Hunderttausenden der Stadt strömen aus ganz Amerika weitere Hunderttausende, um in einer gewaltigen Parade auf der Market Street für die Bürgerrechte der Homosexuellen zu demonstrieren. Das Ganze ist ungemein kalifornisch: eine bunte, groteske Mischung aus politischer Machtprobe, Oktoberfest, rheinischem Karneval. Fast 400 000 Betroffene bevölkern die Straßen der Stadt mit Tanz und Gesang und machen die wenigen »Normalen« dazwischen zu einer verschüchterten Minderheit.

Der »Gay Freedom Day« wird seit 1979 so gefeiert. Genaugenommen ist er ein Gedenktag für den 27. November 1978. Damals hatte ein konservatives Mitglied des Stadtrats in einem Anfall von Wut den Bürgermeister Moscone und den Stadtrat Milk, die beide für die Rechte der Gays eintraten, niedergeschossen. Die Gay-Community blieb zähneknirschend ruhig. Als dann aber der Mörder sechs Monate später vom Gericht nur zu sieben Jahren Gefängnis wegen zweifachen Totschlags verurteilt wurde, brach aus der Szene ein Sturm ohnegleichen los. Bei einer wilden Straßenschlacht vor dem Rathaus schlug Gay Power zu. Sie steckten Dutzende von Polizeiautos in Brand, schlugen einundsechzig Polizisten krankenhausreif. Der Aufstand blieb nicht ohne Erfolg. Endlich nahm die demokratische Stadtratsfraktion, Liberale vor allem, diese größte Minderheit, die längst eine Mehrheit geworden war, in der Kommunalpolitik ernst.

Aus diesen Tagen stammt die einmalige Freizügigkeit, die heute die Gays hier sozial und politisch genießen. Sie hat auch Schattenseiten. Nicht nur, daß manche Betroffene dem Leben im Getto keinen Reiz abgewinnen können. Sie wandern in die anonyme Verstreuung bewußt ab. Die Konservativen fühlen sich oft überfremdet und bedroht. Sie sorgen sich um den guten Ruf ihrer Stadt. Schon sieht man manchmal Wandkritzeleien. »Death for the Gays!« ist zu lesen.

Die böse Verwünschung hat in den letzten Jahren einen mächtigen Helfer gefunden. Schreckliche Wunscherfüllung droht. Aids geht auch hier um. Hier in San Francisco begann es in den Staaten. Die neue Seuche hat die Szene verändert. Badehäuser wurden geschlossen. Die Promiskuität wurde reduziert. Safer sex wird propagiert. Die Zahl der Infizierten ist größer als anderswo. Die Zahl derer, die sich in Aufklärungs- und Hilfskomitees organisieren, wächst mit. Wenn eines Tages einmal ein erfolgreiches Medikament gegen Aids gefunden sein sollte, man kann sicher sein: Hier, von San Francisco aus, wird es seinen Siegeszug durch die Welt beginnen. Einstweilen bleibt die alte Erfahrung: Sehnsucht nach Schönheit und Tod sind nah verwandt – auch so.

Wieder ist Vorsicht geboten. Wieder ist vor dem Irrtum zu warnen, diese Freizügigkeit innerhalb der Gay-Community sei das ganze San Francisco. Sie ist die wichtigste Variante der Stadt, aber nur an der Oberfläche. In der Tiefe dieser Stadt ist der Normalbürger hier nicht anders als überall in Amerika. Er ist stockkonservativ und stinknormal, sozusagen. Die grenzenlose Liberalität ist mehr ein Zeichen für die Gleichgültigkeit der verschiedenen Gruppen untereinander. Die Gays sind eine willkommene Verbrauchergruppe im Kommerz. Über den angestammten Reichtum des hier sitzenden Kapitals verfügen sie nicht. Der Leistungsideologie der Unternehmerklasse entziehen sie sich bewußt. Die protestantisch-puritanische Moral der Banker teilen sie nicht. Der Stolz und Stil der großen, alten Familien am Ort sind ihnen ganz fremd.

Der alteingesessene Bürger von San Francisco ist konservativ. Er hat seine Familie, er arbeitet hart, er sucht den Erfolg. Er genießt die Früchte seines Erfolgs abends bei jenen festlichen Dinners, die überall in den großen Hotels zelebriert werden. Er zieht dazu den Smoking an. Die Damen kommen in aufwendigen, pompösen Roben. Er fährt am liebsten im luxuriösen Cadillac vor. Das für uns Befremdende, hier aber höchst Natürliche ist, daß sich der erfolgreiche Bürger seines Reichtums nicht schämt. Er führt ihn mit Absicht vor. Er stellt ihn fast demonstrativ zur Schau. Die anderen sollen zur Kenntnis nehmen, wie Gott seinen Fleiß belohnt und gesegnet hat.

Das alles hat hier noch immer verdeckt religiöse Wurzeln. Es hängt mit der Prädestinationslehre und der Erfolgsethik des Calvinismus zusammen, mit der einmal die Gründerväter vor zweihundert Jahren in Amerika begannen. Leicht zu sagen: späte Heuchelei. Die Angelsachsen sind anders. Geschäft und Glaube gingen bei ihnen immer zusammen. Es versteht sich, daß der Geschäftsmann von San Francisco fromm ist, allerdings nur im oberflächlichen, gesellschaftlichen Sinn. Er geht sonntags zur Kirche. Seine Frau ist in diversen Wohltätigkeitsvereinen aktiv. Der Rest der Freizeit heißt Golf und Tennis.

Etwas anderes scheint für diesen Normalbürger von San Francisco typischer. Er lebt aus einem gesunden Provinzialismus. Die Stadt und die Bay Area sind für ihn die Mitte der Welt. Der dauernde Ortswechsel, der für Amerikaner sonst etwas Selbstverständliches ist, ist hier nicht üblich. Der Einheimische liebt seine Stadt. Er ist stolz auf sie. Er ist fest überzeugt, daß dies der einzige lebenswerte Ort in Amerika ist. Hier ist die Welt noch heil, trotz allem. Hier kann der Tüchtige noch sein Geld machen, der Abenteurer sein Glück suchen. Traditionen aus der Goldgräberzeit wirken nach. Der Bürger von San Francisco verachtet das riesige Los Angeles gleich nebenan mit all seinen neureichen Barbareien. Im Grunde ist San Francisco für ihn immer noch die gute, alte Wohnstube des Westens, wo es sich leben läßt in Väterart.

Daher dominiert im Stadtbild die Old-Fashion-Verehrung. Es hat etwas Kultisches. Nostalgien überall: die altmodischen Uhren, die alten Straßenlampen, die Ballräume in den großen Hotels, die förmlich rauschen von Brokat und Seide. Daher auch der Kult mit der Cabel-Car-Bahn, die, gut hundertjährig, an sich längst schrottreif wäre. Ein monströses Vehikel, das um 1880 tatsächlich ein Fortschritt war zum Erklimmen der steilen Straßen. Heute ist sie ein Spielzeug für Touristen. Es gab Bestrebungen im Stadtrat, sie abzuschaffen wegen ihrer grotesken Untüchtigkeit. Aber auch hier setzten sich die Konservativen durch. Das Cabel-Car-System wurde total renoviert. Es kostete Unsummen. Aber was wäre die Stadt ohne ihr traditionsreiches Symbol? Das ging tiefer als Tourismusfragen. Es ging an die Wurzel und das Selbstverständnis der Stadt. Das Alte war hier immer das Gute.

Wer San Francisco verstehen will, kommt also nicht ganz ohne Geschichte aus. Überall an den Straßenschildern kann man es noch ablesen: Embarcadero, Sacramento, Valencia, Palo Alto, Presidio – die Besiedlung Kaliforniens begann von Mexiko her. Missionshäuser und Klöster, Militärlager und Kriegsforts standen am Anfang. 1776 wurde die »Mission Dolores« eingeweiht. Sie ist noch heute im Zentrum, schön renoviert, zu besichtigen. Die Spanier wollten nicht nur die Indianer missionieren. Sie wollten vor allem einem Vordringen der Engländer und einer russischen Invasion zuvorkommen. Die Bay, einmal entdeckt als größtes natürliches Hafenbecken, zog im Zeitalter des beginnenden Imperialismus alle Großmächte magisch an.

Ein Kuriosum am Rande: 1806 landete im Auftrag der Russian-American-Company das Segelschiff »Juno« hier, geführt von Otto von Kotzebue, dem Sohn des damals berühmten Dramatikers August von Kotzebue, der Goethe so gern verspottet hatte, dann von einem Studenten in Mannheim ermordet wurde. An Bord kam als Forscher der Ozeanographie Adalbert von Chamisso mit. Der aus dem Badischen stammende Schweizer Johann August Sutter kaufte zugleich von den russischen Pelzjägern große Ländereien. Wilde, glückliche Zeiten damals. Den Touristen erinnert noch heute in der City die berühmte Sutter Street an diesen für die Stadt so verdienten Mann.

Von explosiver Wirkung für die Entwicklung war 1848 die Entdeckung des Goldes im American River. Das winzige Nest, das damals noch indianisch »Yerba Buena«, zu deutsch: gutes Gras, hieß, hatte fünfhundert Einwohner. Die meisten liefen dem Gold nach. Tausende folgten dem Zug in die Sierra Nevada. Schiffe, die mit Fracht beladen hier im Hafen lagen, wurden von ihren Mannschaften verlassen. Alle schlossen sich dem wilden Sturm in die Berge an. Wie ein Lauffeuer verbreitete sich die Sensation. Abenteurer aus dem Osten, aus Südamerika, Europa und China strömten durch das goldene Tor, das solche Reichtümer versprach. Im Krieg gegen Mexiko nahmen die Yankees 1846 die Bucht, hißten einfach das Sternenbanner. Ein Jahr später wurde die frühere Indianersiedlung auf den Namen des Heiligen von Assisi getauft.

Erst 1850 bekam San Francisco das Stadtrecht. Und damit begann ein Boom ohnegleichen. Das verschlafene Dorf verwandelte sich über Nacht in die Zentrale der Glückssucher. Hier schlug man auf den Kopf, was die kleinen Goldkörnchen im Wasser des American River eingebracht hatten. Eine typische Wildweststadt entstand: verführerisch glänzend die schnell hingestellten Fassaden. Dahinter lebte man riskant und gefährlich. Man kennt das aus dem Wildwestkino. Der Mann ritt zu Pferde. Er stürmte in den Saloon, trank Whisky. Der Colt saß sehr locker. Locker und sieghaft waren damals die Amerikaner.

Am Morgen des 18. April 1906 aber erlebte die Stadt ihren tiefsten Schock, von dem sie sich bis heute nicht ganz erholt hat. Ein gewaltiges Erdbeben erschütterte die Region. Die Häuser brachen zusammen, die Wasserleitungen zerplatzten. Ein Feuersturm zog durch die Stadt, der nicht gelöscht werden konnte, weil kein Wasser mehr kam. Drei Tage, drei Nächte stand die Stadt in Flammen. Fünfhundert Menschen starben. Fünfhundert Blocks wurden vernichtet. Die Erde hatte sich geöffnet. Tiefe Erdspalten sind noch heute draußen am Cliff House zu besichtigen.

Seitdem ist San Francisco wiederaufgebaut worden: schöner, größer, hochmodern. Vieles wurde inzwischen erdbebensicherer konstruiert. Es ist gleichwohl diese dunkle Ahnung geblieben. Die Stadt liegt im Zentrum einer Erdbebenzone. Daran ist nichts zu ändern. Presse und Fernsehen bringen hier regelmäßig Reportagen zu dem Thema. Wann und wo und wie wird das nächste Beben stattfinden, und wie, bitte, rettet man sich am günstigsten, rechtzeitig? Solche Fragen liegen immer in der Luft. Schulen und Universitäten sollen aus besonders bedrohten Linien, verdächtigen Erdfalten, ausgelagert werden. Akademien der Wissenschaften brüten über dem Problem, das in der Lokalpresse regelmäßig so auftaucht wie anderswo das Ungeheuer von Loch Ness. Nur hier ist das kein Mediengespenst. Es ist wirkliche Gefahr. In drei Jahren, in sieben Jahren, wann ist es wieder soweit? Keiner kann es genau sagen.

Dieser etwas unheimliche Untergrund, vulkanisch, gehört nicht nur zur Geschichte der Stadt. Er prägt auch ihr geistiges Gesicht. Er gibt ihrem Zauber erst die Tiefe. Natürlich kann so etwas Schönes wieder versinken wie Träume der Nacht. Schönheit ist immer gefährdet, und wie nahe sie zum Tod ist, hatte ich immer wieder registriert. Das Leben war hier immer von Fiebern, Verschwendung und Seuchen geschüttelt. Euphorien der Glückssucher und Depressionen der Selbstmörder bestimmten den Geist. Er strahlte immer im Glanz süchtiger Jugend und pubertärer Triumphe. Die Stadt ist ganz unten auf Angst gebaut. Das ist die Kehrseite der schönen Medaille.

Eine Stadt kann man erst wirklich erkennen, wenn man aus ihr heraustritt. Man muß weggehen, um sie wiederzufinden aus der Distanz. Es geht in den Norden, wo Kalifornien noch anmutiger wird. Der Norden hier ist wie Europas Süden: mediterran. Er ist halb wie Sizilien, halb wie Griechenland. Wilde, ursprüngliche Natur: kahle Berge, Felsen, Palmen, Kakteen, überall duftet es nach Lavendel und Thymian. Eine blitzblanke Sonne strahlt. Aber schon wird das Klimaproblem spürbar. Im Unterschied zu der frischen Kühle von San Francisco ist es, dreißig Kilometer weiter, hochsommerlich warm, fast heiß.

Dann wird die Landschaft sanfter, flacher. Das Wein-

Country beginnt. Im Unterschied zu Europa sind die Weinterrassen nicht auf den Bergen, sondern in den Tälern angelegt, der zu intensiven Sonneneinstrahlung wegen. Seit der frühen Besiedlung wird hier Weinanbau betrieben. Es ist die alte Missionsstraße aus Mexiko, die sich hier fortsetzt. Und wo immer Mönche hinkamen, haben sie auch die Kultur der Reben mitgebracht und entwickelt. Als Modell standen das Rheinland und das Moselgebiet Pate. Man fühlt sich also merkwürdig heimatlich hier, obwohl alles viel großflächiger und technisierter wirkt. Riesige Windmühlen stehen inmitten der Reben. Sie sollen in kühlen Nächten den Stauden Wärme zufächeln. Unterirdisch liegt ein weitverzweigtes Röhrensystem, das in Wochen der Trockenheit hohe Wasserkaskaden abregnen läßt. Alles ist durchgeplant. Nichts bleibt den Launen der Natur überlassen.

In den Jahren der Prohibition, also zwischen 1920 und 1933, gab es schwere Rückschläge. Alkohol war verboten, was nicht daran hinderte, einen beträchtlichen Schwarzmarkt trotzdem zu beliefern. Seither hat sich zielbewußt und erfolgreich eine Kultur des Weinanbaus entwickelt, die heute zu den großen Industrien des Landes gehört. Mächtige Monopole versuchen seit geraumer Zeit, dieser Nation notorischer Bier- und Whiskytrinker die feineren Sitten des Weintrinkens beizubringen. Das Experiment ist gelungen. Die kalifornischen Weine werden in den Restaurants, die über eine Alkohollizenz verfügen, heute überall angeboten. Die Qualität ist gut, durchaus mit deutschen Weinen vergleichbar, obwohl natürlich die differenzierte Vielfalt unserer unzähligen Sorten und Lagen fehlt. Auch sind Jahrgangsbezeichnungen noch die Ausnahme. Immerhin, gelegentlich gewinnen auch kalifornische Spitzenprodukte auf dem europäischen Markt Prämien.

Es gibt etwa sechzig führende Weinkellereien hier, die die Schule des Schmeckens sehr ernst betreiben. Man fährt meist an Burgen oder großbürgerlichen Villen vor, die im Stil des 19. Jahrhunderts exakt der moselländischen Architektur nachgebaut sind. Es stehen viele Autos von Besuchern davor. Man muß die Fässer, die Keltervorgänge, die Abfüllmaschinen gründlich besichtigen und bekommt dann zum Schluß in speziellen Schankstuben in kleinen Gläschen die Proben serviert. Die Amerikaner, die immer lernfreudig und auf Neues begierig sind, lecken, schmecken, schlucken. Sie machen unendlich beglückte Gesichter, finden auch mindere Sorten »so lovely« und kaufen dann brav ein paar Flaschen. Zu Hause schlucken sie den Wein dann aus heimischen Pappbechern runter wie Coca-Cola. Fine, sagen sie.

Mein Geheimtip: Nichelini im Napa Valley. Dies ist ein Sonderfall. Von Kommerz und Industrialisierung ist nichts zu spüren. Hoch in den Bergen haust ein alter Mann, ein Letzter der Nichelini-Familie aus Italien. Seine wenigen Flaschen bietet er nur ungern feil, fast wie ein Eremit. Er ist ein Original in dieser Region. Er sieht aus wie Henry Miller. Ja, es gibt diese oder jene Flasche, aber am Verkauf ist er kaum interessiert. Er will reden, Geschichten erzählen, seine Witze reißen. Ein Außenseiter und Einzelgänger, der mutterseelenallein in einer Bruchbude haust.

Mit einem Mal wird in seiner windschiefen Klause der andere Typus des Kaliforniers spürbar. Es geht ihm nicht um Dollars und das Geschäft. Lebenslust und Nachbarschaftsglück strahlt er aus, als wir kommen. Er ist ein Eremit, aber einer von der heiteren, trunkenen Art der Lebenskünstler. Dauernd läuft er herum, sucht was, schleppt uns was an, erzählt in der monologischen Art der Greise von alten Zeiten und wie seine Familie einmal aus Italien in dieses gottverdammte Kalifornien kam. Krachende Fröhlichkeit erfüllt ihn. Sie bezeugt den tiefen Optimismus, der alle Kalifornier vereint.

San Francisco bei Nacht: Jeden Abend, wenn die Sonne sinkt, beginnt dieses Stück neu. Laß dich jetzt treiben durch das strahlende, zuckende Herz der City. Sie ist eine Bühne, ein öffentliches Theater, ein Ballett der Nationen. Alle Rassen und Völker, die tagsüber getrennt leben, sind nun versammelt zum großen Go-in, das Nachtleben heißt. Dazwischen Herden von Touristen. Gruppen von Amerikanern, die auf einem Wochenendtrip sind: Chicago, Los Angeles, San Francisco, Las Vegas, alles in vier Tagen. Den Touristen scheint das zu gefallen. Manche sind unheimlich fett, andere spindeldürr. Viele junge Leute haben lächerlich kleine Rucksäckchen auf dem Rücken, die vollkommen leer wirken, so, als wären da nur eine Zahnbürste und etwas Kaugummi drin.

Deutsche sind auch vertreten. Sie tragen meist Sandalen, kommen im Jesus-Look, während die Einheimischen jetzt zur Nacht ein Dinnerjacket und Lackschuhe tragen. Und überall Schwärme von Gays und Nutten dazwischen. Die Nutten haben eine fixe Art, Touristen anzumachen, die typisch amerikanisch wirkt. Sie kommen direkt auf einen zu, bleiben ganz dicht vor einem stehen, fragen: You need a girl now? Und wenn man nicht blitzschnell zugreift, sind sie schon wieder verschwunden, bauen sich vor einem anderen Fremden auf. Immer knallhart zur Sache, Schätzchen! Charme wäre Zeitverschwendung. Die Masse macht's.

Dann die wunderlichen Einzelgänger. Es sind meist alte Frauen und ausgeflippte Rentner. Sie stehen wie einsame Ruinen herum und führen laute Selbstgespräche. Beten sie, oder schimpfen sie? Niemand nimmt von ihrem Gebrabbel Notiz. In den Lobbys der kleinen, billigen Seniorenhotels sitzen hochgeschminkte Greisinnen vor flimmernden Fernsehgeräten. Schlafen sie? Sind sie schon tot? Es ist hart, in dieser schönen Stadt alt und arm und einsam zu sein. Wer dazu noch krank wird, gehört zum sozialen Müll. Die amerikanische Verfassung verpflichtet ihre Bürger, die Glückseligkeit zu suchen. Happy und erfolgreich zu sein ist soziales Gebot. »Paradise now!« heißt die Parole. Versuch das mal, wenn du alt und arm, schwarz und wahrscheinlich arbeitslos bist. Randgruppen, sagt man heute. Ein soziales Netz fängt hier keinen auf. Das ist die Kehrseite der Glücksmaschine. Vor allem des Nachts ist sie hier auf den Straßen zu Hause.

Aber der Mehrzahl der Leute scheint es gutzugehen. Etwas vereinfacht könnte man sagen: Achtzig Prozent schaffen das Ziel. Zehn Prozent geht es ärmlich. Die letzten zehn Prozent hausen im Elend, liegen am Rande. Es ist ein eisernes Gesetz hier: Du mußt ran! Du mußt es wagen! Du kannst es schaffen. Versuche dein Glück! Der neben dir hat es auch geschafft. Ist das nur amerikanische Ideologie? Ich bin nicht sicher. Es ist Hochkapitalismus. Es ist noch andere Zeit. Sie sollte uns so unbekannt nicht sein. Vor hundert Jahren, als bei uns das Kaiserreich glänzte und Gerhart Hauptmann seine Sozialdramen schrieb, war es da bei uns soviel anders?

Laßt uns jetzt wieder auf die Lichtseite treten. Verrückt und bizarr sind vor allem die großen Hotels der Stadt. Hotels sind bei uns Herbergen zum Übernachten. Hier sind es Paläste, in denen sich die Gesellschaft zur Show trifft. Bankkonzerne, Versicherungsgesellschaften, Berufskammern mieten sie en bloc. Sie halten hier ihre Conventions, also ihre Jahrestagungen und Mitgliederversammlungen, ab. Parteitage und Wahlveranstaltungen finden in Hotels statt. Die Versammlungssäle sind riesig, die Banketträume ausschweifend pompös. 20 000 Menschen, die in einem Hotel tagen, sind keine Seltenheit. Dies ist eine Massengesellschaft, und massenhaft ist man versammelt, um happy zu sein.

Auch diese Stadt hat ihren Broadway. Abends gegen zehn zeigt er sein Gesicht. Faszinierend und verworfen wie den Broadway in New York kann man den von San

Francisco nicht nennen. Ungeheure Touristenmassen schieben sich über den Bürgersteig, suchen ein amerikanisches Glück, das uns schaudern macht. Hier spürt man wieder, wie altmodisch die Stadt eigentlich ist. Etwas merkwürdig Biederes, ja Provinzielles beherrscht die Szene. Die weltberühmte Stadt hat ein Nachtleben von fast kleinstädtischem Stil. Oder täuscht der Schein? Auf etwas sind wir gestoßen, das ungewöhnlich war: Männerstrip auf dem Broadway. Mit den Gays der Castro Street hat das nichts gemein. Der Schein trügt. Die Veranstalter legen wert auf die Feststellung, daß es hier ganz normal, auch höchst schicklich zugeht. Nie wird bei den jungen Göttern ein letztes Läppchen fallen. Der Eintritt ist eigentlich nur Frauen erlaubt, ein schönes Schauspiel der Gleichberechtigung.

Mir aber ging plötzlich etwas ganz anderes durch den Kopf. Ich sah die strahlenden Götter. Sie glänzten gut geölt im Scheinwerferlicht. Ich sah in ihnen plötzlich die Stadt: San Francisco, den ewigen Narziß, persönlich. Keine Stadt der Welt ist in sich selbst so verliebt wie diese. Immer dreht sie sich um sich, sieht sich im Spiegel und lächelt und fragt: Bin ich nicht schön? Bin ich nicht wunderschön und liebenswert außerdem? Aus allen Lautsprechern dröhnt dieser Refrain. In allen Schaufenstern liegen nur Fotos und Poster der Stadt. Selbstverliebt stellt Narziß sich dar. Der Bursche hat recht. Er ist einmalig anzusehen.

Aber das ist noch nicht alles. Hinter der glanzvollen Fassade der Stadt spürt man auch Kraft, die noch ungebrochen ist. Nur wer die Kraft zu sich selber hat, wird überstehen. Ich spüre Lebensfreude, die nur so sprüht. Ich spüre einen Glauben an sich selbst, der willens ist, das eigene Schicksal in die Hand zu nehmen. Mit einem Wort: Ich spüre überall Zukunft hier. Zukunft hat, wer sich selber vertraut.

Oh! Calcutta!
Indiens grausamste Stadt

Der erste Augenblick war noch der beste. Es schien nämlich die Sonne. Ein strahlender Frühsommertag lag über
dem Flughafen. Hell und trocken die Luft: schöne Juni-
wärme. Immerhin war heute der 15. Januar. Das wenigstens haben wir hinter uns, sagte ich, zuversichtlich ins
schrottreife Taxi steigend, dem deutschen Winter sind
wir entkommen. Gestern in Frankfurt noch Schneetrei-
ben, Eisregen, ein lebensgefährliches Rutschen auf der
Autobahn und dann die Dunkelheit nachmittags – alles
schon wieder vergessen? Ich friere immer in Deutschland. Es ist Sommer jetzt, obwohl es natürlich auch hier
Winter ist. Der Tropenwinter ist ein milder Sommer für
uns Bleichgesichter.

Aber das war es dann auch. Von jetzt an ging es bergab
mit uns, und dies ziemlich steil. Eine Landschaft des
Elends begann. Die Gegend um den Flughafen Calcutta
heißt Dumdum. Die gefürchtete, auch verbotene Munition wird hier immer noch produziert. Schotter und
Dreck auf der Straße, die sich stolz VIP-Road nennt.
Abgestorbene Bäume am Rand. Ihre dürren Äste starrten
wie Totenfinger in den zartblauen Himmel Westbengalens. »The day after« – sind das nicht die Alpträume im
Kino bei uns? Wir fuhren an Bruchbuden vorbei, in deren Schatten halbnackte Menschen hockten: spindeldürr,
die Haut dunkelbraun, ledern gegerbt wie die von Mu-
mien. Staub wirbelte auf. Hühner flatterten. Bösartige
Krähen saßen wie Todesvögel auf Telegrafenmasten. Gaben sie neue Mordpläne durch? Es war eine reine Bek-
kett-Landschaft: lauter Endspiele, nur real.

Als dann die erste Kuh quer auf der Straße stand und
uns die Weiterfahrt verwehrte, fühlte ich meine Zuver-

sicht sinken. Die Kuh sah so traurig, auch völlig verhungert aus. Sie war nicht braun, nicht schwarz, sondern fahlgrau. Ihr Schwanz war auf eine abscheulich rüde Weise abgehackt, ganz oben. Es war schwarzer Humor, gequälte Heiterkeit in mir. Ich sagte: Genau wie erwartet. Die sind doch heilig hier? Sonderbare Heilige sind das! Ich hatte ein Gefühl von absurdem Theater. Es war absurd, auf dem zerbrochenen Asphalt nach Gras zu schnuppern.

Erste Augenblicke sind wichtig. Straßen, Häuser, Plätze in der Innenstadt – nur ganz entfernt erinnern sie in Calcutta noch an das, was wir damit meinen. Die Straßen sind zerbrochene Sandpisten, über deren Erhebungen und Löcher das Taxi emsig wie eine Ameise krabbelt, verblüffend geschickt übrigens, fast todesmutig. In Indien herrscht aus der Zeit der Engländer immer noch Linksverkehr, aber unseren Fahrer scheint das nicht zu scheren. Rasend prescht er auf den Gegenverkehr zu. In letzter Sekunde reißt immer einer der Fahrer seinen Wagen blitzartig zur Seite – wumm! Zentimeterscharf fliegen sie wie Raketen aneinander vorbei. Die Hetze finde ich völlig sinnlos. Wir und ganz Indien haben doch massenhaft Zeit. Spaß scheint das auch noch zu machen. Alle lachen.

Jetzt setzt Massenverkehr ein. Lastwagen, Busse, Straßenbahnen, uralt, zerbeult, zerbrochen. Sie erinnern an prähistorische Fundstücke. Dazwischen Ochsengespanne und Rikschawägelchen, von braunen Jungen gezogen. Und blitzschnell drängeln sich Menschenmassen durch diese Blechkarawane. Sie hängen außen an Bussen in dunklen Trauben. Sie stehen in zerquetschten Tramwagen eng gepreßt wie Gefangenentransporte. Sträflinge, die lachen, wenn man sie anlacht.

Die Häuser in der City müssen einmal sehr schön und stilvoll gewesen sein. Reste von Jugendstil und englischer Neugotik sind zu erkennen, sechsstöckig. Glanz und

Verfall des britischen Bürgertums: Jetzt zerbröselt alles. Kunstvoll geschnitzte Holzveranden verfaulen. Die Fenster zerbrochen, die Türen verschwunden. An den Wänden fällt der Putz ab. In manchen Häusern sind die oberen Stockwerke eingestürzt. In den unteren Etagen hängen graue Tücher, Schmutzlappen über den Fensterlöchern. Ein klein wenig kenne ich die Welt, ich weiß also, was es heißt, wenn ich sage: Eine so kaputte Stadt, eine so verwahrloste City sah ich noch nie.

Trotzdem: Die Stadt lebt, und wie! Unten vor der Häuserfront wimmelt es von Menschen. Sie schieben, sie schleichen an kleinen Geschäften vorbei. Basartreiben. Händler kommen mit ihren Waren ans Auto, bieten Firlefanz feil. Mütter kommen angestürzt, halten ihre Babys ins Fenster. Krüppel humpeln heran, strecken mir ihre abgehackten Gliedmaße, Reste von Armen, frech ins Gesicht. Es war ein Meer menschlichen Elends, das uns empfing. In Calcutta kann man sich in solchen Augenblicken nur ins Hotel retten. Im Schutz von ein paar kräftigen Polizisten und Portiers kann man den Sprung zum Eingang wagen. Jedesmal, wenn hier ein neuer Gast vorfährt, spielt sich das Stück ab, jedesmal erfaßt die Bettlermassen neue Hoffnung. So müssen Rudel von Wölfen über ein Lamm herfallen. Diese Wölfe hier sind aber ganz harmlos wie Kinder. Sie versuchen es nur, immer wieder.

Unten in der Hotelrezeption, die geräumig und schön ist und von gediegener Eleganz, ließ ich mich etwas ratlos, auch erschöpft, in einen der pompösen Sessel fallen. Vornehm und still ging es hier zu. Diener standen herum, ein prächtiger Perserteppich, riesengroß, vermittelte ein Gefühl von Moschee. Ich druckste herum und sagte dann: Was wollen wir eigentlich hier? Das ist eine irre Welt. Schon dieser Anfang ist doch eine perfekte Schizophrenie. Warum sind wir eigentlich ausgerechnet nach Calcutta geflogen, warum?

Die Fluchtburg

Das Hotel »Oberoi Grand« liegt im Zentrum in der Nehru-Road. Schon in seiner Grundarchitektur ist es wie eine Fluchtburg gebaut: alles Abwehr, Verteidigung, Verschanzung. Ein mächtiger viereckiger Kasten, Kolonialstil. Im Innenhof hat man für die Gäste eine Traumlandschaft inszeniert, sehr amerikanisch: ein Swimmingpool mit exotischer Parklandschaft, Liegestühle, Sonnenschirme, Gartentische. Eine kleine Cafeteria lädt zum Drink ein. Grün uniformierte Kellner stehen stumm und steif herum. Wenn sie gehen, gehen sie betont langsam. Sie schreiten würdevoll wie Pinguine. Sie tragen ein Teetablett so gravitätisch gemessen, als wenn sie auf Eiern gingen. Denn dies ist die feine Welt. Das »Oberoi Grand« ist die Oase der Reichen von Calcutta. Die gibt es – in Massen. Hier trifft sich die Society oder was sich dafür hält. Draußen wogt ein Meer des Elends. Hier strahlt und glänzt alles luxuriös. Man darf nur nicht zu genau hinblicken.

Abends wird der Innenhof festlich illuminiert mit tausend bengalischen Lichtern, die sehr anmutig in Buschwerk gesteckt sind. Große Buffets werden aufgefahren, köstliche Drinks gereicht. Wer immer in Calcutta eine Party zu geben hat, gibt sie hier: Aeroflot empfängt seine Geschäftspartner. Die Handelskammer feiert mit den Kaufleuten der Stadt. Rotary und Lions bitten zum Lunch. Es denke niemand, Calcutta sei ein einziges Drecknest. O nein, es kann exklusiv vornehm und verschwenderisch schön sein. Draußen hungert man, hier kippt man ganze Tabletts voll delikater Sandwiches in den Eimer. Denn dies ist eine Klassengesellschaft, wie sie im Buche steht – bei Marx. Die Herren stehen in zerknitterten, ausgebeulten Anzügen herum und spielen Europa, die feine Welt. O Gott, immer und überall imitieren sie uns. Warum will die Dritte Welt die erste Welt sein? Die

Herren sind alle stinkreich, viele wirken trotzdem schmierig. Ungeheuer selbstgefällig stehen sie in meist zu großen Schuhen, die auch zu strahlend glänzen. Nur die Frauen wirken anmutig. Ihr dunkler Teint, ihre stark gewölbte, braune Stirn mit dem roten Punkt über der Nasenwurzel sind bekannt. Die Kunst, wie sie ihre Saris tragen, ist bemerkenswert. Es sind sechs Meter lange, bunte Seidentücher, die sie mit Eleganz um sich wickeln. Wichtig ist, daß das Ende der Schärpe betont locker hängt. Von Zeit zu Zeit werfen sie dann den Rest des Tuchs mit starkem Schwung von der Brust auf den Rücken zurück. Ich vermute, latente Aggression reguliert sich so.

Am Morgen immer wieder unsere Versuche, nun so etwas wie eine Stadtbesichtigung in Gang zu bringen – vergeblich! Es war vielleicht etwas naiv gewesen, einfach nach Calcutta zu fliegen und zu vermuten, das kann man erobern wie Rom oder Paris. Es geht nicht. Hier fehlt jede Infrastruktur. Die Leute sind höflich und hilfsbereit an der Rezeption. Selbst ihr hartes, schnarrendes Englisch kann man zur Not verstehen. Es geht trotzdem nicht. Es hätte mich mißtrauisch machen müssen, daß man im Hotel keine Postkarten, keine Ansichtskarten sah. Das Phänomen Tourismus ist noch unbekannt. Geschäftsleute logieren hier für ein oder zwei Tage. Daß zwei Deutsche zwei Wochen lang in Calcutta leben wollen, nur so, erregte bei unserer Anmeldung Erstaunen und Ratlosigkeit – na, so was? Ich teile heute das Befremden. Ich würde es nicht wiederholen. Es ist eine irre Idee, nach Calcutta zu reisen, nur so.

Immerhin, zwei junge Mädchen sitzen in der Hotelhalle hinter imponierenden Schreibtischen. Sie sehen wunderschön aus wie Reklamefotos. Sie wollen mir helfen zu einer Sightseeing-Tour. Schon das Wort wirkt obszön. O. k., sagen sie, kein Problem. Die eine hat ein rotes Telefon vor sich, die andere ein grünes. Und dann beginnt jenes immerwährende Geleier an der Wählscheibe, das ich nicht vergessen werde. Es wurde mir später zum Symbol der Vergeblichkeit hier. In Wirklichkeit ist das Telefonsystem der Stadt zusammengebrochen, wieder einmal, aber sie wollen es nicht wahrhaben. Sie nehmen die Wirklichkeit nicht zur Kenntnis. Immer wieder reißen sie an der Wählscheibe, immer wieder warten sie gespannt. Dann legen sie auf. Dann beginnt das Spiel von neuem. Ganze Vormittage kann man so in der Rezeption verbringen. Es führt zu nichts. Sorry, sagen sie schließlich und werfen dabei ihre Saris mit Schwung nach hinten, sie sollten es am Nachmittag versuchen. Nachmittags geht es bestimmt! Ich brauchte drei Tage, bis ich das langsam begriff. Hier geht überhaupt nichts auf geradem Weg. Man muß die krummen Wege wählen.

Max Mueller Bhavan

Es ist Streik in der Stadt. Heute früh soll die Hölle losgewesen sein, ein paar Straßen weiter. Die Opposition soll den Vertretern der Kongreßpartei, die hier ihren Parteitag abhalten will, einen bösen Empfang bereitet haben. Autobusse wurden in Brand gesteckt, Straßen verbarrikadiert. Es soll Tote gegeben haben. Die größte Demokratie der Welt muckt wieder mal auf. Solche Unruhen, lokal, gehören in Indiens Großstädten offenbar zum Alltag. Man kann sicher sein: Diese Revolten gehen hierzulande ungefähr so aus wie die Telefonversuche unserer freundlichen Mädchen. Das brodelt und kocht ein paar Stunden, fällt dann in sich zusammen. Alles Strohfeuer, wild, dann vergessen.

Wir sitzen in einer Rikscha. Hoch auf dem gelben Wagen, könnte man sagen. Nur das Pferd ist ein Mensch. Der Boy: Er ist klein, spindeldürr und halbnackt. Es ist im Grunde barbarisch: Da zieht ein verhungerter Junge zwei Riesen aus Deutschland durch das Straßengewirr der Stadt. Der Junge aber ist glücklich. Das hat ihm der Taxistreik eingebracht: endlich eine Fuhre, die lohnt. Er schwitzt, er läuft, er rennt wie ein Eselchen. Und strahlt dabei, wenn er sich in einer Kurve einmal umwendet zu uns. Ich erinnerte mich an den Deutschen, den Ingenieur aus Stuttgart. Er hatte auf dem Flughafen Delhi, als wir dort auf die Anschlußmaschine nach Calcutta warteten, zu mir gesagt: Calcutta? Da kann man schon leben. Sie müssen sich nur ein dickes Fell wachsen lassen. Sie müssen unser europäisches Mitgefühl vergessen. Da kann man nur wegsehen oder untergehen. Sie werden ja sehen.

So war es. Wir sahen die Stadt jetzt, hautnah. Es ist ein irrer Eindruck. Millionen sollen hier obdachlos auf den Straßen leben. Niemand kennt die Einwohnerzahl genau. Man schätzt elf Millionen im Augenblick. Es werden dauernd mehr. Sie leben auf den Bürgersteigen, als wären sie ihr Haus. Sie haben ein paar Decken bei sich, etwas Hausrat. Tatsächlich ist Indiens Wärme die Voraussetzung. Ist Calcuttas Aushäusigkeit ein Klimaproblem? Bestimmt nicht, aber die Voraussetzung ist es schon. Hitze macht schlaff. Sie hocken immer zu viert oder zu fünft im Kreis, haben ein Feuerchen in der Mitte. Sie frieren. 22 Grad Wärme macht sie frostig. Hier wird es im Hochsommer 50 Grad und noch mehr. Dazu eine tropische Luftfeuchtigkeit von 100 Prozent. Sie kochen auch: Wasser, Tee, Grütze und andere Körner. Sie kauen an ihrer roten Betelwurzel herum, spucken das Zeug manchmal aus. Ein blutroter Fleck bleibt auf dem Stein, den wir zunächst für den Auswurf von Tuberkulösen hielten. So ist es nicht.

Viele waschen sich. Sie hocken mit ihrem schmutzigen Lendenschurz in einer Straßenpfütze. Sie nehmen die Brühe mit einem Blechteller hoch bis zum Kopf, übergießen sich dann sorgfältig. Sie haben einen erstaunlichen

Reinlichkeitssinn. Ich möchte fast von Waschzwang sprechen. Nur führt er zu nichts. Friseure sitzen auf der Erde und gehen hier ihrem Handwerk nach, hochakkurat. Es werden Haare geschnitten, exakt wie bei uns. Einem jungen Mann, der mit weiß eingeschäumtem Kinn im Lehm liegt, wird mit einem Rasiermesser präzis das Oberlippenbärtchen gestutzt. Stolz und stumm sitzt er auf dem Boden. Hunde laufen dazwischen, schnuppern an einem Kadaver herum. Raben flattern und warten auf jenen Rest, den ihnen der Hund lassen wird. Es fällt mir auf, daß man fast nur junge Männer sieht, selten einen alten. Calcutta ist in der Tat eine Stadt der Jugend. Hier stirbt man nämlich – Mitte Vierzig.

Dann waren wir da. Wir merkten es sofort: ein Haus mit sauberen Fensterscheiben und frischen, gelben Mauern drumrum. Wir hatten eine Zuflucht und Anlaufstelle gefunden. Das Goethe-Institut in Calcutta heißt Max Mueller Bhavan. Max Mueller war ein Deutscher, ein Indologe von Rang, den hier jeder Gebildete kennt. Er war nie in Indien, hat sich aber um die Erforschung der Landessprachen hochverdient gemacht. In diesem Haus wird deutsche Kulturarbeit geleistet. Die Jazzband des WDR war gerade zu Gast. Ein Besuch von Karlheinz Stockhausen, dem Kölner Komponisten elektronischer Musik, wurde angekündigt. Die deutsche Musik der Gegenwart wird vorzüglich repräsentiert. Mir blieb Stockhausen immer fremd, doch was sagt das schon? Die Leute von Calcutta waren gespannt. Sie besorgten sich eben Karten im Vorverkauf.

Zwei Dinge waren es, die ich hier zulernte. Erstens, daß sich ein Fremder in Calcutta nur mit größtem Gefolge bewegen kann. Der Fremde braucht mindestens ein Mietauto, einen Fahrer, einen Dolmetscher und einen Stadtführer. Je mehr Personal, um so besser. Es ist selbstverständlich, daß der Haushalt eines mittelständischen Europäers, sagen wir der eines jungen Sprachdozenten, acht bis neun Dienstboten beschäftigt. Alle zusammen kosten etwa 600 DM im Monat. Es geht nicht ohne sie, denn hier herrscht nicht nur unverändert das alte Kastensystem, sondern auch eine streng arbeitsteilige Gesellschaft, über deren Regeln die Gewerkschaften eifersüchtig wachen. Der Koch würde nie abwaschen, der Wächter vor dem Tor würde nie das Auto fahren, der Fahrer nie das Kind hüten. »That's not my duty!« sagen sie bei kleinsten Grenzüberschreitungen in einem Ton, der beleidigten Stolz erkennen läßt. Es wurde für uns jetzt das erforderliche Personal engagiert.

Das zweite, das ich zulernte, war literarischer Art. Der Hausherr hatte es angekündigt. Er hatte gesagt: »Der Grass, der hat in seinem ›Butt‹ sieben Seiten über Calcutta geschrieben, die ihn hier verhaßt gemacht haben. Sie kennen ja schon den Stolz der Leute. Holen Sie sich das Buch aus unserer Bibliothek. Sie erkennen die Seiten daran, daß sie fast schwarz sind vom Massengebrauch.« Ich tat das dann später und muß sagen: Diese Lektüre stärkte mich wieder. Sie hob mein Selbstvertrauen.

Ich las zum Beispiel: »Aber Kalkutta, diese bröckelnde, schorfige, wimmelnde, ihren eigenen Kot fressende Stadt, hat sich zur Heiterkeit entschlossen. Sie will, daß ihr Elend – und überall ließe sich Elend fotografieren – schrecklich schön ist: der mit Werbeflächen verhängte Zerfall, das berstende Pflaster, Schweißperlen. Menschen quellen aus Bahnhöfen, die täglichen Durchfall haben: weißbehemdete Maden in einem viktorianisch verklekkerten Scheißhaufen, dem immer neue Schnörkel einfallen. Auf alles roter Betelsaft gespuckt.« Ich las schließlich ein paar Seiten weiter: »Warum nicht ein Gedicht über den Haufen Scheiße, wie Gott ihn fallen ließ und Kalkutta nannte. Wie es wimmelt, stinkt, lebt und immer mehr wird . . . In einem Gedicht über Kalkutta sollte Hoffnung nicht vorkommen. Mit Eiter schreiben, Schorf kratzen . . .« Ende des Zitats.

Er sah geheimnisvoll aus, wie man sich einen indischen Künstler vorstellt: klein, aber sehr kräftig, dunkelbraun die Haut. Sein Kopf war von schwarz wucherndem Haar- und Bartwuchs fast zugewachsen. Die Augen aber glühten in mystischer Tiefe. Er war Mitte Dreißig, von Beruf Maler und ging hier, ganz nah bei der Universität, in einer winzigen Wohnung seiner Kunst nach. Er malte nicht abstrakt, auch nicht sozialkritisch, er lebte mitten im faulenden, stinkenden Zentrum und bildete die schönen Dinge des Landes ab: mythische Vögel, exotische Blumen, weiße Frauenleiber, vorwiegend nackt. Daß er zur Kaste der Brahmanen gehörte, versteht sich. Daß er ein Hindu war, auch. Dieser Künstler und seine junge Frau waren es, die uns dann erstes Geleit durch die Stadt gaben.

Etwas wie Ordnung kam nun in unser Leben. Ich atmete auf. Morgens um zehn stand immer unser Mietwagen vor dem Hotel. Der Fahrer war ein Sikh. Die Sikhs sind in Indien eine kleine, aber wichtige Religionsgemeinschaft. Ihr Fleiß, ihre Tüchtigkeit sind berühmt, die Pünktlichkeit auch. Sie sind von kriegerischer Natur. Sie rauchen nicht, sie trinken keinen Alkohol. Sie lassen sich Kopf- und Barthaar nicht schneiden. Sie verdecken das schwarze Gewuschel unter einem mächtigen Turban, der meist hellblau ist. Ich machte, als unser Sikh strahlend vor Glück und Diensteifer in der Hotelhalle auf mich zutrat, den Fehler, ihm gut deutsch die Hand zu reichen. Das ist nicht üblich in Indien. Man begrüßt sich, indem man ungefähr einen Meter voreinander stehen bleibt, beide Hände auf die Brust legt wie zum Gebet. Man verneigt sich dann tief und lächelt auf das Anmutigste, auch etwas süßlich.

Zu fünft hatten wir jetzt jenes soziale Gewicht, das uns befähigte, uns im Meer der wogenden Massen durchzukämpfen. Wir fuhren zum Fluß. Eigentlich heißt dieser Flußarm im Deltasystem des Ganges Hugli-River, aber die Leute hier rufen immer nur: »Ganga, Ganga!« Man fährt direkt unter die Brücke. Ihre gewaltige Stahlkonstruktion, 1943, also noch zur Zeit der Engländer, gebaut, überspannt freischwebend den sehr breiten Strom. Es ist der einzige Übergang, der im Zentrum beide Stadtteile Calcuttas verbindet. Ein grotesker Massenverkehr wälzt sich Tag und Nacht darüber. Es quälen sich Autos, Busse, Trambahnen, Ochsengespanne und Tausende von Kulis, die weit ausladende Säcke auf dem Kopf balancieren. Doch schweife ich ab. Ich wollte erzählen, was unter der Brücke geschah.

Hier leben die Erleuchteten und Heiligen, jene Asketen, die man auch Gurus nennt. Denn das lehmige Brackwasser des Ganges ist heilig, der Badeplatz auch. Zunächst geht man durch einen Blumenmarkt. Man kann Nelken kaufen, jene ockerfarbenen Blütenköpfe, die, zu langen Bändern zusammengeknüpft, die Opfergaben bilden, die der fromme Hindu zuletzt dem Fluß übergibt. Wir kamen in eine halboffene Halle, wo sich die Frommen ihrer Habe entledigen, aber nicht entkleiden. Man muß die Halle dann barfuß verlassen, was ich nur mit gemischten Gefühlen tat. Denn der Steinboden ist naß, dreckig und auf eine Weise glitschig, die heimtückisch ist. Wenn man ganz nah am Fluß ist, sieht man sie auf den Steinplatten der Brückenpfeiler sitzen: jene Vollendeten, die als Inkarnation mystischer Weisheit schier göttliche Verehrung genießen, nicht nur in Indien.

Sie sitzen in kleinen Gruppen halbnackt. Manche haben ihr Gesicht mit weißer Farbe zugedeckt, andere mit atavistischen Halbmasken verfremdet. Einige haben den Oberkörper rot oder grün angestrichen, andere sind von Kopf bis Fuß tätowiert. Ihr Ziel ist, durch solcherart Weltentsagung die Kette der Wiedergeburten zu verkürzen, ihre Sehnsucht ist Nirwana, das Nichts. Lauter Eremiten, Einzelgänger, Philosophen, die uns ernst und doch freundlich begrüßten und unversehens in Gespräche zu ziehen versuchten: über Erleuchtung allgemein, über den Sinn des Lebens jetzt und den nach dem Tode. Lauter letzte Lebensweisheiten, die mich in ihrer bizarren Gebärdensprache, mit englischen Bröckchen versetzt, so recht nicht überzeugen konnten.

Die Szene ist trotzdem faszinierend. Manche starren in die Glut einer Feuerstelle, andere ziehen mit Kreidestiften magische Zeichen auf dem Boden. Es riecht süßlich. Überall glimmen rötliche Räucherstäbchen. Viele beten, einige stumm versenkt, andere, indem sie laut psalmodieren. Auch Yoga wird praktiziert. Auch Massagen werden verabreicht. In einer Ecke walken kräftige Männerhände einen Halbnackten langsam und sehr bedächtig durch, als gälte es, den Leib für einen schöneren Tod vorzuformen. Das Verwirrende, auch Verblüffende für uns ist der schrankenlose Individualismus der Erleuchteten. Jeder geht seinen eigenen Riten nach, andächtig und selbstversunken. 700 Millionen introvertierte Einzelgänger – ist das Indien?

Unten am Fluß sieht man die Frommen dann baden. Sie stehen halbtief im Wasser. Die Männer im Lendenschurz, die Frauen im vollen Schmuck ihrer bunten Saris, die jetzt klatschnaß ihren Körper abbilden. Sie waschen sich, tauchen unter, kommen prustend wieder hoch. Dreimal muß die Prozedur geleistet werden, um wirksam zu sein. Es geht um geistliche Reinigung, um das Abwaschen von Sünde und Schuld, von Körperpflege im hygienischen Sinn kann in diesem Schmutzwasser nicht die Rede sein. Sie trinken es auch. Sie stehen zum Schluß mit gefalteten Händen aufrecht, verneigen sich mehrfach. Dann lassen sie ihre Blumenbänder, die sie um den Hals trugen, in den Strom sinken. Träge und sehr langsam nimmt er die gelben Blüten flußabwärts mit – zum Golf von Bengalen.

Totenkult

Etwas wie Gewieher und helles Geschrei liegt in der Luft. Unruhe, Atemlosigkeit und das Trappeln sehr vieler nackter Füße ist zu hören. Im ersten Augenblick dachte ich: Tritt zurück! Ein Sportlerteam, bengalisch, dreht seine schnellen Runden, mit Jogging befaßt. Tatsächlich lassen das flatternde Weiß der Gewänder, das rhythmische Schreien, der scharfe Laufschritt der Gruppe solches vermuten. Es war ernster. Es war der erste Akt jenes Totenkults, den ich jetzt beschreiben will. Es ist ein wunderliches und erschreckendes Stück. Hinduismus wird in ihm deutlich.

Mitten im Gewühl der stinkenden Autos, der rennenden Massen, der schreienden Händler von Calcutta tauchen sie plötzlich auf und erkämpfen sich Platz mit schrillen Gebärden. Acht junge Männer tragen auf ihren Schultern eine wiegende, wippende Bahre, auf der ein Leichnam liegt. Die Arme, die Beine des Toten fliegen manchmal hoch in die Luft, fallen dann an der Bahre seitlich schlaff herunter. Es ist, als wenn der Galopp der Männer den Toten wiedererwecken würde. »Ganga, Ganga!« schreien sie unaufhörlich. Dort nämlich, am Ufer des Flusses, liegen seit alters her die Stätten, wo sie ihre Toten verbrennen. Man nennt diese Stellen Ghats. Eigentlich sind Ghats die Stufen, die zum Ganges hinunterführen, in den man auch die Asche der Toten verstreut. Fast fünfzig Kilometer lang findet man sie im Großraum Calcutta, in Abständen natürlich.

Einmal haben wir der Prozedur direkt in der City unweit des Kali-Tempels beigewohnt. Es handelte sich um eine innerstädtische Anlage sozusagen, die schon im Schichtbetrieb arbeitete, Tag und Nacht. Unser Brahmane wies uns nicht ohne Stolz darauf hin, daß man hier modern arbeite, auch elektrisch verbrenne. Tatsächlich war ein riesiger Ofen zu sehen. Aber nur wenige könnten

sich ihn leisten, erklärte uns unser Mann. Es koste weit
über hundert Rupien. Die meisten blieben beim traditio-
nellen Scheiterhaufen. Der koste nur zwanzig Rupien,
größere etwas mehr.

Ich sah nun die Toten auf ihren Bahren liegen. Nur
langsam konnten die schnellen Renner ihre Bahren zur
Feuerstelle vorschieben. Die Toten sind ganz in Tücher
gehüllt, vorwiegend weiß. Nur der Kopf und die Hände
sind frei, bei Witwen, deren Treue verbürgt ist, auch die
Füße. Die Fußsohlen werden mit roter Farbe angestrichen, was die Würde der Frauen erhöht. Der ganze Körper der Toten ist mit Blüten bedeckt. Es ist eine eigene
Kunst der Inder. Sie zerzupfen die Blüten in unzählige
Blättchen und zerstreuen sie sehr dekorativ. Es erinnert
an Kinderkunst oder auch naive Malerei. Ein Hauch von
Poesie ist inmitten nüchterner Kälte zu spüren.

Die andere Begegnung war wie ein Schock gewesen. Es
war weit draußen im Norden der Stadt. In einer stilleren
Gegend saßen in engen, feuchten Gassen Handwerker,
die aus Lehm und Stroh große Götterfiguren modellier-
ten oder aus weißem Gehölz kleine, kunstvolle Muster
schnitten. Eine graue Kuh hatte uns im Wege gestanden.
Da waren wir plötzlich aus dem Halbdunkel des Gassen-
gewirrs ins Freie des Ganges geraten, wieder auf ein
Ghat. Schwelender Brandgeruch signalisierte Schlimmes.
Hier fand Leichenverbrennung im kleinsten Kreis statt.
Nur drei Bahren standen auf dem schmalen Platz. Es
waren auch nur zwei Scheiterhaufen, die den Qualm ver-
breiteten.

Warum wirkt dieser Ritus auf uns so erschreckend, daß
man nicht hinzusehen wagt? Für mich war es die Armse-
ligkeit, die Kümmerlichkeit der Prozedur. Ganz tiefe
Wertschichten in uns werden getroffen. Ich meine, der
Tod hat etwas Großes und Erhabenes. Tod fordert Stil
und Würde. Wenn man hier, und sei es auch nur mit
ordinärem Benzin, ein wildes, heiliges Feuer entfachen

würde, in dem sich der Tote noch einmal aufbäumt, dann versinkt, so würde ich das akzeptieren. Andere Völker haben andere Sitten, natürlich. Diese Scheiterhaufen waren so primitiv, daß mich Schaudern ergriff.

Man hatte ein paar Knüppel aus dem Unrat der Straße zusammengetragen, Kistenholz drüber. In diesem mehr schwelenden als brennenden Gehölz schmorte ein brauner Körper, der noch entfernt an eine Frau erinnerte. Ich sah zunächst nur den Kopf, der schon halb durchgeglüht war. Merkwürdigerweise waren die graugekräuselten Haare noch da. Ich sah dann die braunen Schienbeine, deren Haut durch die Hitze Glanz verbreitete. Sie glänzten frisch und stramm, bewegten sich auch manchmal, wenn sie in der Glut nachsackten. Wie verbrennt der Mensch? Bei dieser Prozedur dauert es sechs bis acht Stunden. Übrig bleiben nicht nur Knochen, sondern merkwürdigerweise auch Teile des Magens, die, zu einem schwarzen, ledernen Sack zusammengezurrt, zuletzt dem Fluß übergeben werden.

Sicher trifft uns auch die Gleichgültigkeit, die Fühllosigkeit der Angehörigen. Die Trauergemeinde kümmerte sich kaum um den ernsten Akt. Sie standen etwas abseits locker in kleinen Gruppen. Sie rauchten Zigaretten, schwatzten, waren sichtlich erfreut, in uns interessierte Zuschauer zu finden. »Platz für die Deutschen«, rief einer auf englisch. »You'll take a photo, please?« Tatsächlich waren sie an uns viel interessierter als an ihrer toten Mutter. Was für einen Fotoapparat wir hätten und woher wir kämen, genau: Ost- oder Westdeutschland? Sie nickten beifällig. Die DDR ist hier nicht unbekannt. Sie spielt eine bescheidene Rolle im Schatten der mächtigen Sowjetunion in Asien.

Ein richtiges Feuer kam nicht mehr zustande. Die Leiche verqualmte in schweren, dunklen Schwaden. Der Geruch von verschmorendem Menschenfleisch ist entsetzlich. Wenn ich jetzt sagen würde: Es riecht süßlich, so wäre es eine Beschönigung. Fleisch ist überall Fleisch. Zuletzt ist alle Kreatur gleich: Rind, Hund, Hähnchen, auch der Mensch. Ich weiß, daß es eine unerträgliche Frivolität ist. Ich sage es trotzdem. Als ich die Szene so sah: heiter bewegt und von Rauchschwaden gewürzt, kam mir der Einfall: Eigentlich geht es hier zu wie bei einer Grillparty. Nur, daß sie statt Bier oder Sekt Darjeeling-Tee trinken. Tatsächlich kam ab und zu ein junger Mann, stocherte mit einer Holzlatte im Scheiterhaufen, drehte die Beine etwas um, legte neue Glut auf einen Schenkel. Dann plauderte man wieder. Es stank infernalisch.

Nebenan wurde der nächste Tote präpariert. Es war ein junger, wohlgenährter Mann, dessen Leib man einölte. Er lag friedlich und entspannt wie in einem Massagesalon.

Die böse Göttin Kali

Sie heißt eigentlich Durga. Sie ist die Gattin Schiwas, des Weltzerstörers und Weltverwandlers, und in dieser Eigenschaft auch die Schutzgöttin von Calcutta. Sie ist blutdürstig, fleischgierig. Ihre Macht ist nur durch Opfer zu besänftigen. Bis vor kurzem waren es noch Menschen, jetzt sind es junge schwarze Ziegen, die vor ihrem Bild geschlachtet werden, meist in den frühen Morgenstunden. Die böse Göttin Kali muß einfach Blut trinken, Fleisch schmecken. Sie sitzt während des Opfers im Hintergrund, halb verdeckt. Durga ist ein Wort aus dem Sanskrit. Zu deutsch heißt es »die schwer Zugängliche«. Dies immerhin sah ich noch aus gebührender Distanz: Sie wirkt, in prächtig bunte Gewänder gehüllt, wie ein Dämon. Ihr Kopf ist pechschwarz. Sie streckt eine knallrote Zunge heraus. Um den Hals trägt sie eine lange Kette aus menschlichen Schädeln. Manchmal reitet sie auch auf einem Löwen.

Wir waren mitten hineingeraten in diesen Dschungel des

indischen Götterurwaldes, tausendköpfig, undurchdringlich. Ich halte mich da raus. Ich sage nur: Man kann Calcutta, die Stadt, wahrscheinlich auch Indien, den riesigen Subkontinent, nicht verstehen ohne diese Macht: Die Religionen hier sind mächtig. Sie sind übermächtig, allesbeherrschend wie bei uns im Mittelalter. Indien ist ein Treibhaus phantastischer Glaubensgewächse, die seit dreitausend Jahren wuchern und immer wunderlichere Ableger bilden. Wie ein schwerer Zwang liegt Magie über den Menschen und lähmt sie. 85 Prozent der Inder sind Hindus. Dazu muß ich etwas sagen. Warum ist Calcutta so, wie es ist: chaotisch, barbarisch und schrecklich verwahrlost? Ich sage: weil man eine Riesenstadt von fast elf Millionen nicht organisieren kann nach der Moral und den Prinzipien des Hinduismus. Es geht nicht.

Wahrscheinlich ist es schon falsch, beim Hinduismus von einer Religion in unserem Sinn zu sprechen. Religion in der abendländischen Tradition meint etwas Jenseitiges, dessen numinose Kraft auf das Diesseits zurückwirkt: ordnend, heilend, heiligend. Im Hinduismus gibt es diese Trennung nicht. Alles ist eins und in immerwährender Verwandlung begriffen. Das ganze Universum durchläuft dauernd Metamorphosen. Das Leben ist eine endlose Kette von Wiedergeburten. Brahma, der Schöpfer, Wischnu, der Erhalter, Schiwa, der Verwandler, auch Zerstörer regieren die Welt. Du kannst als Bettler oder Prinz, als Blume oder Rind wiedergeboren werden. Das richtet sich streng nach deinen guten oder schlechten Taten. Reiche Menschen haben ihr Glück schon in früheren Leben gesät. Sie ernten jetzt nur. Unglückliche, Kranke, Arme leiden mit Recht. Sie büßen für die Sünden aus ihrer vergangenen Gestalt. Ein baldiger Tod ist erstrebenswert in diesem Fall. In summa: Ein frommer Hindu sieht sich in einer unendlichen Kette von Wiedergeburten, die auf ihn zukommen werden. Gute Taten und Geduld empfehlen sich, zwischenzeitlich.

Aus solcher Philosophie wird die Moral dieser Stadt verständlich. Es hat keinen Sinn, einzugreifen in den Strom des Geschehens. Es hat alles seine Richtigkeit jetzt, auch in der Sozialordnung. Ohnehin ist dies Leben nur Schein. Die letzte Metamorphose, der wir alle entgegengehen, heißt Nirwana, das große Nichts. Von daher kommt jene Müdigkeit, jene soziale Passivität, ja existentielle Lähmung, die uns zunächst auffällt, betritt man den Boden Indiens.

Schon die Abfertigung an der Grenze: Die Beamten für Paßfragen, Zoll, Geldumtausch – alle wirken wie in Trance, träumen sie, oder sind sie nur träge? Alles ist schwer verlangsamt und wird von wunderlichen Nebenhandlungen grotesk umrankt und verzögert. Beim Geldumtausch am Bankschalter ist es klug, mit einer halben Stunde zu rechnen, obwohl der Vorgang nur drei Minuten in Anspruch nimmt. Sie sitzen vor leeren Schaltern und blicken durch den Wartenden hindurch ins Leere. Erheben sie sich nach zehn Minuten, geschieht das in einer Langsamkeit, die offenbar metaphysischen Rang hat: Es ist ohnehin alles nichtig. Schwer etwas dagegen zu sagen, philosophisch gesehen.

Und wir? Wir sind der reine Gegensatz zum Hinduismus. Ob man nun Christ oder Jude ist, gläubig oder nicht, wir alle sind geprägt vom Geist und Ethos unserer Religion, auch wenn wir sie längst vergessen haben. Es gibt nur ein Leben: jetzt. Du mußt es in dieser Welt schaffen, oder du schaffst es nie. Dieser abendländische Aktivismus ist den Indern unbekannt. Es gibt noch etwas Tieferes, das uns trennt. Das Judentum brachte die Idee der Gerechtigkeit in die Geschichte, das Christentum die der Liebe. Auch wenn davon nur noch Reste lebendig sind, immer noch wirken sie in unserer Moral nach. So etwas wie Mitgefühl für den Nächsten, man kann auch sagen: soziale Verantwortung, das Wissen um die Solidarität aller, ist in uns immer noch vorhanden. Marx und seine sozialistischen Ideen kann man als säkularisierte Fortsetzung dieses Erbes verstehen. Die Inder kennen dieses Erbe nicht. Das Wort Solidarität ist ihnen unbekannt. Ein Hindu hat kein Mitgefühl für andere. Seine einzige Bindung gilt der Familie, dem eigenen Clan. Gesellschaft und Staat sind ihm fremd. Deshalb ist auch der indische Sozialismus, den es ja gibt, so wirkungslos. Seit Jahren regiert in Westbengalen eine Linkskoalition unter kommunistischer Führung. Geändert hat sich dadurch in Calcutta fast nichts.

Die böse Göttin Kali – das, unter anderem, hat sie mir deutlich gemacht. Wir haben ihr immer wieder unsere Aufwartung gemacht, mit Respekt und Erschrecken. Wir besuchten ihr Hauptheiligtum Dakschineswar, dreizehn Kilometer außerhalb der Stadt. Es gibt hier sogar eine zweite Gangesbrücke beim Ort Belur Math. Dort stehen zwölf sehr verschiedene Schiwa-Tempel. Für die Hindus ist das Heiligtum ein Wallfahrtsort von höchstem Rang. Wir waren in eine kleine Völkerwanderung geraten. Wir mußten wieder die Schuhe ausziehen, rutschten über den nassen Steinfußboden, sahen die einzelnen Tempel: Jeder besitzt einen Turm, ein sanft gewelltes Dach mit neun Spitzen. In der Mitte des weiten Platzes dann der Tempel der Göttin. Dem Bauwerk ist eine deutlich sakrale Monumentalität zuzugestehen. Es ist ein weißer, hoher Kuppelbau im bengalischen Stil. Pilgerschlangen warteten davor in großer Geduld. Man betritt eine Vorhalle, in der fromme Besucher sitzen, meditieren, auch schlafen. Im Haupttempel kann man das Bild der Göttin aus etwa dreißig Meter Entfernung betrachten. Weitere Annäherungsversuche werden von Priestermönchen, die etwas wild und etwas schäbig aussehen, verhindert.

Die Wächter der Göttin sind wie Spürhunde rastlos tätig. Sie suchen und schnuppern. Sie fangen die Münzen auf, die ihnen von den Gläubigen zugeworfen werden. Sie zeigen sich dafür erkenntlich, indem sie mit kleinen

Löffeln an die Pilger winzige Portionen eines Wassers austeilen, das offenbar heilig ist. Die Pilger benetzen sich damit in tiefer Andacht: auf der Stirn, der Nase, dem Mund. Es war mir, als wenn sie sich auch bekreuzigen würden, doch kann ich mich täuschen. Manchmal zog einer an einem Glockenstrang. Dann läutete es kurz. Eigentlich wie in einem katholischen Wallfahrtsort, dachte ich. Heiligenkult, Götzendienst, wo liegt die Grenze? Mir wäre auf dem Hauptaltar auf jeden Fall ein Muttergottesbild lieber. Es ist mit Sicherheit schöner. Schwarz und böse funkelte mich die magische Maske an. Eigentlich ja nichts als eine Stoffpuppe. Die große Göttin Kali saß wie ein Raubtier da, das gleich zum tödlichen Sprung ansetzen wird.

Unsere Rückkehr in die Innenstadt glich einer Katastrophe. Vergeblichkeit. Die Straße verstopft, verstaut. Wir standen eine Stunde. Die Luft war zum Ersticken geworden. Aus dem Zentrum kam uns ein Demonstrationszug entgegen, der Protest artikulierte: laut und lahm zugleich. Unseren stolzen Brahmanen, der als Stadtführer vorne neben dem Fahrer saß, schien nichts zu berühren. Er machte den Eindruck, als wären solche Vergasungsaktionen normal. Wir husteten, atmeten nur noch durchs Taschentuch, rangen nach Luft. Er war einmal in der Bundesrepublik gewesen. Er hatte seine Bilder in Ludwigsburg ausgestellt. So schien es hinreichend begründet, als er angesichts unserer sanften Erstickungsanfälle bemerkte: »Was wollen Sie? Rush-hour, genau wie in Deutschland! Berufsverkehr und Demonstrationen, das ist doch in Frankfurt genauso.« Dann versank er wieder in sein großes Schweigen, von dem ich nie herausbekam, ob es aus Müdigkeit, Gleichgültigkeit, Verachtung oder Meditation kam.

Von solchen Expeditionen kehrten wir abends immer wie gerädert in unsere Fluchtburg zurück, nicht nur erschöpft und verdreckt, sondern ratlos, ganz tief verstört. Es wurde allmählich zu viel, was uns an menschlichem Leiden, sozialem Elend traf. Wie Keulenschläge sauste es täglich auf uns nieder. Auch das Häßliche erträgt der Mensch nur in Grenzen.

Natürlich, man hätte jetzt die diversen Erquickungen unserer Luxusherberge in Anspruch nehmen sollen. Ich hätte jeden Morgen in den Swimmingpool springen sollen. Aber merkwürdig, ich tat es nicht. Ich hätte jeden Abend in der Sauna und im Health-Club unseres Grand Hotels neue Kraft suchen müssen, doch ich tat es nicht. Wir saßen abends in unseren Zimmern, sahen uns an, schüttelten den Kopf, schluckten an unserem Whisky herum, den wir als Desinfektionsmittel hoch schätzten, und fragten uns: Wohin sind wir geraten? Sind es nicht alles Stationen einer Vorhölle, die wir durchlaufen?

War es Trauer, Depression, Melancholie? Lähmung griff Platz. Was war, was geschah eigentlich? Geblendet in Calcutta – wir taten, als wenn wir noch da wären, aber wußten ganz tief: Wir sind es nicht mehr. Wir wuschen uns dauernd, badeten täglich, immer besorgt, daß kein Tropfen Leitungswasser in den Mund käme. Wir gingen natürlich auch essen, meist im Hotel, aber das alles verlief wie unter einer Narkose, fühllos. Es gab keine Freude, keine Lust mehr am Essen. Wir stopften alles nur rein.

Merkwürdig waren die Nächte. Wer jetzt nächtliche Alpträume vermutet, täuscht sich. Es war schlimmer. Ich fiel bald nach Mitternacht in ein Loch. Ich wurde bewußtlos. Nie habe ich in Calcutta schlaflos gelegen oder etwas geträumt. Das begann erst später, als es besser wurde in Neu-Delhi. Der Schlaf zog sich wie eine schwarze Kappe über den Tag. Des Morgens erwachten wir manchmal erst gegen halb elf, zerschlagen. Muß es denn wieder Tag werden? Hört das denn niemals auf? Wie lange müssen wir eigentlich noch durchhalten in Calcutta?

Aber erstaunliche Wachträume gab es auch, tagsüber, Tagträume. Etwa, wenn ich nachmittags gegen sechs im Hotelzimmer saß, an unserem Kofferradio spielte, die Deutsche Welle zu fischen versuchte. Ganz tiefe Sehnsüchte brachen auf. Ich möchte noch einmal den Frankfurter Stadtwald sehen, dachte ich, die grüne Region zwischen Darmstadt und Isenburg. Wir wissen in der Bundesrepublik gar nicht, wie glücklich wir leben. Sollte ich je zurückkommen, sagte ich einmal laut, so werde ich mir als erstes auf dem Flughafen ein Paar Frankfurter Würstchen kaufen mit Kartoffelsalat und viel Schnittlauch. Ach, dieser Körnerfraß hier! Natürlich waren es frivole Wunschphantasien, wenn ich hinzufügte: einen Bocksbeutel dazu, Würzburger Stein oder Randersackerer Teufelskeller, wenn's geht! Übrigens, selbst die DDR erschien mir in solchen Augenblicken diskutabel.

Ob es etwas über die emotionale Topographie unseres Landes besagt, wenn ich als Gipfel solcher einsamen Wachträume immer Bayern vor mir sah? Einmal noch von Kloster Ettal nach Oberammergau wandern, dachte ich. Einmal noch die Wieskirche sehen, ihren hellen, barocken Glanz! Meine tiefste Sehnsucht aber galt unbestreitbar den Kühen. Ach, diese Klepper und Jammergestalten hier, grau wie Staub, zäh wie Leder und die Euter ganz schlaff. Kein Wunder, daß die Hindus fast alle Vegetarier sind. Ich möchte jetzt frische Milch trinken von bayrischen, also glücklichen Kühen. Sie müssen nicht heilig sein, nur braun oder schwarz oder gescheckt und das Euter prall. All der Firlefanz im Hotel-Restaurant: »Moghul-Room« oder »Polynesia« oder die Nachtbar »Club Oberoi«, donnerstags immer alkoholfrei, all dieses bourgeoise Getue der sogenannten Society dort, alles geschenkt für ein Glas frische Milch! Sie könnte übrigens auch aus dem Altmühltal kommen.

So tief ist man eben verwurzelt in Deutschland. Aber das merkt man nur, wenn man nicht mehr zu Hause ist – anderswo.

Mutter Teresas Welt

Wir hatten einen anderen Stadtführer bekommen. Der neue, der für die zweite Woche, war älter und deutlich intelligenter als unser Künstler. Auch er war ein Hindu, auch er Brahmane, auch er kannte Deutschland. Er hatte einmal in Erlangen studiert, war jetzt Deutschlehrer hier. Sicher war er nicht so kreativ, dafür aber feinnerviger, sensibler für die Probleme der Stadt. Irgendwo war er leidensfähiger und nicht so selbstgefällig. Die Begabung der Inder, ihr eigenes Elend nicht zur Kenntnis zu nehmen, ist erschreckend für uns.

Mit ihm gingen wir neuen Entdeckungen entgegen. Wir besuchten zum Beispiel den Jain-Tempel von Papasnath. Die religiöse Sekte der Jainas ist über 2500 Jahre alt. Sie zeichnet sich durch Naturliebe aus, die Jainas töten auch keine Tiere. Schöne Gartenanlagen und Tiergehege empfingen uns, dazu eine höchst pittoreske Architektur. Im Tempel standen zwei Priestermönche an einem Altartisch. Sie lasen, jeder für sich, in alten Weda-Büchern, den ältesten Texten des Hinduismus. Sie hatten jeder zwei Schälchen mit Reis vor sich, und jedesmal, wenn eine Lesung beendet war, legte der eine ein Reiskorn vorsichtig von der linken in die rechte Schale.

Es war dann am »Tag der Republik«, also am 26. Januar, dem Nationalfeiertag der Inder, als wir draußen in Belur Math das Hauptquartier der Ramakrischna-Sekte besuchten. Es liegt auf der anderen Seite des Ganges, dem großen Kali-Tempel, von dem ich sprach, fast gegenüber. Der Komplex umfaßt Klöster, Bibliotheken, Schulen und andere Bildungsinstitute, jeder ist willkommen. Das heilige Haus in der Mitte spiegelt schon in seiner Architektur den Glauben der Ramakrischna-Jünger an die Gleichwertigkeit aller Religionen. Vom jeweiligen Standpunkt aus sieht das mächtige Bauwerk einmal wie ein indischer Tempel, einmal wie eine arabische Moschee, schließlich wie eine christliche Kirche aus. Zwei Ordensoberen begleiteten uns. In ihrer orangefarbenen, etwas zerknitterten Kutte wirkten die beiden genau wie die Väter unserer Ramakrischna-Kinder, exotisch, leichtfüßig. Sie waren heiter im Geist und schienen mir trotz ihrer beträchtlichen Beredsamkeit in Glaubensfragen nicht ganz geheuer. Sie wirkten wie Scharlatane auf mich.

Ich will von Mutter Teresa erzählen. Daß sie in Calcutta zusammen mit ihren Ordenskindern, indischen Mädchen und Männern, Werke der Barmherzigkeit übt, ist bei uns bekannt. Ihr Nobelpreis hat das bewirkt. Wir waren zunächst unangemeldet in ihr Waisenhaus geraten. Der Orden sammelt hier Kinder, die sich, hilflos und krank, in den Straßen Calcuttas herumtreiben, von niemandem versorgt, von niemandem vermißt, ausgesetzt, weggeworfen, verstoßen wie räudige Hunde. Die Töchter der Mutter Teresa fragen nicht viel nach Zusammenhängen. Sie nehmen mit, was sonst sterben würde.

Es war eine paradoxe Erfahrung für mich. Man erwartet die Hölle, doch so ist es nicht. Sicher ist es fürchterlich, lauter kranke Kinder im Alter bis zu zehn Jahren: Kinder, die schreien, vor sich hin wimmern, Kinder, die einen wie Tote anstarren oder auch lächeln wie bengalische Püppchen. Freuen sie sich? Sind sie geisteskrank? Da ist kein Unterschied. Lange Säle, durch die wir gingen. Ich stand am Bett eines Mädchens, vielleicht acht oder neun Jahre alt. Es sah braun und gesund, ausgesprochen manierlich, ja hübsch aus. Es schlang seine Ärmchen um mich, hielt mich fest, brachte auch manchmal Worte der Zuwendung heraus, tastende, lallende Liebeserklärungen. Ich spürte Wärme, die meine Wärme suchte, nicht freigeben wollte. »Sie hat fast kein Großhirn«, sagte die Schwester, die uns begleitete, erklärend. Aber was sagt das? Der Mensch ist zur Liebe geboren. Das sah ich, nur das.

Trotzdem: Das ganz große Entsetzen, das man erwartet, will sich in den Häusern der Mutter Teresa nicht einstellen. Gott sei es gedankt, sage ich. Wer hier aufgenommen wird, ist ja gerettet, auf Zeit wenigstens. Er wird nicht sterben, jetzt. Es herrschen Ordnung und Sauberkeit, Tugenden, die bei uns heute eher verhöhnt werden. Hier kann man sie wieder lernen. Jedes Kind hat sein reinliches Bettchen. Eine Tafel am Kopfende erzählt die Krankengeschichte, so gut das geht. Es wird ernährt, versorgt, medizinisch betreut, es wird sogar zärtlich geliebt für ein paar Augenblicke. Es ist jene Fürsorge da, die sich für uns von selbst versteht – nicht in Calcutta. Das kalte Entsetzen erfaßt einen erst, wenn man wieder draußen vor der Tür steht, wo der Alltag, hinduistisch, beginnt. Wie tief kann der Mensch sinken? frage ich wieder einmal.

Nachmittags um drei haben wir sie dann gesehen. Es war ein Zufall. Sie ist viel auf Reisen. Das war im Haupthaus des Ordens, wo wir uns eben angemeldet hatten. Das Haus wirkt von außen kahl und nichtssagend. Nur ein schwarzes Kreuz ist oben von der Straßenfront her zu erkennen, ziemlich klein, und darunter das Schild: »Missionares of Charity – Hausnummer 541«. In einem größeren Saal im ersten Stock las eben ein Priester für die Schwestern eine Messe, römisch-katholisch mit einem Hauch bengalisch, wie mir schien. Wir wurden dazugebeten. Wenn die Schwestern nicht knien, hocken sie auf dem Boden, indisch. Wir setzten uns dazu.

Sie tragen weiß-blaue Ordenskleider, fast wie Krankenschwestern bei uns. Ihre Reinlichkeit wirkt hier exotisch. Unser Stadtführer flüsterte mir zu: »Da, die ganz hinten!« Ich konnte sie zunächst nicht unterscheiden von den vielen, die hier knieten. »Die alte Frau an der Wand mit der grauen Strickjacke«, fügte unser Mann hinzu, auf englisch, versteht sich. Da sah ich sie – mit Verwundern. Daß doch die wirkliche Größe immer so unscheinbar daherkommt! Daß doch das Außerordentliche so anspruchslos, fast unerkennbar ist! Ich sah eine kleine, alte Frau, etwas gebückt. Trug sie nicht auch einen Stock? Niemand würde sich nach ihr umdrehen auf der Straße, dachte ich.

Dann lernten wir sie kennen. Unsere Wünsche waren ihr offenbar vorgetragen worden. Sie war auf den Flur herausgetreten, erwartete uns jetzt. Freundliche Begrüßung, nicht indisch, europäisch. Sie stammt ja vom Balkan. Wir baten um die Erlaubnis, auch ihr Sterbehaus besuchen zu dürfen. Sie willigte ein. Sie sagte: »Ich gebe Ihnen ein paar Schwestern mit. Es ist besser. Und berichten Sie in Deutschland von unserer Arbeit. Wir können jede Hilfe gebrauchen, nur, bitte, fotografieren Sie nicht.«

Heute, hinterher, denke ich oft an diese Frau. Berufenere als ich erzählen, daß sie hier in Calcutta wie eine Heilige lebe. Was ist das? Es war an ihr so gar nichts vom Geist der Nonnen und von den gemessenen Gebärden unserer Ordensoberinnen, gut katholisch, zu erkennen. Im Gespräch wirkte sie eher wie eine verwitwete Bauersfrau, die, alt geworden, ihren Hof und ihr Personal mit Tatkraft, Energie und Umsicht leitete. Praktische Vernunft spürte ich und einen starken Willen, der Ordnung schafft. Mach du das jetzt! Und zu einer anderen: Du gehst jetzt dorthin! Die Schwestern waren sanft, wirklich wie Töchter, die, strenge Liebe gewöhnt, auch für Führung dankbar sind. Ich glaube, darin besteht Mutter Teresas Größe: Sie tut einfach, was not ist. Hier tut es ja niemand. Im lärmenden, schreienden, eiternden Chaos der Stadt, im sinnlosen Gewusel von Millionen von Hindus stand eine alte Frau vor mir, zu nichts als praktischer Hilfe entschlossen, und dies sofort. Die Schnelligkeit ihrer Bewegung fiel auf. Faß an, hilf mit! schien jede ihrer lebhaften Gesten zu sagen. Dann ging sie nach kurzem Händedruck in den Saal zurück. Dort hatte der Priester eben mit dem Offertorium begonnen.

Ist es frivol, wenn ich weiterberichte, daß sich unsere Fahrt zum Sterbehaus heiter gestaltete? Die Schwestern hatten einen größeren Sanitätswagen bereitgestellt. Sie hüpften wie muntere, törichte Jungfrauen hinein, die gern Auto fahren. Ihre langen Röcke wehten, ihre Häubchen flatterten fröhlich im Fahrtwind. Und dann ging es mit dem Rotkreuzzeichen und mit Blaulicht ins endlose, irre Geschreie, Gehupe, Getöse der Stadt – das ist jetzt bekannt.

Das Wort »Sterbehaus« hat sich eingebürgert, ist aber nicht exakt. Der Orden unterhält in der Innenstadt gleich neben dem kleinen Kali-Tempel, wo die Zicklein geschlachtet werden, eine Station für Schwerkranke. Manche sterben hier, andere aber verlassen das Haus auch wieder, nach Wochen, etwas gebessert. Der Eindruck war trotzdem erschreckend. Mildernd, uns Europäer tröstend, wirkte wieder jener Grundzug von Ordnung und Sauberkeit, den man in der Stadt nicht kennt. Etwa 140 Männer, eine ähnliche Zahl Frauen werden hier aufgenommen, auch medizinisch gepflegt. Jedes der einfachen Betten trägt eine große Nummer mit Krankenblatt, und auf dieser Lagerstatt, in graue Decken gehüllt, liegen sie, zum Teil so abgemagert und verkrümmt, daß man im verknäulten Deckengewirr einen Menschen nicht ausmachen kann.

Natürlich ist eine solche Insel der Caritas im Meer der grausamen Stadt, statistisch gesehen, so gut wie sinnlos. Nur ein Tropfen im Ozean, und doch, es wird ein Zeichen gesetzt. Es wird ein Beispiel gegeben: So, ihr Bürger von

Calcutta, könntet ihr auch ans Werk gehen! Es sind Reste. Sie liegen teilnahmslos oder wimmernd, bräunliche, dunkle Skelette, manche mit übergroßen Augen, andere mit schwärenden Wunden oder aufgetriebenen Bäuchen. Ein Mann, der sich aufgedeckt hatte, lag mit eiterndem Hoden so groß wie ein Luftballon nackt auf seiner Holzpritsche, ein anderer schrie nach Wasser. Ein dunkles Wesen, so winzig geworden wie ein Greisenkind, wand sich am Fußende wie in Todesqualen – Krebs? Es war wieder unsere Höllenvision. Ich sagte jetzt, was ich so oft in der Stadt gedacht, aber nie auszusprechen gewagt hatte als Deutscher. Ich sagte: So stelle ich mir Auschwitz vor. Das genau sind doch die Bilder, die uns 1945 die alliierten Soldaten zeigten. O Calcutta! kam es jetzt aus mir heraus.

Erst die Dunkelheit zeigt uns das Licht. Ich sah es. Es war ein junger Mann, blondlockig, frisch, von strahlender Gesundheit und mit dem Charme aller Zwanzigjährigen. Er diente als Krankenwärter. Er trug eine grüne Schürze, er brachte Urinflaschen, Decken, Medikamente, Teetäßchen von Bett zu Bett. Klappernd mit seinen Holzlatschen, sorgte er sich um alle, die riefen, im Laufschritt. Er wirkte wie ein Engel, in die Hölle versetzt. Und als ich mit ihm ins Gespräch kam, wehte mich Heimatliches an. O Gott, er sprach bayrisch, eine Art Traumerfüllung, vorzeitig für mich? Er war aus München. Er trampte seit Monaten durch Asien. Eigentlich ginge morgen sein Flug nach Burma, sagte er, aber dann habe er von seinem Bettnachbarn in der Herberge gehört, daß es dieses Haus gäbe. Eine Woche wolle er hier arbeiten, ohne Geld, nur um zu helfen. Vielleicht, daß ich auch einmal die Mutter Teresa sehe. Nur sehen, sagte er, nicht mit ihr sprechen. Mir wär das genug! Und später, als wir wieder draußen waren, im Auto mit unserem Sikh saßen, sagte ich: Solche Jugend gibt es auch. Nur, wer berichtet davon in unseren Medien? Ich will es tun.

Es muß Farbe ins Bild. Es muß Blut wieder ins Fleisch. Das Leben, nicht wahr?, ist immer gemischt. Der Schmerz muß von grellem Gelächter übertäubt werden. Es ist wahr, was ich erzählte, und einiges habe ich verschwiegen, weil es die Schamgrenze zu tief verletzt. Aber wahr muß auch sein, daß man dasselbe auch ganz anders erleben kann. Die Leute von Calcutta jedenfalls, wenn sie diesen Bericht lesen könnten, würden den Kopf schütteln. Sie würden sagen: Was hat der nur gesehen? Das ist doch nicht unsere Stadt! Calcutta ist die größte Stadt Indiens. Sie ist der Sammelpunkt unserer Intellektuellen. Hier blühen der Geist, die Kunst. Wissenschaft und Poesie sind in der Hauptstadt Westbengalens zu Hause. Von Rabindranath Tagore, dem Dichter, bis zum Theater und Tanz – dies ist kulturell unsere lebendigste Metropole. Es ist wahr, große Verlage und viele kleine Zeitschriften sitzen hier. Die Schlacht der Geister wird hier geschlagen. Ich hörte davon.

Wenn die Sonne sinkt über Calcutta, gerät die Stadt in wahre Ekstasen. Noch nie sah ich das Elend so fröhlich und aufgeregt. Krüppel, die springen wie junge Wiesel, Halbtote, die, am Boden liegend, mit Leidenschaft Domino spielen. Eigentlich müßte die Sonne jetzt im Januar gegen halb sieben untergehen, aber schon um halb fünf versinkt sie im Smog der Stadt. Eine halbe Stunde noch ist ihr roter Ball hinter Industriewolken bläßlich zu sehen. Dann ist sie weg. Nun geht es los. Gegen acht gleicht Calcutta einem Hexensabbat. Alle sind auf der Straße oder was man so nennen könnte. Sie schieben und stoßen sich, lachen, winken, rufen. Der Autoverkehr steht. Alles, was Räder hat, steht fest verkeilt, und jeder drückt auf die Hupe. Ein höllischer Lärm rast durch die Stadt, sie fiebert vor Kraft und Lebenslust jetzt. Sie rast und kocht, Massenpsychosen brechen aus, nur so.

An einer Straßenecke hält ein junger Mann einen Stein in der Hand. Er wirft ihn in einen kleinen Basar, der Sonnenbrillen feilbietet, massenhaft. Es klirrt und scheppert. Das Glas zerspringt. Der Mann drinnen aber ist nicht müßig. Er wirft den Stein mit gezielter Wut wieder zurück. Jetzt beginnt ein Steinhagel über den Brillenbasar niederzugehen. Der Ladeninhaber revanchiert sich, indem er alle Glasscherben, die er am Boden sammelt, in die Massen zurückschleudert. Die weichen zurück, stoßen dann mit dem Angreifer zusammen zum Basar vor. Eine Massenschlacht, ein ekstatisches Gewoge beginnt. Dazwischen versucht sich eine uralte Straßenbahn durchzubimmeln, und Ochsen brüllen in ihrem Geschirr. Eine Stadt entlädt sich im Taumel rasender Zerstörungslust, die wie ein Orgasmus kommt, zuckend vor Glück. Zum Schluß steht der Ladenbesitzer blutüberströmt und fast nackt in seinem Laden – ein sterbender Gott. Alle sind entzückt. Ach, das ist so ein alter Streit zwischen zwei Brüdern, erklärt man uns. Familienfehden – was soll's? Die Stadt hat ganz andere Explosionen überstanden. Hier leben, heißt: sich dauernd gegen den Untergang wehren. Und ich füge hinzu aus meiner Erfahrung: Jeder Tag, dem Tod abgetrotzt – das heißt leben in Calcutta.

Ich will weg, nichts wie weg will ich jetzt. Ich prüfe unsere Tickets, die von Air India, dann die der Lufthansa. Immer wieder fass' ich da hin. Es wird eine Heimkehr geben, hoffentlich? Ich baue auf Träume, ich glaube an Wunder. Märchen wie aus Tausendundeiner Nacht sind hier real. Ein großer Teppich soll kommen, noch besser ein Airbus. Er soll uns reinlassen, er soll uns aufnehmen. Es werden die Türen geschlossen, hermetisch fest, wie sich's gehört im Düsenjet. Wir werden auf der Piste dahinrasen und uns dann erheben, stolz. Sagt man nicht immer, stolz wie ein Adler? Ich weiß nicht so recht. Immerhin, wir sind weg.

Ich lehne mich zurück, sehe zum Fenster hinaus. Unter

uns liegt jetzt das Land. Die Sonne strahlt blendend. Der Himmel ist wieder rein. Zauberhaftes Indien, sage ich deutlich entspannt. Ich sehe einen Reiseprospekt. Er heißt: Westbengalen. Ich sehe sattes Grün auf dem Prospekt, Sumpflandschaften, Palmenwälder, den breiten Fluß, Ganges genannt. Ich sehe wilde Tiere auf meinem Prospekt, Löwen, Tiger, Giraffen. Affen hangeln von Ast zu Ast. Papageien schreien schrill. Elefantenherden traben wie sanfte Ungeheuer durch Morast. Feucht und heiß muß es hier sein im Hochsommer. Wenn der Monsunregen fällt, dampft das Land und versinkt im warmen Wasser. Sumpfblasen gluckern, steigen auf. Später wird es trocken und knochenhart wie in der Wüste.

Ich meine, das muß man alles mitsehen. Es ist Wildnis hier. Wir kommen aus dem Urwald. Fressen und Gefressenwerden heißt das Gesetz des Dschungels. Calcutta ist das starke Herz dieses Dschungels: wild und kaputt. Da und dort auch von Orchideen und zierlichen Blättern umrankt.

Ein Ort wie ein Testament
Wiedersehen mit Jerusalem

Anfänger, meine ich immer, haben ein Recht auf Schonung. Anfänger soll man fast wie Kinder behandeln, sanft. Sie wissen doch noch nicht, was auf sie zukommt im Leben. Mit Jerusalem-Anfängern ist es ähnlich. Jerusalem ist, um es im voraus zu sagen, etwas Unfaßbares. Es ist ein Brocken, den keiner hebt, ein Tanzplatz der Geschichte, der jeder Beschreibung spottet. Erlösungssehnsüchte und Kriegsgreuel haben die Stadt in viertausend Jahren knochenhart gemacht. In keiner Stadt der Welt ist man auf Schritt und Tritt so unentrinnbar von Gräbern umstellt, die hier dem Tag ihrer Auferstehung entgegenschlafen.

Aber muß man gleich so brutal mit der ganzen Wahrheit einsetzen? Kann man nicht freundlicher beginnen? Ich erkläre, warum wir zunächst auf Distanz gingen. Aus angemessener Entfernung wirken solche Breitwand-Panoramen der Geschichte meist zauberhaft schön. Die erste Station unseres Kreuzwegs zum Heil jedenfalls hieß: »Mount of Olives, Interconti«.

König Hussein hat diese moderne Nobelherberge im schönen arabischen Stil bauen lassen. Ich vermute Ende der fünfziger, Anfang der sechziger Jahre, als Jordanien unter anderem auch diesen Ostteil der Stadt beherrschte. Natürlich war wenigstens der Bauplatz als bewußte Kränkung der Juden gemeint. Mitten in diesen traditionsreichen Friedhof, auf dem sich seit König Davids Zeiten die frommen Juden aus aller Welt zur letzten Ruhe betten lassen, hat der kleine König, frech, aber sehr elegant, diese einladende Filiale der bekannten Hotelgruppe gestellt, so, als ob der Messias bei seiner Wiederkehr solche US-Herbergen erwarten würde. Für fromme Juden jedenfalls ist das Ganze ein Affront.

Der Frevel des Jordaniers bringt für Besucher meiner Art unbestreitbare Vorteile. Der Massenbetrieb amerikanischer Touristen, der im jüdischen Teil der Stadt empfindsame Seelen wie mich kurzfristig zu rasenden Verächtern der schönen USA machen kann, findet hier nicht statt. Man stolpert nicht über steile Kofferberge. Man ertrinkt in der Lobby nicht in einem Meer greiser Touristen, die alle quaken wie Frösche und ab und zu leise Worte der Bewunderung fallenlassen für das Hotel und das Heilige Land überhaupt. Die siebzigjährigen Männer sehen mit ihren buntkarierten Hosen alle wie Clowns aus, die auf Tournee sind. Die alten Damen mit ihren verrutschten Perücken wie Baby-Doll-Puppen, die dann und wann nur noch Worte der Bewunderung wie »How lovely, how nice!« stöhnen können. Sie kommen aus Oklahoma City oder Amarillo/Texas und sind überall happy. Sie fahren in blitzblanken Bussen durch Israel wie durch ein Disneyland des Glaubens. Die Bibel hat doch recht. Wir haben es in den Staaten gebucht, und hier ist's zu sehen.

Nichts dergleichen im arabischen »Interconti«. Auch hier kehren Juden ein, aber es sind Einzelgänger, wunderliche Sonderlinge aus Frankreich, Italien, England, die sich den Mut zum Ungewöhnlichen bewahrt haben. Es ist ungewöhnlich für einen Juden, hier, wo die Ruhe der Toten von den Arabern so schimpflich gestört wurde, nachts den Schlaf des Gerechten zu suchen. Aber es gibt sie: aufgeklärte, unabhängige Kinder eines alten Volkes. Ihr Mut wird reich belohnt.

Das »Interconti« liegt auf dem Ölberg. Man hat von hier aus einen Blick auf das Stadtpanorama, unbeschreiblich. Von der Davidstadt links bis zum Skopusberg rechts übersieht man mit einem Blick die Stadt wie ein Märchen aus Kindertagen. Zauber und Verführung des Orients – was ist das? Man sieht Türme und Kuppeln, Krypten und Klöster, Moscheen, Kirchen, Minaretts. In der Mitte die mächtige Mauer, die die Altstadt umschließt. Man sieht direkt auf den Tempelberg. Die goldene Kuppel des Felsendoms in der Mitte strahlt jetzt im Abendlicht tatsächlich wie ein Wunder aus Tausendundeiner Nacht. Das also ist die Traumstadt, zu der die Juden, die Christen, die Moslems pilgern? Man versteht das. Der Anblick, jedenfalls hier vom Ölberg, ist noch überwältigender als die Vermutung. Man kann da nur stehen, staunen, sehen und dann und wann leise sagen: märchenhaft. Jerusalem ist die schönste Stadt, die ich je sah.

Das Merkwürdige ist, daß man dabei rundum eigentlich nur auf Friedhöfe blickt. Noch merkwürdiger ist, daß diese Friedhöfe keineswegs schön sind. Kein Baum, kein Blattgrün, kein Blumenschmuck. Man sieht auf einen einzigen gewaltigen Steinbruch, lauter Felsplatten, die, manchmal geordnet, manchmal aber auch zerbrochen und wirr, auf jeden Fall immer gnadenlos hell der Sonnenhitze ausgesetzt sind. Wüstengräber sind das. Hier kehrt nicht der Tote wie bei uns in den Schoß der Erde zurück, teilt sich den Elementen mit, wird wieder zu Wasser, tritt wieder ein in den Stoffwechsel der Natur. Er schläft nur nach jüdischer Sitte. Niemand ist hier ganz tot. Keiner auf ewig vergessen. Er schläft dem Jüngsten Tag entgegen.

Man blickt vor der Stadtmauer auf ein langes Tal, eine tiefe Senke, wo früher einmal ein Fluß war, jetzt stehen dort Tausende von Grabsteinen, ganz dicht. Das ist das berühmte Kidrontal. Hier soll einmal das Jüngste Gericht stattfinden. Wenigstens darin sind sich die Juden, die Christen und Moslems einig: In diesem Tal, direkt vor dem Goldenen Tor, das jetzt noch geschlossen ist, wird sich das große Schlußstück abspielen. Hier wird der Messias erscheinen. Er wird Gerichtstag halten. Die Lämmer werden von den Böcken, die Guten von den Bösen getrennt. Dann wird sich das Goldene Tor öffnen. Der Messias reitet mit Pracht und Herrlichkeit in sein himmlisches Jerusalem ein. Die neue Schöpfung, der neue Tempel wird strahlen. Mythen und Märchen, Träume und Hoffnungen – ich teile sie nicht, aber für das Jüngste Gericht wäre ich schon. Ich teile den Wunsch, daß einmal die Gerechtigkeit triumphieren sollte. Am Ende sollte alles offengelegt werden, wie es wirklich war. Es sollte so sein. Ich glaube nur nicht daran.

Für uns hat der Blick vom Ölberg noch einen anderen Reiz. Stadtlandschaft als Heilsgeschichte. Lauter Erinnerungen an Kindheitstage, wo man im Religionsunterricht das auswendig lernen mußte, aber nie recht glauben wollte, daß es das gäbe in Wirklichkeit. Katechismusabfrage: Wo wurde Jesus von Judas verraten? Jetzt ist man fein dran. Hier bitte, sagt man. Siehst du da diesen grünen Bezirk? Das ist der Garten Gethsemane. Was geschah da genau? Jesus weinte. »Dominus flevit« heißt jetzt die Kirche. Warum? Jesus weinte, weil er hier verraten und gefangengenommen wurde, auch den Untergang der Stadt voraussah. An einem der Ölbäume, denen man glauben mag, daß sie alt sind, soll sich Judas aufgehängt haben. Welcher Baum mag es gewesen sein? Und dort, wo Christi Himmelfahrt sich ereignet haben soll, steht jetzt eine kleine, runde Kapelle mit vielen Bussen davor.

Links von der Stadtmauer erhebt sich stolz und schön der Zionsberg. Die Juden verehren hier Davids Grab, die Christen gleich nebenan den Saal des letzten Abendmahls. »The last supperroom« heißt das in der Sprache der Fremdenführer. Ich kenne die Szene so genau aus Bachs Matthäuspassion. Für mich ist es die ergreifendste Stelle unserer Musikgeschichte. »Nehmet hin und esset – dies ist mein Leib!« Ein Baß singt das in großem Ernst. Und später dann erhebt er den Kelch: »Nehmet hin und trinket – dies ist mein Blut!« Seit meiner Jugend hat mich diese Passage immer getroffen, als wäre ich ein gläubiger Christ. Ich bin es nicht. Aber daß einer so unter den Seinen bleibt mit Fleisch und Blut, ist ein Geheimnis, an das ich glauben könnte, wenn ich glauben könnte. Ja, und hier ist nun dieser Saal. Er ist kahl und leer. Seine Besichtigung gibt fast gar nichts her, aber das ist es auch nicht, was ich meine.

Ich meine, ob Christ oder nicht, gläubig oder nicht – von solchen Stätten der Geschichte geht eine merkwürdige Faszination aus. Orte haben ihre Magie. Ihr Genius wirkt fort. Warum schreibe ich immer wieder über Orte? Orte sind wie Testamente, die uns überliefert sind. Wir sind die Erben. Wir stecken da drin, irgendwie. Vom Ölberg aus ist das mit einem Blick zu erkennen. Hier wird auch unsere Geschichte erzählt.

Bustanai 33

Es war etwas mühsam gewesen, die kurze Straße zu finden. Sie liegt in der jüdischen Weststadt, also genau entgegengesetzt vom arabischen Teil. Ein Überläufer berichtet. Villen mit kleinen Vorgärten, wo selbst im Oktober noch Blumen in kräftigen Farben blühen. Ein Geruch von späten Rosen und Thymian in der Luft. Ein Hauch Eukalyptus ist eingemischt. Manchmal, wenn ein jäher Windstoß kommt, sind die schönsten Gerüche des Orients lind zu spüren. Die Sonne strahlt herrlich. Es liegt jeden Morgen eine Helligkeit über der Stadt, die fröhlich macht. Die Luft ist trocken und frisch. Jetzt im Herbst kann es morgens sehr kühl sein, mittags sommerlich warm. Die Dämmerung setzt sehr früh, bald nach fünf Uhr, ein. Ganz schnell wird es dunkel, und nachts kann es manchmal bitter kalt werden. Immerhin liegt die Stadt 850 Meter hoch. Ihr Hochmut ist wohlbegründet.

Wir waren in der angenehmen Lage, nach den ersten Hoteltagen eine Privatwohnung in Aussicht zu haben. Frankfurter Freunde hatten uns ihre Zweitwohnung hier hilfreich zur Verfügung gestellt. Und obwohl ich für einige Luxushotels hier erstklassige Empfehlungsbilletts in der Tasche hatte, kann ich rückblickend sagen: Nichts geht über die Bustanai 33. Das Haus ist ein langer, grauer Flachbau, in dem etwa vierzig oder fünfzig kleine Apartments eingerichtet sind: bescheiden, aber praktisch. Ältere Leute wohnen hier. Unten ist das Leo-Baeck-Institut untergebracht, die Jerusalemer Filiale. Daß alle Bewohner des Hauses auch noch deutsch sprachen, war wieder ein sanfter Einstieg in die schwierige Stadt. Hilfreich, auch komisch war das. Da saßen wir nun im traditionell jüdischsten Teil von Jerusalem, und was umgab uns? Flurklatsch auf schwäbisch oder ostpreußisch. Eine deutsche Hausordnung empfing: Es ist nicht erlaubt, zwischen zwei und vier Uhr ... Es ist verboten ... na und so weiter. Ein alter Herr, der wie ein pensionierter Regierungsrat aus Berlin aussah, schlurfte eben mit seinem Kücheneimerchen steifbeinig zum Müllkasten draußen. Er musterte uns äußerst mißtrauisch. Bitte, die Haustür immer schließen, sagte er, obwohl die Haustür immer offenstand. Preußische Strenge lag in seinem Ton.

Tja, da leben nun diese Reste, die wir einmal aus Deutschland vertrieben haben. Sie heißen immer noch Grünbaum oder Rosental, Frischmann oder Friedländer. Die Jeckes werden sie hierzulande genannt, weil sie auch im heißesten Palästina nicht zu bewegen waren, damals Schlips und Kragen und das Jackett abzulegen. Es sind nur noch einzelne, denen es damals oft auf abenteuerlichen Wegen gelungen war, dem Holocaust zu entkommen. Überlebende des Völkermords. Ist es der Starrsinn aller Juden? Ist es die alte, verschämte Liebe zu Deutschland? Fünfzig Jahre ist das nun her, und immer noch leben sie hier im Orient wie früher in Berlin oder Frankfurt: adrett, korrekt, zugeknöpft.

In ein wunderliches Häufchen waren wir da geraten. Ein Sammelplatz absurdester Schicksale ist ganz Israel.

Hinter jeder Wohnungstür lebt ein Mensch, der Romane erzählen könnte, unbeschreiblich. Links neben uns Frau Jordan zum Beispiel. Eine kultivierte, immer noch attraktive Dame. Sie war informiert über unsere Ankunft. Sie wies uns ein: die zwei Schlüssel zur Wohnungstür, bitte, das Gas, der Strom, der Kühlschrank, die Bettwäsche, das übliche also. Es war ihre Stimme, der dunkle, volle Ton, der mich aufhorchen ließ. Irgendwie war da Fränkisches mit Hessischem schön gemischt. Ja, sagte sie später, ganz recht, eigentlich stammen wir aus Wertheim. Sie kennen das Städtchen am Main? Unsere Familie betrieb dort seit vielen Generationen ein kleines Geschäft, Eisenwaren und so. Später sind wir in die Röhn gezogen, bis Hitler kam.

Und während wir uns eben festzureden begannen über die hessische und die bayrische Röhn und wie das damals war für sie als Jüdin und wie das heute dort für uns ist, hart an der Zonengrenze, sah ich zur Uhr. Ich erschrak: ein Uhr mittags. Weißt du, was das heißt? fuhr ich hoch. Heute ist Freitag. Der Schabbat wirft seine dunklen Schatten. Um zwei schließen alle Geschäfte. Um vier kommt der letzte Bus. Spätestens um sechs wird über ganz Jerusalem, das jüdische hier, eine Feiertagsstille ziehen wie bei uns am Heiligen Abend. Nichts geht mehr. Nur Gebet und Gesang und das häusliche Festessen. Wenigstens ein Frühstück sollte morgen auf dem Tisch stehen. Auch etwas Wein für die Nacht wäre wünschenswert.

So kam es, daß wir, von Frau Jordan beraten, wenig später in der Nachbarschaft in einem Geschäft standen. Es war ein richtiger Tante-Emma-Laden, israelisch. Ziemlich verstaubt und verrottet die Waren. Ein alter Mann, der nur noch röchelte, bediente. Kunden, die neu hereinkamen, halfen, unsere bescheidenen Wünsche verständlich zu machen. Eine Dame beriet uns in bestem Französisch in Weinfragen, ein junges Mädchen in Jeans half uns auf englisch beim Käseproblem. Sprudel und

Bier, Bananen und Grapefruits dazu. Ein halber Karton
Lebensmittel kam zusammen. Wir waren gerettet. Jetzt
konnte der heilige Freitagabend beginnen.

Später zu Hause in der Bustanai studierten wir dann die
Rechnung. Alles korrekt, nur ungeheuer teuer war unser
bescheidener Wochenendeinkauf. 87000 Schekel hatten
wir ahnungslos hingeblättert. Weißt du, wieviel das ist, in
Mark umgerechnet? Nach heutigem Kurs fast hundertfünfzig. Der gleiche Einkauf, nur in der Qualität besser,
hätte bei uns im Supermarkt kaum mehr als fünfzig Mark
gekostet. Tatsächlich blüht in Israel immer noch eine be-
achtliche lnflation. Die Israelis trauen ihrem biblischen
Schekel längst nicht mehr. In Wahrheit wird alles in US-
Dollar berechnet.

Der jüdische Witz war früher berühmt. Der Witz war
immer die Waffe der Schwachen. Der israelische Witz,
den es durchaus gibt, ist schlichter geworden, nicht mehr
so hintergründig. Zur Geldsituation im Land kursiert
hier im Augenblick dieser: Einem Rabbi im orthodoxen
Jerusalem-Viertel Mea Schearim fällt am Schabbat ein
Tausend-Schekel-Schein aus der Tasche. Er bückt sich,
um den Schein aufzuheben, und wird dabei von einem
Schüler beobachtet. »Rabbi, wie kannst du gegen das Gebot verstoßen, daß man am Schabbat kein Geld bei sich
tragen darf?« fragte der Schüler entsetzt. »Ach, das da«,
sagte der Rabbi, »das nennst du Geld?«

Eine Art Wiedersehen

Verworren und unklar sind meine Erinnerungen. Ich war
schon einmal hier, 1967 war das, gleich nach dem Sechs-
tagekrieg. Es rauchten die Trümmer der Schlacht. Alles
war kaputt und zerbrochen. Auch die Mauer, die Jerusalem teilte genau wie die in Berlin, war schon eingerissen.

Ich nahm es kaum wahr. Ich fuhr mit dem Bus in die Wüste Sinai. Ich war auf den Golanhöhen. Kuneitra qualmte noch. Tel Aviv fand ich schön. Das war meine Stadt: jung, offen, barbarisch gesund. Zwei oder drei Tage war ich damals auch in Jerusalem. Es blieb mir fremd. Ich fand keinen Zugang. Alles so kahl, so mächtig abweisend und hoch. Die Stadt sagte mir nichts. Es roch mir zu sehr nach Weihrauch und Klerisei. Diese vielen schwarzen Erdlöcher, in die man kriechen mußte, weil irgendein Stammvater der Israeliten hier begraben worden war. Was ging's mich an? Nichts war zu sehen. Ich flog nach Eilat. Strahlende Sonne und warme Badefreuden empfingen. Ich blieb bis zum Schluß am Strand.

Ja, was ist geschehen? Habe ich mich verändert? Bin ich nach so langer Zeit nun doch erwachsen geworden? Reifen wir nach wie Äpfel, die nur lange genug im Keller liegen müssen, um schmackhaft zu werden? Ich weiß nicht genau. Ich weiß nur: Vor einem halben Jahr war ich wieder in Jerusalem gewesen. Nur ganz kurz zu einem Kongreß. Da wohnte ich zum erstenmal auf dem Ölberg. Ich sah vor mir dieses Panorama. Jeden Morgen, jeden Abend hielt mich das Bild fest. Des Nachts funkelte der Himmel über der Wüste Judäa märchenhaft. Ich spürte, da ist doch was dran. Eigentlich fabelhaft: viertausend Jahre Stadtgeschichte, die vor dir liegen. Bist du blind? Das ist doch ein unglaublicher Stoff. Du hast versagt. Damals beschloß ich, der Sache noch einmal auf den Grund zu gehen: jetzt.

Gut, man kann es so deuten. Es wirkt plausibel. Man kann aber genauso den Spieß einfach umdrehen. Zu meiner eigenen Rechtfertigung könnte ich dann sagen: Nein, nicht du, die Stadt selber hat sich so verändert. Sie ist kaum wiederzuerkennen. Was früher eine kümmernde Teilstadt war, ist jetzt nach der Wiedervereinigung zu einem blühenden Zentrum, zu einer wirklichen Hauptstadt des Staates geworden. Jerusalem wächst seit 1967 beständig. Noch nie war die Stadt in ihrer Geschichte so groß, so dynamisch und voller Zukunft wie jetzt. Man vergißt leicht, daß die berühmte Stadt, gemessen an den großen Metropolen des Altertums, eigentlich immer ein Nest, eine ziemlich verschlafene Kleinstadt war, außerdem meist zerstört von ihren jeweiligen Eroberern. Vierzigtausend Einwohner waren schon viel vor hundert Jahren, heute sind es vierhunderttausend. Eine neue Metropole wächst heran mit allem, was zur Hauptstadt eines modernen Staates gehört: Parlament und Regierungsviertel, Ministerien, Museen, Konzerthallen, Akademien. Ganz neue Stadtteile, Wohnblocks und Universitätsviertel entstanden. Schon sind die klassischen Höhen der Stadt von einer Linie imponierender Wolkenkratzer gesäumt, die, oft amerikanisiert, den biblischen Charakter der hochgebauten Stadt kaum noch erkennen lassen. Das alles ist neu: ein klares und kraftvolles Hauptstadtimage. Hier sitzen Macht und Geist zusammen: Eine feste Burg des alten Volkes in einem jungen Staat möchte ich Jerusalem heute nennen.

Jetzt kommen Erinnerungen hoch, Bilder von damals: die Altstadt zum Beispiel. In der Zeit, wo sie zu Jordanien gehörte, ging es hier zu wie in Tanger. Kaum, daß man das Jaffator passiert hatte, fielen Bettler und Beutelschneider über den Besucher her. Kinderscharen umzingelten den Fremden. Dunkle Gestalten, die sich als Geldwechsler oder kundige Führer zu heiligen Mysterien empfahlen, ließen nicht locker. Jeder Fremde war ein Beutestück für zehn Einheimische, mindestens. Seit die Israelis 1967 die Macht übernommen haben, sind diese Plagen verschwunden. Immer noch ist die Altstadt voll lockender Exotik, immer noch verführen in dem Labyrinth von Gassen die Auslagen der Basare, die Farbenpracht der Märkte den Fremden zu verwirrenden Wanderungen, nur – das Elend ist weg. Man sieht keine Krüppel und Halbtoten mehr. Alles ist sauberer geworden. Zum erstenmal seit siebenhundert Jahren wurde wieder eine Kanalisation installiert, die auch funktioniert. Elektrische Lampen erhellen die dunklen Ecken. Der Urwald von Fernsehantennen, der auf den Dächern wucherte, wurde durch wenige, moderne Gemeinschaftsantennen ersetzt. Die Zahl der Tagediebe nahm ab. Dann und wann trappeln Patrouillen der israelischen Armee im Gänsemarsch über die Treppen der Gassen. Sie tun dies lässig, ohne jeden Anflug von Militanz.

Also, erste Zwischenbilanz? Ganz ohne Reglement hat der jüdische Staat im arabischen Durcheinander etwas Ordnung gebracht. Mir scheint das ein Gewinn zu sein, obwohl natürlich vom Zauber orientalischer Souks einiges verlorenging. Ordnung ist immer ernüchternd. Abends um sechs rasseln überall in den Basaren die eisernen Jalousien herunter. Die Händler knallen ihre zerbeulten Türen zu, daß es nur so kracht. Eisengestänge, dicke Schlösser davor. Feierabend. Es ist, als hätten die deutschen Gewerkschaften hier das Sagen. Schon um sieben ist das Märchenstück vergessen. Schwarz und feucht steigt die Nacht empor. Katzen wachen jetzt auf, schleichen von Stiege zu Stiege, schnuppern an Resten herum, übernehmen miauend das Regiment der Nacht.

Schon immer bestand die Altstadt aus vier Quartieren. Über das christliche, das moslemische, das armenische Viertel will ich nichts weiter sagen. Sie sind ziemlich unverändert. Völlig verändert, überhaupt nicht mehr wiederzuerkennen, ist das jüdische Viertel. Ich war verblüfft. Man geht durch die Davidstraße der Armenier, Schuster und andere Handwerker hocken hier wie seit Jahrhunderten, hämmern und fummeln an Lederzeug rum. Wenn man dann rechts abbiegt, hat man den Eindruck, als öffne sich ein Scheunentor. Plötzlich ist man in einer ganz anderen Welt. Es ist wie ein harter Filmschnitt. Es ist, als käme man aus finsterem Mittelalter in eine kalifornische Künstlerkolonie, nach Carmel zum Beispiel. Das alte, jetzt neue jüdische Viertel beginnt mit viel Licht und einer Architektur, die das Auge zunächst einfach erfreut. Hier hatten die Jordanier zwischen 1948 und 1967, als den Juden der Zutritt verboten war, alles in Schutt und Asche gelegt. Der Haß damals muß grenzenlos gewesen sein. Kein Stein blieb auf dem anderen. Und jetzt? Jetzt haben die Israelis aus dem alten jüdischen Viertel eine ganz neue, helle Musterstadt gemacht, die wie ein modernes Museum mit jedem Haus sagt: Siehe, das Alte ist neu geworden. Die neue Schöpfungsgeschichte des heimgekehrten Volkes beginnt so. So ungefähr baut man eine jüdische Stadt. »Altneuland kommunal«, könnte man die Szene hier mit Theodor Herzl nennen.

Eigentlich kann man nur loben. Mit Geld und Geist wurde nicht gespart. Die besten Architekten der Welt haben sich Erstaunliches einfallen lassen. Das jüdische Viertel war immer ein Zentrum der Frommen: Synagogen, Talmudschulen, rituelle Bäder, Wohnhäuser. Das Ganze steht ja auf römischem Grund. Man hat die alte Via Cardo, die das Viertel wie eine Achse durchzieht, auf das Sorgfältigste freigelegt. Die Reste der Antike sind bestens beleuchtet und beschriftet. Von diesen Fundamenten abgesehen, hat man das jüdische Viertel nicht wiederaufgebaut. Alles wurde modern-mediterran dem Alten als Fragment nachempfunden. Es gibt wieder vier Synagogen, alles andere ist phantasievolles Spiel mit Resten. Der hohe Bogen einer Synagoge, der Rest einer römischen Halle – man scheute sich nicht, in solche Fragmente große, moderne Geschäftsräume einzubauen, Kunstgalerien, Modeboutiquen, Juweliergeschäfte bieten Luxuswaren feil. Die teuersten Eigentumswohnungen des Landes baute man hier. Verkauft werden sie ohnehin nur an Staatsbürger erster Wahl.

Ich weiß nicht so recht. Schön ist das schon. Im grauen Gewirr der Altstadt wirkt es fast zu schön. Etwas Kunstgewerbliches ist zu spüren. Worpswede in Jerusalem, ging es mir durch den Kopf. Tatsächlich gibt es auch einen »Deutschen Platz«, schon seit hundert Jahren. Vielleicht ist es auch falsch, mit zu viel ästhetischem Feingefühl an diese Erneuerung heranzugehen. Die Altstadt ist ja als Ganzes, architekturgeschichtlich gesehen, ein Wildwuchs, ein Monstrum ohnegleichen. Der Staub der Geschichte wird sich auch hier wohltätig einnisten. In hundert Jahren, dachte ich, wird das Jewish-Quartier stimmen. Die Stadt hat schon ganz andere Phantasmagorien in Stein verdaut. Was sind hundert Jahre?

Jerusalem ist ja nun, wenn man dem Gesetz der Knesset von 1980 glauben darf, auf ewig die Hauptstadt von Israel. Was ist denn ewig? Bis zum Ende der Welt? Ein solcher Gesetzestext konnte auch nur den Juden einfallen.

Auf der Ben Yehuda

Auch diese Straße ist nicht mehr das, was sie einmal war. Die Ben Yehuda war immer eine lebendige, laute Verkehrsader, die City von Westjerusalem, eine Einkaufsstraße, wo es alles gab: Warenhäuser, Flugbüros, Reisebüros, Modeboutiquen und viele kleine Spezialgeschäfte für Handschuhe, Knöpfe, Herren- und Damenausstattung. Auch ein Tabakgeschäft gibt es und diverse Läden mit internationaler Presse. Sogar deutsche Zeitungen kann man haben. Wie wichtig die Straße für das Herz der Leute hier sein muß, kann man daran erkennen, daß sie inzwischen total umgestaltet wurde. Woran erkennt man überall in der Welt die besondere Qualität einer Straße? Sie wird zur Fußgängerzone deklariert. So auch hier. Irgendwie ist die Ben Yehuda dadurch feiner, vornehmer, auch ruhiger geworden. Eine Art Piazza-Szene: Der Boden ist mit kunstvollen Mosaiken verziert. Da und dort Bänke, die zur Ruhe einladen. Die Cafés an den Straßenecken haben Tische und Stühle draußen aufgestellt, Sonnenschirme dazwischen.

Ich erwähne das nur, weil es ganz untypisch ist und neu jetzt. In Tel Aviv lebt man so offen mediterran, in Jerusalem war man immer verschlossen und ernst. Geselligkeit gibt es nur in der Familie. Während in Tel Aviv abends um neun rund um die Dizengoff Street ein bunter, fast neapolitanischer Corso entsteht, ist Jerusalem zur selben Zeit tot. Todernst ist die Stadt, ganz ohne Nachtleben, was für eine Stadt, die sich seit langem bemüht, in aller Welt als Hauptstadt eines Staates anerkannt zu werden, Probleme besonderer Art mit sich bringt. Ich verstehe, daß fast alle ausländischen Botschaften lieber im quirligen Tel Aviv bleiben.

Nichts ist typischer für Jerusalem als der mächtige Palast auf der King George Street, wo das Oberrabbinat residiert. Eine Hochburg der Orthodoxie, ein Vatikan der Juden, nur viel penibler. Hunderte von Schriftgelehrten sitzen hier, blättern im Talmud, grübeln, ob Pepsi-Cola oder Persil koscher oder nicht koscher sei. Die Macht dieser Instanz ist bedrückend und höchst praktisch. In allen Hotelküchen und Restaurants kontrollieren Aufpasser, ob Milchiges und Fleischiges auch streng getrennt bleiben. Man darf auch Pullover aus Baumwolle und Pullover aus Schafwolle nicht zusammenlegen. Viele stöhnen, viele lachen auch über solche Sorgen, aber alle ertragen die Situation, die nicht zu ändern ist, innenpolitisch. Das Leben eines frommen Juden wird von 613 Geboten reguliert, die im Talmud beschrieben werden. Im Rest ist er dann frei.

Ist nicht die Wahrheit konkret? Setz dich in eines der Straßencafés. Sieh dir den Strom der Menschen an: alle Hautfarben, Kulturen und was man so Rassen nennt, flanieren. Jeder ist anders, aber alle sind Juden. Ein Afrikaner trommelt und bettelt zugleich. Junge Mädchen in indischen Saris und mit Punkt auf der Stirn ziehen lächelnd vorbei. Es gab jüdische Gemeinden in Calcutta und Bombay – jetzt sind sie hier. Zwei Bärtige in langem Kaftan und mit kreisrunden Pelzhüten eilen entlang. Das müssen die Orthodoxen aus Meah Schearim sein. Drüben auf der anderen Straßenseite haben junge Burschen in schwarzen Anzügen einen Tisch aufgeschlagen. Sie verkaufen Gebetsriemen, lange, schmale Lederbänder, die sich offenbar großer Beliebtheit erfreuen. Ihr Geschäft blüht. Junge Frauen in der graugrünen Uniform der Armee und mit Maschinenpistolen im Arm wackeln keß und stolz wie Mannequins vorüber. Die eine hat ein Modejournal in der Hand, die andere Plastiktüten, in denen offenbar Schallplatten stecken.

Die Ben Yehuda ist manchmal auch wie ein Bilderbuch von Chagall. Zarte Engel schweben, der alte, weißhaarige Rabbi von Chagall, den jeder kennt, tritt jetzt auf. Er trägt hier einen Homburg, müde in den Nacken geschoben. Hinter ihm ein junger Mann, groß und dünn, der offenbar einer Thoraschule zustrebt. Sein breitkrempiger Hut, die langen, kunstvoll gedrehten Löckchen umrahmen ein edles, zartes Gesicht. Die Haut ist schneeweiß. Seine schwarzen Augen aber glühen, wie wenn er von mystischen Erfahrungen heimgesucht sei. Jetzt kommen Banker mit Rotaryabzeichen und der New Yorker Times im Jackett. Dahinter lauter Bürokraten mit Aktentaschen. Jerusalem ist ja vorwiegend eine Beamtenstadt. Dann ein Franziskanermönch, barfüßig. Nach ihm eine Gruppe junger Frauen, tiefverschleiert in strengem klösterlichen Grau. Das müssen Schiitenfrauen sein, Moslems aus Persien vielleicht, die in Ostjerusalem immer häufiger zu sehen sind. Nun kommen zwei junge Burschen, frisch, blond und in kurzen Hosen. Also, die können nur aus der Bundesrepublik sein.

Ich breche meinen Film ab. Ich frage: Was war das? Ist das Jerusalem? Gibt es den Jerusalemer, wie es sicher den Römer, den Londoner gibt als Typ? Ich glaube, es gibt ihn nicht. Tausend Gesichter hat diese Stadt. Jedes ist anders, will es auch sein und bleiben. Lauter Einzelgänger rennen hier aneinander vorbei, fest entschlossen, den anderen überhaupt nicht zur Kenntnis zu nehmen. Jeder ist eine Welt für sich. Was ist eigentlich mit ihnen? »Die Juden sind anders als alle anderen Völker der Welt«, hat Elias Canetti einmal geschrieben, »und untereinander sind sie am meisten anders.« Das ist es. Das macht die alte Stadt so lebendig und jung.

Eine alte Familie

Sie heißt Sarah Stern. Sie wohnt mit ihrer Familie in der Mamilla Road 18, ganz nah beim Jaffator. Die ganze Straße ist Abbruchgebiet. Die Stadt steckt voller Sanierungsprojekte. Alle Häuser hier sind verfallen, längst geräumt. Nur sie gibt nicht auf. Ihre Familie betreibt an dieser Stelle seit über hundert Jahren ein Geschäft, halb Antiquitäten, halb Souvenirs, aber eins von solider, ehrlicher Art. Kein Schnick-schnack wie in den großen Touristenhotels. Leuchter, Kerzenhalter, Öllämpchen, alte Münzen, sakrale Geräte. Wenn etwas nicht original ist, sagt sie etwa: zwanzig Dollar nur, das haben marokkanische Juden nachgemacht. Sie können das Ding auch echt haben, hier: zweihundert Dollar. Keinen Penny weniger. Ich kann Ihnen aber auch was für zehn Dollar verkaufen. Sie müssen nur wissen: Das ist Tinnef! Aber für euch Deutsche zu Hause reicht das vielleicht? Sie lächelt dabei mit charmantem Hochmut, giftig und einladend zugleich.

Es waren nicht diese handfesten, ehrlichen Geschäftsgebaren, die mich für Frau Stern, seit ich sie kenne, einnahmen. Es war ihr Typ, fabelhaft, unbeschreiblich. Ich spürte den Stolz, den Stil alter Familien, die in sich ruhen, unbeirrbar. Sicher ist sie schon fünfzig, aber wenn sie so selbstsicher hinter ihrem Ladentisch steht, wirkt sie wie eine Braut, die gleich König Salomon zugeführt wird. Sie wirft sich ihren schwarzen Schal wie eine römische Toga elegant über die Schulter. Sie zündet sich nicht ohne Theatralik umständlich eine Zigarette an. Nicht sosehr, um zu rauchen, mehr, um einen kleinen, glühenden Dolch in der gespreizten rechten Hand zu haben.

Dann erzählt sie von früher, lauter Familiengeschichten, übrigens in Deutsch, obwohl sie Deutschland kaum kennt. Seit 1870 ist ihre Familie hier ansässig. Damals zur Türkenzeit sei das noch ein ganz anderes Jerusalem gewesen, klein, aber fein. Es gab keine Feindschaft zwischen den Arabern und den Juden. Wir waren alle Bürger von Palästina, das genügte. Ich hatte bald heraus, daß sie zu den Juden Jerusalems gehörte, die auf den Staat Israel nicht übermäßig stolz sind. Sie gehörte nicht zu den Orthodoxen von Meah Schearim, die den Staat direkt bekämpfen. Sie war eine alte Liberale, die mit dem nationalen Enthusiasmus der Staatsgründer von 1948 nichts anfangen konnte. »Alles Tinnef!« sagte sie in einem Ton stolzer Verachtung. »Die machen unser schönes, altes Jerusalem jetzt kaputt!«

Woher sie denn so gut deutsch könne, fragte ich. Ach, erwiderte sie nach einer langen Kunstpause, das ist eine lange Geschichte. Sie werden es nicht glauben. Ursprünglich stammt unsere Familie aus Ihrer Region, aus Gedern, ja Gedern in Hessen. Unser Urgroßvater lebte dort mit seiner Familie als Müller. Er war ein frommer Jude. Täglich las er in der Bibel, zum Schabbat dann immer diese Lobgesänge auf Jerusalem, nächstes Jahr. Und eines Tages, es muß noch vor der Reichsgründung gewesen sein, erlag er einfach den biblischen Verheißungen. Sie verkauften alles in Gedern, zogen hierher und haben in der Mamilla Road wieder angefangen, mit einem Haus. Heute haben wir vier. Immer, wenn ein Sohn ins heiratsfähige Alter kam, wurde er zurück nach Gedern geschickt, um sich dort eine Braut zu suchen, in der jüdischen Gemein-

de, versteht sich. »Und jetzt will man uns das kaputtma-
chen«, schimpfte sie. »Wir führen schon seit Jahren einen
Prozeß mit der Stadtverwaltung. Wir weichen nicht, wir
bleiben. Wir haben die älteren Rechte hier.«

Es war kein guter Schachzug von mir gewesen, in diesem Zusammenhang auf Teddy Kollek, den Bürgermeister, zu verweisen, der in so heiklen Problemfällen oft
einen überraschenden Ausweg findet. Da war ich erst ins
richtige Fettnäpfchen getreten. »Ach, dieser Ungar, dieser nachgemachte Österreicher«, sagte sie, »was versteht
denn der von unseren alten Familien? Ist der überhaupt
wirklich Jude?« Sie fragte das leiser, wie man bei uns zu
Anfang des Dritten Reichs manchmal fragte: Ist der auch
wirklich arisch? Es war nicht Verachtung, es war schon
ein Stück Infamie im Spiel, als sie dann noch hinzufügte:
»Sie haben doch in Deutschland auch so ihre Erfahrungen mit hergelaufenen Österreichern gehabt, die ganz
Berlin umkrempeln wollten – oder?«

Ich erzähle das nur, um zu zeigen, daß es den Jerusalemer nicht gibt. In dieser Stadt gibt es nichts, was nicht
denkbar wäre. Jeder kämpft gegen jeden. Das Verblüf-
fendste bei Frau Stern war, wie sie im Haß aufblühte. Ihre
Streitlust machte sie deutlich schöner, auch jünger. Sie
stand strahlend und straff wie die Königin von Saba zwischen all ihren verstaubten Antiquitäten. Ihre schwarzen
Augen blitzten. Ihre Haut, die weiß und faltenlos war,
hatte sich gerötet. Daß sie mir eigentlich etwas verkaufen
wollte, hatte sie längst vergessen. Und als ich schon in der
Tür stand, Schalom gesagt hatte, rief sie mir triumphie-
rend nach, sie hatte sich wieder eine Zigarette entzündet:
»Also, nächstes Jahr wieder hier, Mamilla Road 18! Sie
werden sehen: Wir bleiben!«

Der Tempelberg

Jerusalem kann man nur verstehen, wenn man es mit einem Mosaikspiel vergleicht. Eben noch war ich verwirrt von der blendenden Modernität des Jewish-Quartiers in der Altstadt. Breite Treppen führen dahinter zu dem großen, leeren Platz hinunter, wo sich, machtvoll und kahl, jene Wand erhebt, die wir Deutsche immer, nur halb zutreffend, die Klagemauer nennen. Hier heißt sie bescheidener: The Western Wall.

Hält man sich etwas mehr rechts, so kommt man auf einen umzäunten Bergweg. Es wird enger. Ein paar israelische Wachposten kontrollieren die Passanten eher flüchtig auf Waffen. Dann geht man durch ein kleines Tor, und dann? Dann ist es wirklich wie ein Kaleidoskop aus frühen Kindertagen: Eine kleine Drehung, und plötzlich sind alle Steinchen zu einem ganz neuen Muster zusammengefallen. Ein anderes Bild, eine neue Szene, eine fremde Kultur empfängt. Still und märchenhaft orientalisch liegt der Tempelberg vor uns. Der Islam, der Zauber des Orients, Mohammeds Goldenes Zeitalter beginnt.

Nein, die Geschichte des Tempelberges werde ich nicht erzählen. Es ist nur wichtig zu wissen, wie und warum dieser Platz für alle drei Weltregionen zum Heiligtum wurde. Sollte es so etwas wie die Mitte der Welt geben, so würde ich meinen: Hier auf dem Tempelberg in Jerusalem müßte sie liegen. Von hier läßt sich der Rest vermessen. Daß Abraham hier auf dem Felsen Moira seinen Sohn Isaak Gott opfern wollte, ist uns bekannt, wenigstens aus dem Religionsunterricht. König Salomon baute an dieser Stelle den ersten Tempel der Israeliten. Es muß dann viele Jahrhunderte später, schon kurz vor der Zerstörung des zweiten Tempels, der Ort gewesen sein, wo Jesus als zwölfjähriger Knabe mit den Schriftgelehrten jene Disputationen führte, von denen das Lukas-Evangelium berichtet. Auch die Vertreibung der Händler und

Wechsler aus dem Tempel, von der Matthäus erzählt, soll sich hier abgespielt haben. Wenn man den Aufzeichnungen des Flavius Josephus in ›Der jüdische Krieg‹ glauben darf, einem Buch, das sich noch heute spannend und anschaulich liest wie eine aktuelle Reportage, so muß dieser Tempel zur Zeit Jesu ein herrliches Bauwerk von großer Pracht gewesen sein. 70 nach Christus zerstörten ihn die Römer beim Aufstand der Juden. Seitdem hat es keinen jüdischen Tempel mehr gegeben. Die Opferkulte wurden eingestellt. An die Stelle der Priester traten Rabbiner. Als Gebetsraum gab es nur noch Synagogen. Das Volk wurde in alle Welt verstreut. Als Erinnerung blieb nur die Westmauer. Der Rest ist bekannt.

Orte sind wie Testamente, ihr Vermächtnis wirkt fort. Es soll jedenfalls jener Urfelsen Abrahams gewesen sein, der 600 Jahre später beim Eintritt der Araber in die Geschichte noch einmal bedeutungsvoll wurde. Die 17. Sure des Koran berichtet von einer wunderbaren Nachtreise des Propheten vom heiligen Tempel in Mekka zum fernen Tempel in Jerusalem. Es kann sich wohl nur noch um Reste gehandelt haben. Doch lassen wir das. Fest steht, für die Araber wenigstens, daß Mohammed dann vom Felsen Moira auf dem Tempelberg mit seinem prächtigen Wunderpferd Burak feurig und stolz direkt in den Himmel geritten sei. Heute ist sogar ein Hufabdruck des erstaunlichen Pferdes im Felsen zu besichtigen. Ich erzähle so wunderbare Geschichten nur, um zu erklären, warum der Felsendom für die frommen Moslems bis heute ihr größtes Heiligtum geblieben ist, nach Mekka und Medina.

Ich will ein Wort für die Araber einlegen. Im Staat der Juden sind sie nicht gleichberechtigt. In der Stadt Jerusalem mag es noch hingehen. Sie haben lokale Sonderrechte. In den besetzten Gebieten der Westbank sind sie mit Sicherheit Bürger zweiter Klasse, und manchmal noch nicht einmal das. Es sind Vertriebene. Wir kennen den

Terrorismus von ihrer Seite. Jasir Arafat und die Anschläge seiner PLO-Kommandos sind keine Erfindungen der Israelis. Nur, zu der Zeit, als die Juden in Palästina um ihre Heimat kämpften, also in den vierziger Jahren, waren die jüdischen Zionisten auch nicht zimperlich. Jüdische Bombenanschläge gab es genug, zionistischen Terror auch. Doch das meine ich nicht.

Ich meine, daß die Araber in Palästina ein Heimatrecht haben, genau wie die Juden. Sie leben hier seit über tausend Jahren. In ihrer Blütezeit im frühen Mittelalter haben die Araber eine Kultur hervorgebracht, die unvergleichlich ist. Was wüßten wir schon von Aristoteles und Plato ohne die Araber? Ihre Mathematik und Medizin waren im Mittelalter berühmt. Sie haben Bauwerke errichtet, die uns noch heute in Erstaunen versetzen. Paläste und Moscheen, kunstvoll gestaltete Gärten mit raffinierten Wasserspielen. In Südspanien kann man sie von Cordoba bis Granada bewundern. Auch Jerusalem heute wäre wenig ohne die Kultur der Araber. Mit Recht ist der Felsendom mit seiner goldstrahlenden Kuppel der Stolz und das Wahrzeichen der Stadt überall in der Welt.

Der Zauber, der vom Tempelberg ausgeht: Er ist ein Phänomen großer, genialer Architektur. Verblüffend ist schon sein Grundriß. Mitten in dieser konfus verbauten, überladenen, oft grotesk verschachtelten Altstadt, die sich wie ein Jahrtausendgebirge konfessioneller Besitzansprüche fast babylonisch hochtürmt, erstreckt sich plötzlich ein weiter, fast leerer Platz, der schon durch seine großzügige Raumverschwendung eine eigene Würde ausstrahlt. Dann sieht man: Diese geometrische Leere ist da und dort sehr kunstvoll durch wenige Schwerpunkte gegliedert. Der Tempelplatz ist wie ein Schachbrett, auf dem nach langem Kampf nur noch vier oder fünf Figuren stehen, die das entscheidende Endspiel beherrschen: königlich. Genau in der Mitte steht merkwürdigerweise der kleine Kettendom, den man zunächst übersieht. Rechts neben ihm, märchenhaft schön und erhaben, glänzt der Felsendom, südlich die El-Aqsa-Moschee. Am Rande nur wenige kleine Bauwerke, die, kunstvoll distanziert, das Ensemble umgrenzen. Wenn Schönheit vollendeter Stil sein sollte, dann ist dies hier der schönste Platz der Welt. Wenn Harmonie unser tiefstes Verlangen sein sollte, dann ist dies der Platz des himmlischen Friedens, obwohl auch hier so viel Blut geflossen ist.

Ich will nicht ins Schwärmen geraten. Ich halte nur fest: Erst im Inneren des Felsendoms versteht man den Sinn des Ganzen. Säulengänge, Rundbögen, farbige Fenster, durch die nur gebrochenes Licht fällt. Und in diesem magischen Halbdunkel erkennt man das Ziel der Gesamtinszenierung. Der Felsendom, von seiner herrlich gemusterten Mosaikkuppel bis zum Boden, ist eigentlich nur eine gewaltige Rotunde, die um den heiligen Felsen Moira errichtet wurde. Der Fels ist achtzehn Meter lang, dreizehn Meter breit, erhebt sich kaum zwei Meter in die Höhe. Seit der Zeit der Kreuzfahrer ist er von einem Eisengitter umgeben, mit Recht. Reisende, ob nun Kreuzfahrer oder Touropa-Kunden, hatten schon immer den Drang, wenigstens ein Bröckchen mitzubringen vom Ganzen. Und da auf diesem Felsen die begehrlichen Blicke dreier Weltregionen ruhen, kann man sich vorstellen, was noch vorhanden wäre ohne Umzäunung. Der Fels wäre weg, vermute ich.

Vor solchen Heiligtümern stehe ich immer ratlos. Was soll man denn sagen? Ist das nun Fetischismus, Magie, Geheimnis der Geschichte? Was ist Religion eigentlich, und woher kommt dieses unstillbare Verlangen der Völker, sich niederzuwerfen und anzubeten eine höchste Macht? Ach, was für Fragen! Jedenfalls täuschen wir Kinder der Aufklärung uns, wenn wir meinen, die Macht der Religion sei gebrochen, das Zeitalter der reinen Vernunft habe gesiegt. Jedenfalls hier im Orient ist ein umgekehrter Prozeß zu erkennen. Das Alte kommt wieder in neuer Macht. Von Persien bis zur Türkei ist in den letzten Jahren eine Wiedergeburt des Islam zu erkennen. Kein Schah, kein Atatürk – das waren Zwischenspiele. Die Macht der Mullahs wächst. Die Kunst der Kalifen mag Geschichte sein. Der Eifer der Schiiten ist blutige Gegenwart. Zurück zu den Ursprüngen. Überall im Orient soll der Koran wieder Gebet- und Gesetzbuch in einem sein.

Einstweilen ist von diesem Prozeß in Jerusalem nur am Rande etwas zu spüren. Einstweilen halten noch drei Millionen Juden hundert Millionen Araber souverän in Schach. Aber die Geschichte des Islam ist nicht zu Ende. Die jüngste der drei Religionen hat noch Kraft und Zukunft. Wie und in welcher Gestalt wird sich noch zeigen.

Jaffa Road 22

Städte sind meine Passion. Immer wieder habe ich über Städte geschrieben, von Berlin bis San Francisco, von München bis Stockholm. Im Laufe eines Schreiberlebens kommt manches zusammen. Nie wäre ich auf die Idee gekommen, bei solchen Städtebildern auch den Bürgermeister zu erwähnen. Bürgermeister sagen doch immer dasselbe. Sie kommen und gehen, müssen austauschbar sein im Spiel der demokratischen Kräfte – hier nicht. Teddy Kollek ist die Ausnahme. Wer Jerusalem heute verstehen will, muß von ihm sprechen. Ohne Teddy, sagen selbst die kritischen Intellektuellen, wäre die Hölle los. Die Stadt ist doch eine Ansammlung von lauter Verrückten. Ohne ihn wäre hier Belfast im günstigsten Fall, im schlimmsten Beirut. Der Friede in Jerusalem ist sein Werk. Er hält eine Menagerie von 400000 blühenden Neurotikern mit sanfter, fester Hand zusammen. Tatsächlich habe ich in ganz Jerusalem, auch unter den Arabern, nur Lobendes über ihn gehört, mit Ausnahme von Frau Sarah Stern, aber das steht auf einem anderen Blatt.

Schon daß sein Amtssitz, Jaffa Road 22, das Rathaus von Jerusalem sein sollte, wollte mir nicht in den Kopf. Ein schmales, hohes Bürohaus, grau und gesichtslos. Da sind wir Deutsche doch andere Rathäuser gewöhnt. Aber das ist Teddy Kollek: Praxis, nicht Repräsentation ist sein Stil. Ein Arbeitstier ohnegleichen: sechzehn Stunden täglich. Dauernd ist er unterwegs, überall fährt er selber hin, jeder kann zu ihm, unangemeldet. Telefonisch steht er auch nach Mitternacht noch zur Verfügung. Bürgernah möchte ich seine Kommunalpolitik nennen.

Oben im dritten Stock trafen wir ihn dann. Zwei Fotos an der Wand hinter seinem Schreibtisch sind mir in Erinnerung: zwei Mauerporträts. Das obere Foto zeigt, wie während des Sechstagekriegs 1967 in Jerusalem die Mauern fallen, die die Stadt geteilt hatten genau wie Berlin. Das untere ist ein Berlin-Foto: die Mauer zwischen Kochstraße und Friedrichstraße, preußisch korrekt, beste deutsche Maßarbeit. Teddy Kollek ist heute ein alter Mann. In Frankfurt, wo ich ihn öfter gesehen hatte, wirkte er jünger, frischer, auch modischer gekleidet. Hier machte er den Eindruck eines levantinischen Stadtvaters, fast eines Patriarchen, aber ganz ohne die Würde der Weisen. Etwas zerknautscht der Anzug, das Gesicht auch. Seine Korpulenz schien ihm zu schaffen machen. Er atmete manchmal schwer. Stöhnte er? War ihm der Besuch einfach lästig? Wieder so einer, der mich von der Arbeit abhält, schien er zu denken. Was bringt mir der Mann für die Stadt? Einen Scheck, wie Axel Springer es früher tat, bestimmt nicht – wohl wahr.

Trotzdem kam allmählich ein Gespräch in Gang, wenn auch mühsam. Ich lobte die Stadtentwicklung seit 1967. Er sagte: »Ja, schon, viel ist erreicht, vieles noch in Planung. Ein Grüngürtel soll einmal die ganze Altstadt umgeben, zu ihrem Schutz und zur Erbauung der Besucher.

Es fehlt uns das Geld. Unsere Stadt ist bettelarm, im Grunde. Tel Aviv und Haifa sind reiche Städte. Da sitzt die Industrie, die Steuern bringt. Wir hier in Jerusalem sind zwar die Heilige Stadt, aber das bringt nichts, außer Tourismus. Unser Steueraufkommen ist minimal: überall Sozialfälle. Außerdem sind die meisten Konfessionen und Kirchen in der Altstadt von Steuern befreit. Jeder hat hier sein eigenes Privileg, schlimm.«

Wie er denn zum Jerusalemgesetz stünde, fragte ich später, auf ewig ungeteilt die Hauptstadt Israels. Ich merkte, wie er jetzt ansprang. »Pah«, stöhnte er beinah verächtlich, »nichts als Unsinn! Ich war immer dagegen. Das hat uns nur Unruhen in der Stadt und in der UNO natürlich wilde Proteste gebracht. Wissen Sie«, fügte er hinzu, »manche Politiker bei uns sind heute wie die Ihren um 1900, Ihr Kaiser Wilhelm zum Beispiel: große Reden, imponierende Grundsatzerklärungen in der Knesset. Was soll das? Natürlich ist das unsere Hauptstadt, aber muß man jede Binsenwahrheit der Welt so provokativ verkünden? Die UNO hat ohnehin keine Ahnung von der wirklichen Situation dieser Stadt. Die ist äußerst verzwickt. Wer etwas Sinnvolles erfahren will über Jerusalem, komme hierher. Ich werde ihm alles zeigen.« Ich hatte das Gefühl, jetzt spricht er vom Papst.

Bei solchen Politikern frage ich mich oft, wie sie ihre Arbeit überhaupt durchstehen, rein physisch und tagtäglich. Ich glaube, ungeheuer gesund muß man sein, robust und intelligent, sensibel und stiernackig zugleich. Bei Teddy Kollek, so wird berichtet, kommt noch eine zusätzliche Begabung hinzu. Er sei ein Schlafkünstler ohnegleichen, heißt es. Er könne immer und überall sein erholsames Nickerchen machen. Vor allem bei Empfängen, Banketts, aber auch in Konzerten. Kaum habe er sich niedergelassen, so versinke er unversehens in jenen erquickenden Schlummer, den andere, Unbegabte, nächtelang im Bett sich unruhig wälzend, vergebens suchen.

War es das? Mir schien es fast so. Es war eine Stunde vergangen. Manches war noch erörtert worden, anderes blieb stecken. Er wirkte unkonzentriert. Mal sprach er englisch, mal deutsch, mal hebräisch. Und schließlich verstummte er ganz. Er saß breit und massig hinter seinem Schreibtisch. Er sah uns noch mit offenen Augen an, und doch waren es plötzlich ganz andere Augen, Augen von sehr alten Reptilien, die gleich zuklappen werden. Er sah plötzlich steinalt aus wie die Stadt. Ein Jude aus Wien, viertausend Jahre alt. Tatsächlich ist das nicht zu hoch gegriffen. Nach dem jüdischen Kalender leben wir jetzt im Jahr 5747. Da war es Zeit zu gehen.

Freitag abend Altstadt

Auch das ist wieder eine Geschichte aus dem Heiligen Land, märchenhaft und ziemlich phantastisch. 1947 soll hier, zwanzig Kilometer südlich von Jericho entfernt, ein Hirtenjunge, dem ein Zicklein aus seiner Herde entsprungen war, in eine Höhle geraten sein. Er fand dort das Tier. Daneben viele Tonkrüge, verstaubt und vergessen. Die Krüge wurden von Fachleuten inspiziert. Es kamen in den nächsten Jahren aus elf Höhlen Hunderte solcher Krüge zutage. Sie waren mit Deckeln fest verschlossen, und als man sie öffnete, kamen über fünfhundert Handschriften auf Pergamentrollen ans Licht. Zweitausend Jahre hatten sie hier gelegen, niemand hatte von ihnen gewußt. Es sind die ältesten Bibelhandschriften der Welt. Sie umfassen fast alle Bücher des Alten Testaments. Der Fundort, Qumran mit Namen, war offenbar eine Siedlung jener strengen Sekte gewesen, die sich die Essener nannten. Sie waren neben den Sadduzäern und Pharisäern die dritte religiöse Partei der Juden. Die Essener hatten sich als die wahren Israeliten verstanden und deshalb diese Schriftrollen hergestellt. Johannes der Täufer soll zu ihnen gehört haben. Manche vermuten, daß die Lehren Jesu von dieser Sekte beeinflußt wurden, doch ist das umstritten. Heute ist das Material im Israel-Museum in Jerusalem zu besichtigen. Allein wegen dieser Schriftrollen vom Toten Meer lohnt sich der Besuch. Der Eindruck an Ort und Stelle ist überwältigend.

Ich frage mich, warum ich das jetzt hier erzähle? Ich wollte auf etwas anderes hinaus, ein eher heiter-bewegtes Finale, das »Freitag abend in der Altstadt« heißen könnte. Eine verrückte Szene, aber etwas sperrt sich in mir, jetzt so direkt mit der Tür ins Haus zu fallen. Ich fürchte, daß es mir einfach zu billig gerät. Denn nichts ist leichter, als sich über die Absonderlichkeiten fremder Länder lustig zu machen. Es mag grotesk sein, was sich hier abspielt, vor allem an Feiertagen im Namen Gottes. Aber es spielt eben auf einem Boden, der es in sich hat. Wenigstens archäologisch ist alles belegbar. Dieses Drama mit Gott hat hier stattgefunden: erst jüdisch, dann christlich, dann mohammedanisch. Das Stück ist mindestens in seiner Urfassung authentisch, und Jerusalem war immer die Bühne, wo es uraufgeführt wurde. Man muß das in Rechnung ziehen, wenn man die Szene beurteilen will, die ich jetzt beschreibe.

An jedem Freitag, wenn der Abendstern über Jerusalem matt und fern leuchtet, entsteht eine merkwürdige Unruhe in der Altstadt. Die Unruhe beginnt am Jaffator bei den Basaris. Sie geistert durch die Gassen und Winkel, treppauf, treppab. Die Leute sind aufgeregt, fast wie bei uns vor einer Theaterpremiere. Etwas liegt in der Luft. Außerordentliches kündigt sich an. Wunder wären jetzt möglich. Engel könnten kommen. Einstweilen sind es nur gut ein Dutzend Amerikaner, junge Sektenprediger, die sich als Jesus und seine Jünger verkleidet haben. Der junge Messias in grauer Kutte und Jesuslatschen schwingt eine stachlige Eisenkugel als Geißel hoch über dem Kopf.

Er kündigt das Weltende an. Überall stehen Propheten. Die Unruhe wird zur Erregung, die Erregung steigert sich zur Ekstase. Ein Rausch der Frömmigkeit erfüllt die Gassen, brandet an den Mauern empor. Heiliger Wahnsinn bricht aus. Erlösungsdramen, und wie bei jedem guten Drama ist das Stück relativ kurz. Es beginnt gegen halb sechs. Schon um acht ist es aus.

Der Eindruck des Wahnsinns kommt daher, daß alle drei Weltreligionen gleichzeitig und auf so engem Raum in Erregung geraten. Die Christen, die in Jerusalem eine verschwindende Minderheit geworden sind, es soll sich nach jüngsten Zählungen nur noch um siebentausend Seelen handeln, sind am Freitagabend alle von Christi Tod ergriffen. Sie spielen seine Passion nach. Ihr Weg ist natürlich die Via Dolorosa. Sie ziehen in kleinen Pilgergruppen den Stationsweg hoch. Jede Gruppe schleppt mindestens ein schweres Holzkreuz mit sich. Alle bleiben vor jeder der vierzehn Stationen stehen, hören eine Unterweisung, empfangen den Segen, singen einen Choral, steigen dann weiter empor, Pilgergruppen, die sich besonderer Frömmigkeit befleißigen, vollziehen diese Prozedur auf Knien. Mönche rutschen so, Stufe um Stufe, steilste Treppen hoch. Die letzten vier Stationen der Via Dolorosa liegen schon in der Grabeskirche, die jetzt Hochbetrieb hat. Sie glitzert innen, sie leuchtet, sie brennt. An allen Altären wird hundertfach die Leidensgeschichte wiederholt. Was heißt Christen? Näher besehen sind es etwa fünfunddreißig verschiedene Konfessionen, die rund um das Grab Christi Wohn- und Besitzrechte haben, auch eifersüchtig verteidigen. Es gibt griechische, russische und syrische Orthodoxe, es gibt Kopten und Armenier. Am christlichsten schienen mir die Abessinier. Weil sie in der Grabeskirche schon jeden Winkel besetzt fanden, haben sie sich schlicht auf dem Dach niedergelassen. Wie Tauben gurren und singen sie dort im Gebälk. Taubengrau ist auch ihr Gewand.

Eigentlich ist der Freitag ja der Sonntag der Mohammedaner. Wenigstens in der Altstadt ist davon auf den ersten
Blick wenig zu merken. Die Läden sind offen. Ihre Basare leuchten und bieten buntesten Plunder feil. Araberjun-
gen balancieren goldglänzende Tabletts mit winzigen
Kaffeetäßchen durch die Massen. Händler überqueren
mit mächtigen Teppichrollen die Via Dolorosa, schieben
sich ruhig und sicher durch betende Pilgergruppen. Ein
deutscher Kirchenchor hat eben ein frommes Halleluja
begonnen, da fällt vom Minarett nebenan der Muezzin
ein. Sein dunkel ziehender Wüstenton kommt über Laut-
sprecher und übertönt das fromme Lutherlied souverän.
Mohammeds Söhne haben unüberhörbar den längeren
Atem. Kinder schreien, Hunde bellen, und natürlich sind
auch Japaner dabei mit gezückter Kamera.

Wenn man dann weiterwandert, kann man schon sehen, daß dies der Sonntag der Araber ist. Es gibt viele
kleine Moscheen in Nebengassen. Meist steht die Tür
offen. Man kann einen Blick hineinwerfen. Dort hocken
hundert Moslems, alles Männer. Eben noch haben sie
stolz gestanden, steif wie ein Brett. Jetzt liegen sie auf
dem Boden, krümmen sich auf dem Teppich so nach vorn
zusammen, daß ihre Stirn die Erde berührt und ihr Hin-
terteil gleichzeitig merkwürdig steil und dekorativ gen
Himmel grüßt. Wenn hundert Hintern das tun, sieht das
rätselhaft aus. Ach, was ist Jerusalem doch für ein Aus-
druckstanz der Seele. Körpersprache, dachte ich. Man
müßte einen Essay über die Frömmigkeit der Körper
schreiben. Alles bedeutet ja etwas, – was?

Das dritte Programm ist das Hauptprogramm. Natürlich beherrschen so kurz vor Schabbatbeginn die Juden
die Szene. Überall sieht man in den bunten Massen meist
hochgewachsene Männer in schwarzen Mänteln und mit
schwarzen Hüten durch die Straßen der Altstadt eilen.
Kaftan, Gebetsriemen, heilige Bücher in der Hand. Gestalten aus Galizien oder Polen, jetzt aber in makellosen

Gewändern, manche in schwarzer Seide, auf dem Kopf oft jener kreisrunde, braune Pelzhut, wie er im späten Mittelalter einmal Nürnberger Mode war. Dieses scharfe Tempo, das sie dabei anschlagen. Sie schlendern nicht. Sie rennen nicht. Sie eilen in strengem Schritt zielstrebig dem Gott ihrer Väter entgegen. Nichts kann sie beirren. Die feilschenden Basaris sehen sie nicht. Um kniende Pilgergruppen schlagen sie eilige Bogen. Man braucht ihnen nur zu folgen. Alle Juden kennen am Freitag abend nur ein Ziel: die Mauer, wo einmal ihr Tempel stand, gleich nebenan.

Seit zwanzig Jahren kenne ich die Szene, aber jedesmal, wenn ich zur Schabbatfeier hierherkomme, stehe ich neu da: staunend, sprachlos, daß es so etwas gibt. Was geschieht eigentlich? Der große Platz ist schwarz von Frommen. Rechts haben die Frauen, abgezäunt, ihr eigenes Gebiet. Dort, wo man als Mann hingehört, muß man sich an einem Gitter eine Kopfbedeckung nehmen. Auch wenn es nur ein Pappdeckelchen ist, es genügt dem Gesetz. Man tritt ein und steht plötzlich unter diesen tausend Männern, die sonst wie du und ich sind: Beamte, Kaufleute, Ärzte, Künstler, Kinder unserer Zeit und Kultur. Jetzt sind sie etwas anderes: Jahwes Söhne, Kinder eines alten Bundes, zu dem nur sie gehören. Ein anderes Volk, ein anderer Vertrag, ein anderer Text, natürlich auch ein anderer Ritus. Da soll man sich nur nichts vormachen. Einerseits sind die Juden wie du und ich. Andrerseits kommen sie aus einer eigenen Geschichte, die nicht die unsere ist. Nur durch ihr Anderssein überlebten sie bis auf den heutigen Tag.

Das Geheimnis der Körpersprache: Hier ist das Rätselhafte, daß sie beim Beten ganz merkwürdige, ruckartige Bewegungen mit dem Oberkörper machen. Es ist, als wenn sie sich in rasender Schnelligkeit verbeugten. Sie stehen direkt vor der Mauer, so nahe, daß sie die riesigen Quader mit ihrem Kopf fast berühren. Manche haben

Zettelchen, die sie in die Ritzen der Mauer stecken. Andere scheinen den Stein zu küssen. Alle haben Gebetbücher dabei und lesen laut, als wenn sie den Text nicht längst auswendig wüßten. Das Verwirrende ,für uns liegt darin, daß sie diesen Ritus nicht gemeinschaftlich vollziehen. Es stehen tausend Fromme zusammen, aber jeder folgt seiner eigenen Eingebung. Jeder liest und betet und ruckt mit dem Oberkörper nach eigenem Takt. Manchmal bilden sich rhythmische Gruppen, fallen dann aber wieder auseinander. Lauter entschlossene Einzelkämpfer. Jeder ringt mit dem einen Gott allein. Nur der Text ist streng vorgegeben.

Seit einigen Jahren sind auf der linken Seite der Mauer große Gewölbe freigegeben. Reste der alten Herodesmauer bilden hier eine Art unterirdischer Synagoge. Überall an den Wänden liegen auf Tischen Gebetbücher, massenhaft. Da und dort steht ein hoher Schrein, in dem die Thorarollen bewahrt werden. In der Mitte des Raumes ist ein viereckiger Schacht ausgehoben, nur ein Quadratmeter, Eisengeländer drumrum. Wenn man ganz nahe herantritt, kann man in matter Beleuchtung in den Schacht blicken. Vierzehn Quader tief kann man sehen, und was sieht man im Dämmerlicht so tief unter dem heutigen Niveau? Natürlich ein Stück jenes heiligen Felsens Moira, der, nur wenig entfernt, auch den Felsendom der Mohammedaner trägt. So tief hängt das alles zusammen. Aus einem Urgrund kommt alles.

Und war es nun Zufall oder Sitte der heiligen Stunde? Ein Thoraschrein stand neben dem Schacht. Ein Dutzend Beter umringten das Ganze. Dann gaben sich die Männer die Hände, bildeten einen Kreis und begannen langsam zu tanzen. Ein seltsames, rätselhaftes Bild war das zum Schluß. Ein paar alte Rabbiner, ein paar junge Talmudschüler, außerdem Männer wie du und ich dazwischen, jetzt nur im schwarzen Kaftan und mit weißem Gebetsschal um die Schulter, alle hielten sich im Kreis fest. Sie sangen und tanzten um ihr Heiligtum. Es hatte etwas Tapsiges und etwas Graziöses zugleich. Schwermütig schön und doch fröhlich wirkte die Szene.

Ich mußte an ein Wort denken, das ich einmal bei Sigmund Freud gelesen hatte in einem seiner frühen Briefe. Ich hatte es damals nicht recht verstanden, dann wieder vergessen. Das Wort hieß: »Der Jude ist für die Freude da, und die Freude ist für den Juden da.« Jetzt sah ich das. So lange nach Auschwitz sah ich das jetzt zum erstenmal an der Tempelmauer.

Cordelias Geschichte
Ein langer Weg nach Israel

Ich denke, ich beginne diese schwierige Geschichte ganz einfach. Ich beschreibe ihre Situation. Cordelia lebt heute in Jerusalem. Sie bewohnt dort eine kleine Dreizimmerwohnung. Das Haus liegt im gutbürgerlichen Viertel von Westjerusalem, das schon immer bevorzugtes Wohnquartier der jüdischen Einwanderer war. Sie wohnt sehr zentral. Die Hagidem Street ist eine kleine, grüne Querstraße der Hamalott Street, die ihrerseits auf die King George mündet. Das ist ein breiter, bunter Boulevard, der mitten im Zentrum dieser wunderlichen Stadt in einer leichten Rechtsbiegung vom Plaza-Hotel bis zur Ben Yehuda Street führt. Diese wiederum ist heute im uralten Jerusalem etwas ganz Modernes: eine Einkaufsstraße als Fußgängerzone. Alles, was der Mensch braucht, ist hier zu haben oder, sagen wir vorsichtiger, das meiste von dem. Die großen Verkehrsbüros und Fluggesellschaften haben hier ihren Sitz. Man kann auf der Ben Yehuda auch die internationale Presse kaufen. Auch Cordelia macht dort ihre täglichen Einkäufe.

Ob es exakt eine Dreizimmerwohnung ist, die sie bewohnt, kann ich nicht einmal sagen. Die Mehrzahl der Israelis leben heute in dem jungen Staat nach unseren Begriffen ziemlich bescheiden. Die Geschichte vom reichen Juden, die nicht nur bei uns in der Bundesrepublik spukt, mag es geben. Mindestens 95 Prozent der Bewohner des Landes betrifft sie nicht. Cordelias Wohnung jedenfalls ist ein kleines Apartment im ersten Stock, das seinen etwas windschiefen Charme daher bezieht, daß allerlei winzige Zimmer kunstvoll so ineinander verschachtelt sind, daß sie für einen Einpersonenhaushalt eine ziemlich ideale Bleibe bieten. Daß man solche Wohnung nicht mietet, sondern als Eigentumswohnung kauft, ist landesüblich. Landesüblich ist auch die schwere, abweisende Eisentür zur Wohnung, die etwas von einem Sicherheitstrakt hat. Man spürt: Dies ist keine normale Gesellschaft. Immer noch lebt sie in einer Art Verteidigungsmentalität. Jeder wappnet sich privat, so gut es geht.

Cordelia lebt und arbeitet heute hier als Journalistin. Sie hat einen Sohn, zweiundzwanzigjährig, der gleich um die Ecke seine eigene Bleibe hat. Er ist schon ein richtiger Israeli, der jetzt seinen Militärdienst ableistet, außerdem auch noch in einem Kibbuz arbeitet. Wenn er zu Besuch zu seiner Mutter kommt, sprechen sie dann Iwrit oder Schwedisch? Ich bin nicht so sicher. Cordelia hat ihn Mitte der siebziger Jahre aus Stockholm mitgebracht. Sie fühlt sich hier zu Hause. Ihr Sohn ist es, ganz naiv: ein kleiner, wichtiger Unterschied, der hier die Generationen bestimmt.

Einstweilen ist noch bemerkenswert, daß Cordelia, obwohl dem jüdischen Staat verbunden, keine israelische Staatsbürgerin ist. Immer noch hat sie ihren schwedischen Paß. Da sie hier als Korrespondentin für ›Svenska Dagbladet‹ und andere schwedische Blätter arbeitet, ist der Paß dieses fernen, fast neutralen Staates für sie, beruflich gesehen, beinahe Glück. Mit ihm kann sie grenzüberschreitende Berichterstattung praktizieren. Sie kann, wenn nötig, nach Beirut oder Kairo. Sie fährt öfter nach Amman. Journalisten mit israelischem Paß ist das verwehrt. Ich vermute, daß sie auch ihr Gehalt aus Schweden bekommt. Jeder, der die Inflation in Israel kennt, weiß solche Vorzüge zu schätzen.

Und sie, sie selbst? Ich meine, obwohl sie längst Mitte Fünfzig sein dürfte, ist sie immer noch eine attraktive, ja schöne Person. Apart, sagt man wohl in solchen Fällen? Sie ist klein und zierlich, katzenhaft beweglich. Sie ist schmal, immer noch von mädchenhafter Gestalt, eigentlich nur eine halbe Portion. Sie ist auf merkwürdige Weise jung geblieben, quirlig, fast wie ein Kobold. Immer noch umgibt sie der verspielte Geist und Charme sehr junger Mädchenkinder. Manche werden ja nie ganz erwachsen und reif.

Was noch? Sie lacht gern, sie redet gern über Gott und die Welt. Nur wenn es um sie selbst geht, ist sie eher still. Sie trägt originelle, sehr dekorative Kleider. Israel ist ja gerade, was Damenmoden anlangt, ein ebenso phantasiereiches wie buntes Land. Cordelia jedenfalls liebt so was: Kosmetik, Schmuck, junge Mode. Sie ist eine typische Frau. Sie trägt jetzt ganz kurze Haare, Herrenschnitt, sagte man früher. Diese Frisur gibt ihr einen leicht knabenhaften Reiz. Meist trägt sie eine Sonnenbrille dazu. Und wenn man mit ihr im Gespräch an einen Punkt kommt, wo sie nicht weiter weiß, im Augenblick, hat sie eine Art, sich mit beiden Händen erschreckt durch den kleinen Schopf zu fahren, als wenn sie noch auf der Schulbank säße, ratlos erstaunt, und lacht dann einfach. Sie steckt sich eine neue Zigarette an. Sie macht das kapriziös-elegant.

Mit allem will ich sagen: Cordelia wirkt heute eigentlich normal – fast. Es ist, als sei nie etwas gewesen, oder doch? So oder ähnlich leben nun einmal heute moderne, berufstätige Frauen, die ihr Leben selber verantworten wollen, überall in der Welt. Daß sie heute allein lebt, nach manchen Ehen und diversen Amouren in Schweden offenbar sich bewußt als Single versteht, ist nicht ungewöhnlich. Sie hat in Jerusalem ihre Freunde, Kollegen, sie hat den Sohn und dessen Mädchen. Eine emanzipierte Frau, die viel unterwegs ist als Journalistin. Sie schreibt ihre Artikel für die Zeitung offenbar ganz mühelos und leicht. Ein paarmal sah ich sie an der Schreibmaschine tippen. Schnell ging es. Mein Gott, Cordelia ist gewiß kein Genie. Auch den poetischen Glanz, der einmal ihre Mutter umgab, darf man nicht erwarten. Die großen

Werke der Literatur werden auf ihrer Schreibmaschine sicher nicht geschrieben.

Aber das ist es genau, was mich fasziniert an diesem Fall: Normalität. Ich erzähle von einem furchtbaren Leben, einer Odyssee ohnegleichen. Cordelia ist wirklich durch alle Höllen der Zeit gegangen. Und jetzt? Jetzt zum Schluß will sie eigentlich nur eins sein: ein normaler Mensch. Sie will wie alle hier sein. Ganz Israel kann man ja als einen solchen Versuch deuten, einen Versuch der Juden aus aller Welt, wieder ein Volk wie andere Völker zu werden, normal. Ob das je gelingen wird, steht auf einem anderen Blatt. Ich will nur sagen: Cordelias Geschichte ist kein Einzelfall. Sie ist auch keineswegs privater Art. Sie steht für Millionen. Nur, wie sie hierher fand nach Jerusalem, ihr Weg in die Freiheit, das in der Tat ist ungewöhnlich. Das ist ihre ganz eigene Geschichte.

Im Elternhaus

Fünfzig Jahre ist das jetzt her. Ich versuche, mich zu erinnern. Ich muß damals siebzehn gewesen sein, ein junger Bursche, der jeden Morgen mit seinem Fahrrad zum Grunewald-Gymnasium fuhr. Die neue Siedlung in Berlin-Eichkamp, wo wir wohnten, war nicht gerade das feinste. Kleinbürgertum, untere Mittelklasse wohnte hier. Man kann nicht einmal sagen, daß die Eichkamper damals stramme Nazis gewesen wären. Hier träumte man mehr den alten deutschen Traum, ganz privat und nur im Grünen zu leben, jeder für sich. Die große Politik fand hier nicht statt. Die wurde in Berlin-Mitte gemacht. In Eichkamp hörte man nur davon entfernt im Radio.

Eines Tages war ihre Familie im Haus nebenan eingezogen. Es muß im Herbst 1935 gewesen sein. Was heißt Familie? Cordelias Geschichte, näher betrachtet, beginnt mit einer wunderlichen, verzwickten Familienstruktur, die man damals aber nicht so sah, von außen und neben-an. Schon damals war ihre Mutter eine bekannte Dichterin. Elisabeth Langgässer war eine ungewöhnliche Frau. Sie schrieb herrliche Gedichte. Sie hatte bereits einige Romane und Erzählungen veröffentlicht, die ihr im literarischen Berlin zu Ansehen und begrenztem Ruhm verholfen hatten. Sie war streng katholisch und schrieb schwierige Bücher von gläubiger Glut und mystischer Inbrunst.

Dabei war sie kein Blaustrumpf, sondern eine moderne Intellektuelle von Witz und sarkastischem Geist. Die Langgässer war immer verwegen modern gekleidet. Sie schminkte sich gern. Wenn sie durch die kleinen Straßen unserer Siedlung ging, riefen ihr manchmal die Kinder nach: »Der Tuschkasten kommt, der Tuschkasten kommt!« Im damals eher blondzopfigen Deutschland war sie auf jeden Fall eine exotische Gestalt von großem Reiz. Daß sie Halbjüdin war, wurde mehr geraunt als gewußt. Es schien nicht so wichtig. Sie war ja katholisch und lebte auch so, fromm. Des Sonntags ging sie zur Kirche. Abends waren manchmal geistliche Herren zu Besuch, die im Priestergewand oder in Mönchskutte kamen. Sie wirkten ehrwürdig und ernst, manchmal auch etwas vertrottelt, immerhin.

Damals hatte Elisabeth Langgässer gerade geheiratet. Ihr Mann hieß Wilhelm Hoffmann. Sie nannte ihn aber immer nur liebevoll-zärtlich »Reinhold«. Er war eine sonderliche Persönlichkeit. Ein kluger, ja tiefsinniger Mann, sehr weich, fast weiblich, was zu ihrer starken und selbstbewußten Persönlichkeit gut paßte. Er war ein vergrübelter, introvertierter Typus mit unverkennbar neurotischen Zügen. Er hatte es erst ein paar Jahre lang als Novize im Benediktinerkloster Maria Laach versucht. Er war dann nach Freiburg gegangen, hatte bei Martin Heidegger über Augustinus promoviert. Ein Leben lang schrieb er an einem monumentalen Werk über den Kirchenvater, das aber nie fertig wurde.

Es gehörte auf jeden Fall zu seinen rühmenswerten Seiten, daß er noch kurz vor dem Inkrafttreten der Nürnberger Rassengesetze diese Frau geheiratet hatte, die ja Halbjüdin war. Was er damit aufs Spiel setzte, war klar. Eine Professur oder andere staatliche Anstellungen waren damit unmöglich. Immerhin lebte die Dichterin nun unter dem Schutz einer privilegierten Mischehe. Auch sah Reinhold so blond, so deutsch, fast wie ein Siegfried aus, daß er auch äußerlich wie ein Schutzschild wirkte. Der jüdische Anteil der Ehe schien wie weggeblendet im Licht dieses strahlenden Germanen. Man konnte sich mit ihm überall sehen lassen im Nazideutschland damals.

Die Frage ist denkbar, was das alles solle? Ich antworte: Ich beschreibe Cordelias Elternhaus. Das war ihre Ausgangslage. Hier beginnt meine Erzählung. Da kam sie her, und so wuchs sie auf: streng katholisch und deutsch. Daß sie ihrerseits, unehelich geboren, einen jüdischen Vater hatte, der längst emigriert war, hatte man dem Kind zunächst verschwiegen. Beide Elternteile lebten offenbar in der Hoffnung, die Ehe mit dem blonden Reinhold werde auch Cordelia schützen, irgendwie. Beide waren auch ganz unpolitisch. Sie glaubten nie so recht an den Bestand des Dritten Reichs. Hitler? Das war ein Spuk, der, so, wie er gekommen war, auch wieder verschwinden würde. Und tatsächlich war 1935, die Zeit, von der ich jetzt spreche, ja vieles noch offen. Die große Judenverfolgung war noch nicht im Gang. Ein Wort wie Endlösung war unbekannt. Die kleine Judenverfolgung gab es schon. Im Schutz der privilegierten Mischehe hoffte man, von ihr nicht betroffen zu sein.

Ich erinnere mich an Cordelia damals genau. Ich war jetzt achtzehn, sie also acht. Ich sage nicht, daß ich mit ihr befreundet war. Ein Achtzehnjähriger ist viel zu hochnäsig, um sich mit einem Kind zu befassen. Aber

Nachbarskinder waren wir schon. Ich sehe, wie sie im Garten herumspringt, tollt, allerlei Unsinn anstellt. Sie klettert auf Bäume, kriecht unter Büschen herum. Sie war ein fröhliches Kind, hübsch. Wie eine kleine Nixe lief sie manchmal halbnackt im Garten. Ein richtiges Luder, frühreif, auch sehr kokett. Daß die Mutter sie innig liebte, war zu sehen. Manchmal putzte sie die Tochter mit kunstvollen Kleidchen zu kleinen Kunstwerken heraus. Das Kind sah dann wie eine Prinzessin aus: süß, sagt man wohl? Dunkelbraun die Haare, die Augen auch. Spitzbübisch konnte sie lächeln. Was man so jüdisch nennt, war ihr nicht ins Gesicht geschrieben.

Stimmt das Idyll? Ich weiß nicht so recht. Es liegt ein Foto vor mir. Cordelia zusammen mit ihrer Mutter. Ich schätze, daß es spätestens 1938 gemacht wurde, vielleicht etwas früher. Ob schon die Judenpogrome stattgefunden hatten, die man damals »Reichskristallnacht« nannte, kann ich nicht sagen. Die Mutter blickt liebevoll auf das Kind, auch etwas besorgt. Das Kind aber hat eine Art, die Mutter anzusehen, die ungewöhnlich, ganz frühreif ist. Sie blickt skeptisch. Cordelias Gesicht ist eine einzige Frage. Was ist denn mit mir? scheint sie die Mutter zu fragen. Ein Vorbehalt ist zu erkennen. Sie lächelt die Mutter an, aber ihr Lächeln ist ernst, traurig und forschend zugleich. Was verschweigt ihr mir denn? Sie wirkt distanziert. Sie ist schon allein.

Die Aussonderung

Es ist gut, sich die Situation der Betroffenen damals konkret vorzustellen. Jedenfalls in der Frühphase fing es manchmal ganz harmlos an, manchmal fast grotesk. Cordelia kommt aus der Schule nach Hause. Die Neunjährige ist begeistert. Sie will in die Hitlerjugend, also in den

BDM eintreten. Es war eine Werberin in die Klasse gekommen. Sie hatte den Kindern so Schönes in Aussicht gestellt: wie man sich im Bund Deutscher Mädel zu Sport und Spiel zusammenfindet, am Wochenende gar auf Fahrten geht mit Lagerfeuern, Versteckspiel und Dichterlesungen abends. So ging's ja auch zu. Alle Schulkinder waren begeistert, Cordelia auch. Sie wollte doch immer wie die anderen sein.

Ich kann mir die Betretenheit, die verlegenen Mienen der Eltern zu Hause vorstellen: Wie sag' ich's nur meinem Kind? Lügen haben kurze Beine, heißt es. Hier hatten sie längere. Erst als Cordelia in der Oberschule ist – sie ist jetzt zehn –, kommt es zur Offenlegung. 1939 muß es gewesen sein. Wie alle Kinder braucht sie einen Ariernachweis, um in die Schule integriert zu werden. Der war nicht zu erbringen. Nach den Nürnberger Rassengesetzen galt der als Jude, der mindestens über drei jüdische Großelternteile verfügte. Das genau war bei ihr der Fall.

Reinhold, den sie immer ihren »Stiefvater« nennt, kommt nicht umhin, sie ins Bild zu setzen. Es muß damals fast wie eine sexuelle Aufklärung gewesen sein: peinlich, aber unumgänglich, jetzt. Dafür aber kommt dem frommen Philosophen seine theologische Bildung zugute. Er erklärt der Tochter das Problem ganz tiefsinnig, also fast versöhnlich. Wir alle seien ja auch Abrahams Kinder. Wir alle hätten unseren Ursprung im Judentum, religionsphilosophisch gesehen. Ja, in gewisser Hinsicht sei jeder, der in der Nachfolge Christi lebe, auch Jude, von Gott aus betrachtet. Das Kind, längst mißtrauisch geworden, können solche Allgemeinplätze nicht trösten. Es ahnt um sein Anderssein. Und das sah es auch bald. Es mußte die Schule verlassen. Es mußte in Berlin jetzt eine andere Schule besuchen. Judenschule, sagte man damals.

So begann Cordelias Aussonderung. Zugegeben, ihre Konstellation in dieser Familie war kompliziert, fast delikat. Man versteht auch, warum die Nazis damals ihre

›Kommentare zu den Nürnberger Gesetzen‹ benötigten. Ein Herr Globke hat daran mitgewirkt, der ja dann später noch bei Konrad Adenauer zu Amt und Ehren kam. Es war sehr verzwickt in diesem verjudeten Land. Subtilste Rechenexempel konnten vonnöten sein, um den Wert eines Menschen zu ermessen. Die Mutter zum Beispiel war nur 50 Prozent jüdisch. Der Stiefvater rein arisch. Ihre Schwestern, die jetzt zur Welt kamen, waren nur 25 Prozent jüdisch, also fast hinnehmbar für Führer und Volk. Nur Cordelia war mit ihrem nichtehelichen jüdischen Vater, den aber niemand mehr kannte, 75 Prozent jüdisch. Sie wurde also dem alten Volk blank zugeschlagen. Heute mag das alles grotesk klingen. Heute lacht man über solche Rechenexempel. Damals konnte von ihnen Tod oder Leben abhängen.

Die Lage der Juden in Hitlerdeutschland kann man, jedenfalls vom Kriegsbeginn an, ungefähr mit der Lage von Aussätzigen vergleichen im Mittelalter. Sie waren Pestkranke, Träger eines tödlichen Virus, die man erst isolieren, dann vernichten mußte. Zunächst mußten sie kenntlich gemacht werden mit eigenen Vornamen, dann mit eigenen Zeichen. Das eigentlich war der Sinn des gelben Sterns. Er wurde spätestens 1941 Pflicht. Die Juden mußten ihn nicht nur am Kleid tragen. An jeder Haustür, hinter der ein Jude wohnte, mußte neben dem Namensschild auch der Judenstern befestigt sein, damit jeder Besucher wußte, auf welch ein verpestetes Gelände er käme, wenn er hier eintreten würde. Sie durften später auch keine öffentlichen Verkehrsmittel benützen.

Warum ich das hier erzähle? Ich beschreibe Cordelias Lage, konkret. Sie mußte aus ihrem Elternhaus ausziehen. Rassisch gesehen war sie der fast arischen Familie nicht länger zuzumuten. Sie war die Pestkranke. Sollten ihretwegen fünf deutsche Familienmitglieder gefährdet werden? Das durfte nicht sein. Es wurden ihr andere Schlafstellen bei anderen Juden im großen Berlin zugewiesen. Tagsüber schlich sie sich manchmal nach Hause zu den Ihren. Ihr »Eichkatznest« hat sie es gern genannt.

Mir, der ich gleich nebenan wohnte, ist dieses Nest schon damals eher die Hölle gewesen. In meinem Buch ›Das zerbrochene Haus‹ habe ich es beschrieben. Doch steht das auf einem anderen Blatt.

Cordelia liebte ihre Mutter. Sie fand es dort schön. Heimlich schlich sie sich zu ihr. Heimlich mußte ihr Stiefvater sie abends wieder zu den fremden Juden bringen, wo sie übernachten mußte. Zum Schluß wurde sie in jenes große jüdische Krankenhaus in der Iranischen Straße im Bezirk Gesundbrunnen eingewiesen, wo alle Aussätzigen gesammelt wurden und abrufbereit zu warten hatten. Das muß 1942 oder '43 gewesen sein? Ich weiß es nicht genau. Ich war längst Soldat, ich war im Krieg. Ich war jetzt ein deutscher Gefreiter, erst in Frankreich, dann in Rußland, zuletzt in Italien, Monte Cassino. Da tobte auch eine Schlacht.

Die Frage ist längst fällig: Wie verhielt sich eigentlich die Mutter in diesem gräßlichen Konflikt? Es muß zu Ehren dieser bedrängten Frau gesagt werden, daß sie verzweifelt nach Auswegen suchte. Nur jetzt war es zu spät. 1937 noch hätte man das Kind ohne allzu große Schwierigkeiten in die Schweiz bringen können. Die Mutter war dort mit einem bekannten theologischen Schriftsteller befreundet, der bereit gewesen wäre, die Tochter aufzunehmen, in Basel, glaube ich. Aber man kennt ja die Mutterliebe, diesen elementaren Instinkt der Natur, der uns hält. Nein, das kannst du mir nicht antun, soll sie damals zu ihrem Mann gesagt haben, ich kann nicht ohne Cordelia leben, mein Schmerzenskind, meine Proserpina. Schreiben kann ich nur mit ihr. Die Mutterliebe ist grenzenlos. Und Reinhold, ihr Mann, soll damals sehr klug und keineswegs weltfremd geantwortet haben: Schon wahr, aber wenn du Cordelia jetzt nicht hergibst, freiwillig, wirst du sie später vielleicht einmal zwangsweise hergeben müssen, unter viel gräßlicheren Bedingungen, Elisabeth.

Augenblick der Entscheidung

Jetzt kommt ein neues Kapitel, unbeschreiblich. Jetzt beschreibe ich die Affäre mit dem spanischen Paß. Absurdes Theater, immerhin. In ihrer Angst und Verzweiflung war der Mutter tatsächlich Erstaunliches gelungen. Sie war eine sehr tatkräftige und willensstarke Person. Sie liebte ihre Tochter abgöttisch. Es war der Mutter in letzter Stunde ein Stück gelungen, das völlig phantastisch wirkte. Es war aber real. Sie hatte Cordelias Adoption erreicht, und zwar durch ein älteres spanisches Ehepaar.

Vieles war damals möglich. Mit Geld konnte man manches bewegen. Es gab zum Beispiel Ausländer, die auf Wunsch ein Kind adoptierten. 40000 RM waren der Preis. Und wenn man bedenkt, daß Spanien in dieser Zeit mit Hitlerdeutschland befreundet war, aber keine antisemitische Rassenpolitik betrieb, war der Schachzug der Mutter beinah genial. Spanien war außerdem genauso mystisch-katholisch wie die Mutter. Manches kam also zusammen. Natürlich war es eine Scheinadoption. Sie war aber juristisch korrekt und völkerrechtlich in Ordnung, ein Meisterstück, könnte man sagen.

Jedenfalls hatte sich Cordelias Schicksal plötzlich glückhaft gewendet. Sie bekam einen spanischen Familiennamen. In einer kleinen Feier in der Botschaft wurde ihr die Staatsbürgerurkunde überreicht. Der Paß lag dabei, sogar mit einem gültigen Einreisevisum für Spanien. Das Land war zwar nicht so neutral wie die Schweiz, aber an Hitlers Krieg nahm es auch nicht teil, offiziell. Nach Hitlers Überfall auf die Sowjetunion hatte der General Franco zwar die »Blaue Division« an die Ostfront entsandt, aber sie war mehr symbolischer Art als Dank für Hitlers frühe Fliegerhilfe im spanischen Bürgerkrieg gewesen. Cordelia würde also ein schönes, friedliches Land betreten mitten in Hitlers Totentanz. Tatsächlich lagen solche Perspektiven ganz nah. Es gehört zu den Merkwürdigkeiten jener Epoche, daß die Nazis Fragen des internationalen Völkerrechts durchaus respektierten. Die Herrschaft nackter Gewalt, zu der das neue Deutschland längst geartet war, hätte so viel Umstände gar nicht nötig gehabt. Es war nur so. Die deutschen Behörden akzeptierten die Adoptionspapiere, wenn auch zähneknirschend.

Die Situation war erstaunlich. Cordelia war nun Ausländerin. Sie unterstand damit nicht mehr den deutschen Judengesetzen. Sie konnte ihren Judenstern wieder ablegen. Sie brauchte in den Schlafzimmern der Aussätzigen nicht mehr zu nächtigen, irgendwo in der fremden Stadt. Sie zog wieder ins Eichkamper Elternhaus ein, ihr Eichkatznetz. Sie war wieder wie alle, nur Spanierin jetzt. Die Mutter triumphierte. Gott hatte ihre Gebete erhört, die heilige Therese hatte ihren Segen dazu gegeben. Man sah das Wirken der Gnade leibhaftig: hier bitte, der Paß! Schön war der Traum der frommen Mutter. Ich vermute, daß im allgemeinen Familienglück nur Cordelia sich merkwürdig still verhielt. Kinder haben so ihre Ahnungen. Ihr Gefühl, nicht wie alle zu sein, war vermutlich nicht ganz zu betäuben. Sie war nun vierzehn. Man schrieb das Jahr 1943, das finsterste Jahr des Jahrhunderts, wage ich rückblickend zu sagen.

Was jetzt folgt, ist in Cordelias Geschichte ein erster Höhepunkt. Wie im Drama beschreibt er die schreckliche Zuspitzung des Konflikts vor der Pause, bevor der Vorhang fällt. Der Held ist noch nicht tot, wie es nach Aristoteles erst der letzte Akt gebietet: Er durchsteht furchtbare Prüfungen am Rande der Katastrophe. Er erleidet Höllenqualen, aber übersteht. Man kennt solche

Dramaturgie auch aus Wagners Werk. Ich sage das nicht aus Spaß oder artistischem Zynismus: Die Lage war so. Sie war gebaut wie eine antike Tragödie, und wäre ich ein Dramatiker, sagen wir in der Art von Rolf Hochhuth, so hätte ich Cordelias Geschichte längst als Theaterstück geschrieben. Was jetzt folgt, wäre der zweite Akt, eine unglaubliche Szene, nur, ich kann das nicht. Ich bin nur ein Chronist, ein Berichterstatter der Zeit, mehr nicht.

Cordelia und ihre Mutter sind bei der Geheimen Staatspolizei vorgeladen. Der Beamte hat in seinem Dienstzimmer auf dem Schreibtisch Cordelias Aktenstück vor sich liegen. Ich stelle mir das Konvolut umfangreich vor, denn mindestens seit 1939 hatte ja die Gestapo in dieser Sache ermittelt. Ein delikater Fall. Schon damals kamen sie manchmal in schwarzen Dienstwagen nach Eichkamp, vernahmen die Mutter zum Fall. Ich stelle mir den Gestapobeamten keineswegs teuflisch vor. Ein ordentlicher Bürokrat, der hinter seinem Schreibtisch auch nur seine Pflicht tut. Er sagt: Die Adoption ist rechtskräftig. Wir akzeptieren sie. Sie müssen nur wissen, wir durchschauen das. Ein tolles Bubenstück, typisch jüdisch. Sie wollen in Wirklichkeit Cordelia nur unseren Rassengesetzen entziehen, oder?

Ich stelle mir jetzt die Pause vor. Er blättert, er sucht, er zündet sich vielleicht eine Zigarette an. Ich saß auch einmal bei der Gestapo, vier Monate in Haft mit immer wiederkehrenden Vernehmungen. Ich kenne das Stück. Solange sie ihr Ziel mit sanfter Gewalt erreichen, sind sie gar nicht brutal. Sie sind fast zivil oder tun so. Später setzt der Beamte wieder an. Die Lage ist so, sagt er, Fräulein Cordelia kann auf ihrem Paß bestehen. Wir werden ihr zwar kein Ausreisevisum erteilen, immerhin. Wir müssen dann nur die Frau Mutter in Haft nehmen. Denn natürlich hat sie vorsätzlich ihre Tochter den Reichsgesetzen entzogen. Das ist Schuld. Das ist ein Verbrechen schwerster Art. Das erfüllt nämlich den Tatbestand des Landesverrats. Vielleicht wird es der Reichsanwalt auch als Hochverrat verstehen? Jedenfalls bleibt Frau Langgässer hier in Haft.

Ich vermute, daß wieder eine Pause entstand, eine etwas unheimliche Stille. Der Beamte wartet in gelassener Ruhe die Wirkung seiner Drohung ab. Zu den Verängstigten sagt er später in überraschender Milde: Ich sehe noch eine andere Lösung. Sie ist besser. Ich habe hier ein Papier vorbereitet. Fräulein Cordelia braucht nur zu unterschreiben. Die Verfehlungen von Frau Langgässer werden uns dann nicht interessieren. Sie ist frei.

Cordelia liest das Papier. Sie erklärt darin, daß sie die doppelte Staatsbürgerschaft akzeptiere. Obwohl sie den spanischen Paß habe, bleibe sie auch Deutsche. Damit unterstehe sie auch den deutschen Gesetzen, natürlich. Sie willige ausdrücklich ein, daß dies auch die völkischen Rassengesetze betreffe. Sie müssen sich jetzt selber entscheiden. Das sind unsere beiden Vorschläge, fügt der Beamte schließlich hinzu. Es liegt in ihrer Hand, so oder so? Wir halten uns da raus, wie Sie verstehen werden. Sie haben die Wahl, bitte!

Wer weiß, was in den nächsten Minuten geschah. Es ist ja denkbar, daß das Mädchen in seiner kindlichen Phantasie einen Augenblick dachte: Meine Mutter ist doch so fromm. Sie hat über so viele Märtyrer geschrieben. Sie wird mich doch nicht opfern? Sie wird für mich das Kreuz auf sich nehmen? Es ist aber auch denkbar, daß die Mutter ganz tief in sich ein paar Sekunden lang dachte: Cordelia, wir sind fünf, du eins. Du kannst nicht fünf Menschen ins Unglück stürzen, die nicht bedroht sind. Du mußt uns die Freiheit lassen. Du mußt auch an mein Werk denken. Meine Dichtung darf nicht abbrechen. Ich schreibe ja nicht für mich. » Commystis committo« – den Miteingeweihten vertraue ich es an. Ich bin ein Bote, der alles verbreitet. Das ist meine Pflicht. Du mußt gehen,

Kind. Du wirst eine Heilige werden. Ich habe es immer geahnt!

Wie gesagt, das alles phantasiere ich. Kein Wort dieser Art ist belegt. Es war nur Schweigen zu hören, ein furchtbares Schweigen. Cordelia sah auf die Mutter. Sie sah ihren flehenden Blick. Die Mutter sah jetzt wie eine Maske aus: weiß und sehr schön. Die Todesangst hatte die Maske tieftraurig gemacht. Können Masken eigentlich weinen? Vielleicht. Es wurde kein Wort gewechselt, denn im Grunde war alles klar. Sie war immer die andere gewesen. Sie trug das Zeichen. Das Kind war immer das Lamm gewesen, das sich zu opfern hatte. Sie war immer anders als die anderen Kinder gewesen. Und wenn es zur Entscheidung stand: die anderen oder sie? Es verstand sich, daß sie gehen mußte. Sie war auserwählt, das Opfer zu sein. Cordelia unterschrieb.

Was folgte, ist schnell erzählt. Es kam, wie es kommen mußte. Cordelia bekam wieder den gelben Stern. Sie bekam ihn im Nachbarzimmer für fünfzig Pfennige. Sie mußte ihr Eichkatznest nun für immer verlassen. Sie wurde jetzt endgültig ins Jüdische Krankenhaus in der Iranischen Straße eingewiesen. Nach einigen Monaten, als dort ein neuer Transport aufgestellt wurde, war sie dabei, fünfzehnjährig. Sie bekam eine saubere, zierliche Kleidung als Krankenschwester. Sie sollte kleinen Kindern im Transport hilfreich zur Seite stehen. So ist Cordelia im März 1944 in Theresienstadt eingetroffen.

Lagerzeit oder Wie man ein Jude wird

Theresienstadt war damals ein Lager besonderer Art. Das kleine tschechische Militärstädtchen war kein Vernichtungslager. Es war eine Art Mustergetto, das die Nazis inszeniert hatten, nicht zuletzt, um dem Ausland vorzutäuschen, wie human und zivil die Juden vom Deutschen Reich behandelt werden, wenn sie nur willig sind. Carl Jacob Burckhardt, der Schweizer Diplomat und Historiker, hatte zusammen mit anderen Vertretern des Internationalen Roten Kreuzes die Zustände in Theresienstadt visitiert. Er hatte nicht bemerkt, daß es in Wahrheit ein Durchgangslager nach Auschwitz war.

Es muß eine absurde Stadt gewesen sein. Einerseits natürlich ein Konzentrationslager mit all seinen Schrecken, andererseits mit einem eigenen Kulturleben, das ungewöhnlich war. Es gab Theaterabende, Konzerte, es gab Vortragszyklen, wenn auch in armseliger Form. Immerhin, die jüdische Selbstverwaltung, die unter SS-Oberherrschaft stand, brachte manches zustande. Die Bewohner des Lagers waren Gefangene, aber innerhalb dieser Gefangenschaft gab es bescheidene Spielräume. Der israelische Schriftsteller Yehoshua Sobol hat die Zustände am Beispiel von Wilna in seinem Theaterstück ›Getto‹ sehr genau beschrieben. Dort kann man Genaueres erfahren.

Ich erwähne das, um verständlich zu machen, was jetzt mit Cordelia geschah. Ich meine, was in ihr selber sich vollzog. Ein Kind ist ja nicht fertig, es entwickelt sich langsam. Das Absurde ihrer Lage bestand darin, daß sie im Innersten zunächst gar nicht begriff, warum sie eigentlich hier war. Sie war keine Jüdin, fühlte sich jedenfalls nicht so. Sie war doch das deutsche Kind, das katholische Mädchen aus Berlin-Eichkamp, das so gern in den BDM eingetreten wäre. Sie war doch die Tochter der katholischen Dichterin, die so herrliche Geschichten erzählt hatte vom hessischen Ried, vom deutschen Rhein, von Mainz und Worms. Deutschlands Erde blühte auf unter ihrer Feder, romantisch und stolz und glühend katholisch. Das Kind fühlte sich christlich und deutsch, natürlich.

Es muß Cordelia am Anfang wie ein schrecklicher Irrtum, wie ein böser Traum erschienen sein. Sie gehörte nicht hierher. Sie hatten die Falsche geschickt. Mutter, hol mich hier raus! mag sie manchmal des Abends gebetet haben. Es wird in Wahrheit ein langer, mühsamer Lernprozeß gewesen sein, in den Cordelia jetzt eintrat. Von heute aus gesehen und rückblickend verstanden, hat dieser Lernprozeß fast dreißig Jahre gedauert. Sein Stoff, sein Inhalt hieß: Wie man ein Jude wird. Du wirst es ganz langsam lernen. Und wenigstens die erste Lektion dieser schweren Schule machte sie jetzt in Theresienstadt durch. Ich möchte den Klassenstoff »Vorschule des Judentums« nennen. Sie hatte doch keine Ahnung davon.

Immerhin, mit fünfzehn kann man noch alles lernen. Sie hatte nie eine Synagoge gesehen, sie kannte keine Rabbiner, sie wußte nicht, was der Talmud und die Thora waren. Von den jüdischen Bräuchen und Festtagen hatte sie keine Ahnung. Jetzt sah sie das bei den anderen in Theresienstadt. Sie hörte zu, was die sagten. Sie gewann Freunde. Sie fand Vertraute, junge Leute, die etwas älter waren als sie. Diese erzählten von einem fernen, fremden Land, wohin sie einmal auswandern würden, später. Sie hörte zum erstenmal von Palästina und daß es das wirklich gäbe, nicht nur als Sonntagsgeschichte in der Kirche. Sogar Jerusalem gab es auf der Landkarte. Es war nicht nur eine fromme Chiffre in Bibelstunden. Die Stadt gab es. Man konnte dahinreisen. Manche waren schon dort. Sie waren über Haifa ins Heilige Land gekommen, das eben Palästina hieß. An den Staat Israel war damals noch nicht zu denken. Immerhin, sie siedelten dort in neuen Gemeinschaftsdörfern, die sie »Kibbuz« nannten. Cordelia war offenbar an eine Gruppe junger Zionisten geraten. Sie gehörte nicht dazu. Fast alles war ihr noch fremd. Sie konnte auch die Begeisterung dieser jungen Leute für das fremde Land nicht teilen – wie denn? Sie erfuhr nur, daß es das gab.

Das Schicksal, oder was man so nennt, hat ihr damals

nichts erspart. Man könnte sagen, sie mußte den Kelch ganz austrinken. Kann man das sagen? Nach einigen Monaten Theresienstadt kam Cordelia nach Auschwitz.

Sie kam wie alle mit einem Judentransport, der zur Vernichtung bestimmt war. Sie hat all das erlebt, erlitten, was wir nur aus Filmen und Fernsehsendungen kennen und was uns heute eher leicht gereizt macht: Wir wissen's ja nun, und kann man nicht endlich einmal damit aufhören? Es gibt doch wohl auch andere Schuld, oder? Ich denke, solange Menschen leben, die das damals erfahren haben, kann man nicht aufhören. Es bricht immer wieder auf. Diese Geschichte bleibt. Sie bleibt den Tätern und den Opfern. Das ist ja wirklich geschehen und war Alltag: das Einladen und Ausladen der Güterwaggons, das Aufstellen an der Bahnrampe und das, was man dann Selektion nannte. SS-Leute besorgten das mit ihren Helfern, auch Juden waren darunter. Alle, die nicht mehr arbeitsfähig schienen, wurden ins Gas geschickt. 1944 machte man da ganz kurzen Prozeß. Wenn der Krieg schon verloren war, und die Oberen aus dem Reich sahen das schon, so mußte wenigstens vorher der Wille des Führers, das Werk der Judenausrottung, vollendet sein. Nur wer jung und kräftig war, konnte als Arbeitskraft noch verwendet werden, kurzfristig. Cordelia war jung. Ein frisches, anmutiges Kind, das sicher auch noch Reste ihrer früheren Lebenslust ausstrahlen konnte, wenn es notwendig war. So ist es geschehen, daß sie auf die Seite der Arbeitsfähigen gestellt wurde. Es schien nur eine Galgenfrist, immerhin.

Nein, Cordelias Geschichte in Auschwitz werde ich nicht erzählen. Sie hat das durchgemacht, was Leben, Überleben in Auschwitz hieß. Man kann das nachlesen, wenn man will. In ihrem Fall ist nur wichtig zu wissen, daß sie mitten in den Rachen des Bösen geriet, das damals Europa beherrschte. Es blieb ihr gar nichts erspart. Ausgerechnet sie wurde in die Abteilung jenes Dr. Mengele

abgestellt, der im Lager seine sogenannten Zwillingsfor-
schungen betrieb. Ein grausames, vollkommen perverses
Fach der Medizin muß es gewesen sein, das hier in letzter
Stunde florierte. Kleinkinder wurden in Versuchsreihen
getötet. Ich stelle mir diesen Arzt ungefähr wie Adolf
Eichmann vor: eiskalt und eigentlich guten Gewissens.
Er hat ja dann hinterher auch noch in Südamerika einen
ruhigen Lebensabend gehabt. Erst vor wenigen Jahren ist
er im Meer beim Baden ertrunken, siebzigjährig.

Cordelia hatte im Büro jenes Dr. Mengele Schreibdien-
ste zu leisten. Das konnte sie ja. Sie mußte Listen führen,
Namen sortieren, Karteikästen vervollständigen. Die Toten und die Lebendigen wurden zu Buche genommen. Es
muß eine Hölle gewesen sein für das Kind. Aber so ist
der Mensch: Wenn es um Leben oder Tod geht, macht er
alles, auch das. Der Mensch ist wie Sisyphos. Er hofft,
obwohl es gar nichts zu hoffen gibt. Solange er atmet,
kann er einen Rest von Hoffnung nicht aufgeben. Er lebt
weiter – irgendwie.

Ich möchte auf etwas anderes hinaus. Cordelia bekam
natürlich wie alle Häftlinge ihre KZ-Nummer auf den
rechten Unterarm eingebrannt. Man machte das wie bei
Viehherden. Es war so üblich. Sie bekam die Nummer A
3709. Sie trägt die Nummer noch heute. Man kann dies
auch ein »unauslöschliches Siegel« nennen. So hieß der
Roman einer Taufe, an dem die Mutter in diesen Jahren in
Berlin-Eichkamp arbeitete. Das Kind hatte die Mutter
dafür ja freigestellt bei der Gestapo. Dies war ihr nun
eingebrannt, eine andere Taufe. Der Jude ist zum Tod
bestimmt. Er ist eine Nummer, nur im Katalog der Vernichtung zu beachten. Der Jude muß sterben, nicht, weil
er dies oder jenes getan hätte, sondern weil er diesem
Volk zugehört. Das ganze Volk ist des Todes. Das meint
das Wort »Genozid«, und der fand hier statt.

Bei Cordelia kam eine eigene Erfahrung hinzu. Bei ihrer Nummer A 3709 hatte sie das A stutzig gemacht. Sie

ging der Sache nach. Da sie in der Registratur der Lager-
bürokratie zu arbeiten hatte, fand sie bald heraus, daß so
eine neue Zahlenkolonne kenntlich gemacht wurde. Damit die Zahlen nicht zu lang würden, hatte man eine neue
Kolonne mit dem Kennzeichen A begonnen. Es mußte
also eine Art Vorgängerin von ihr geben ohne A. Cordelia begann weiterzusuchen. Es mag unwahrscheinlich
klingen. Eines Tages fand sie in den langen Listen tatsächlich ihre Vorgängerin: Nummer 3709 ohne A. Es war
eine Jüdin gewesen, eine von vielen. Cordelia wußte natürlich nichts von ihr. Nur, daß sie mit ihrer Nummer
hier gelebt hatte und getötet worden war. Sie erschrak.

Ich vermute, daß in diesem Augenblick, da sie den Namen ihrer Vorgängerin las, in ihr ein weiterer Schritt zur
Selbsterkenntnis stattfand. Sie war keine Jüdin. Sie fühlte
jetzt nur, daß es da offenbar eine geheime Gemeinschaft
gab. Etwas verband sie mit dieser Unbekannten von jetzt
ab ganz tief. Soll ich es Solidarität aller Opfer nennen? Es
gab da ein Band, das sie alle zusammenhielt. Sie war nicht
mehr allein auf der Welt. Sie war nicht mehr Cordelia,
katholisch und deutsch und jetzt eben verstoßen. Sie hatte diese Zwillingsschwester im Tode gefunden, und diese
war unbezweifelbar eine Tochter aus dem Volke Israel
gewesen. Sie ahnte Zusammenhänge, aber verstand sie
noch nicht.

Schwedische Rettung

Alles in diesem Leben, das ich erzähle, ist denkwürdig.
Einiges ist merkwürdig, einiges entsetzlich, anderes erstaunlich. Auch Wunderbares gibt es. Am wunderbarsten
scheint mir Cordelias Rettung. Wie überlebt man Auschwitz? Ich weiß nur, daß sie nicht von den vorrückenden
Sowjettruppen im Frühjahr 1945 befreit wurde.

Als das Reich zerbrach, löste sich alles auf in Europa. Der Koloß zersplitterte in unzählige Reste. Einige der Nazifürsten versuchten, ihre Haut zu retten, irgendwie und in letzter Stunde. Der Reichsführer SS, Himmler, soll sich zum Beispiel um private Friedensverhandlungen mit Schweden bemüht und mit dem Grafen Bernadotte verhandelt haben. Der Schwede zeigte scheinbares Interesse, er verlangte Vorleistungen. Himmler solle zunächst eine Anzahl von KZ-Häftlingen freigeben, um zu beweisen, wie ernst sein Friedensangebot sei. Ich weiß nicht, ob Cordelia exakt in diesem Zusammenhang gerettet wurde. Ich kann nur sagen: Wenige Tage vor Kriegsende kam sie mit einem Bernadotte-Transport nach Schweden.

Welch eine Wendung der Dinge, kann man sagen. Jetzt wird alles hell, die Morgenröte der Freiheit bricht an, endlich! So war es nicht. Es war umgekehrt. Jetzt verschwimmt alles. Jetzt wird das Leben dunkel. Wer so dem Tod entronnen ist, kann sich des Lebens nicht freuen. Er versinkt in Trauer. Er taucht ein in das Meer jener Tränen, die nie geweint werden durften. Melancholie und Krankheit holen ihn ein. Er hat mit seinen Rettern auch nichts gemein, was denn? Die Erinnerungen sind andere als ihre. Er ist ganz allein mit seinen Ängsten und Alpträumen, die sie nicht kennen. Jeder Schmerz vereinsamt, und dieser Schmerz hat Cordelia stumm gemacht. Sie versank einfach in jene Nacht, die wir Depression nennen. Was sind Worte? Sie war nicht mehr da. Sie dämmerte wie im Totenreich: Proserpina.

Wenn ich recht zähle, müssen es etwa zehn Jahre gewesen sein, die Cordelia so verbrachte, in Krankenhäusern meist. Eine Tuberkulose brach aus. Der Mensch ist ein sensibles und paradoxes Geschöpf. Solange er gefangen ist und vom Tod bedroht, übersteht er alles. Es wachsen ihm Riesenkräfte zu. Man nennt das Überlebenswillen. Ist er dann frei, bricht er zusammen. Jetzt löst sich der Krampf. Die Kraft, die ihn hielt, ist weg. Jetzt stirbt er tausend Tode, die er nicht sterben konnte, zuvor. Es muß eine schreckliche Zeit für Cordelia gewesen sein. Dämmern, schlafen, träumen und dann jene leichte Besserung, die schon eine richtige Krankheit bedeutet. Wer krank ist, ist ja normal. Krank wird jeder einmal. Viele Jahre hielt ihre Tuberkulose an. Ich stelle sie mir wie ein Schutzschild vor, hinter dem man sich langsam finden kann.

Jedenfalls überlebte sie. Sie war natürlich kaputt. Sie war jetzt zwanzig, wo eigentlich das Leben beginnt, das eigene, das man selbst verantwortet. Jeder Mensch verfügt über eine Art Grundausstattung, die er im Elternhaus und in der Schule mitbekam. Damit versucht er es ab zwanzig auf eigene Faust. Nichts davon war ihr mitgegeben worden zu ihrer Zeit. Einen Vater hatte sie nie gehabt, ihre Schulzeit war einsam und voller Ängste gewesen, und die Mutter? Ihr Bild muß in Cordelia zu einem Knäuel widerstrebender Gefühle verdunkelt worden sein, das sie nicht entwirren konnte. Einerseits liebte das Kind die Mutter, andererseits hatte eben diese geliebte Mutter das Kind in die Lager im Osten ziehen lassen. Eine Art Haßliebe wird sich gebildet haben. Verachtung und Sehnsucht, Wut und Verlangen, unbewußt. Wem konnte sie denn vertrauen? Wen konnte sie lieben? Wohin gehört man in einer Welt, deren Wertgefüge einem nie vermittelt wurde?

Cordelia war in diesen Jahren des langsamen Erwachsens vermutlich sehr schwierig. Solche Kindheit macht unleidlich, ja gemeinschaftsunfähig. Sie bringt Aggressionen hoch, weckt Mißtrauen. Überall wittert man Böses. Solche frühen Verwundungen machen auch egozentrisch, oft sogar autistisch. Man kommt nicht heraus aus seinem eigenen Schmerz, den man ja auch liebt, nicht hergeben will. Der Schmerz der Kindheit ist das einzige, was man besitzt. Man verteidigt ihn wild wie ein Tier: Ich will nicht genesen! Ich will nicht wie ihr werden: gesund! Ich liebe meine Verwundung. Sie ist mein Adel, mein Heiligenschein. Wenigstens ihn dürft ihr mir nicht nehmen. Mein Leid ist mein Stolz.

Es ist, wie man sieht, das klassische Bild einer schweren Neurose, das sich jetzt abzeichnet. Cordelia hat deren Qualen durchlebt. Sie hat sich aber auch helfen lassen. Die Schweden sind ja auf diesem Feld sehr modern. Psychotherapie wird ernster als bei uns genommen. Wieviel Analysen mag sie durchgemacht haben? Die Psychoanalyse, ernsthaft durchgehalten, ist so etwas wie die Höllenfahrt der Selbsterkenntnis, hat Freud gesagt. Sie mußte da durch. Sie mußte doch alles nachholen, was ihr versagt worden war zu ihrer Zeit. Sie hat diese Höllen durchstanden. Wie oft, wie lange, wie tief? Irgendwann ist sie einer guten Therapeutin begegnet, einer deutschen Analytikerin jüdischer Herkunft, die ihr schließlich geholfen hat, wenigstens ein Stück vom verlorenen Ich wiederaufzubauen.

Trotzdem, das Leben mit solchen Belastungen und jetzt in Freiheit kann eigentlich nur mißraten. Es kann nichts anderes als ein immerwährender Versuch sein, Bindungen einzugehen, die wieder zerbrechen. Sie hatte Verehrer, Freunde, Liebhaber gefunden, sie hat in Schweden geheiratet, einen Mann, dessen Namen sie heute noch trägt, Ragnar Edvardson. Es kamen Kinder. Dann trennte man sich. Die schwedischen Männer sind in solchen Fällen von einer Sanftmut, die grenzenlos ist. An ihm lag es bestimmt nicht. Cordelia war der Problemfall. Ich stelle sie mir in dieser Zeit unberechenbar und sprunghaft vor, manchmal direkt widerborstig. Sie konnte wohl lieben im Augenblick, aber sie konnte die Liebe nicht durchhalten zu dem, was man wirkliche Gemeinschaft nennt. Immer wieder riß es ab. Immer wieder holte sie die Vergangenheit ein, die hieß: Ich bin allein. Keiner von euch erreicht mich. Ich bleibe das Opfer, das ich von Anbeginn war. Ihre Liebesgeschichten damals müssen ziemlich chaotisch und qualvoll gewesen sein. Es gibt auch ein Haßpotential in uns, das erst abgearbeitet werden muß, bevor wir zur Liebe kommen können.

Offenbar waren es zwei Schritte von eher formaler Bedeutung, die dazu beitrugen, sie sozial ein wenig zu stabilisieren. Wohin denn ich? Eines war ihr nun klar, zur katholischen Welt der Mutter gehörte sie nicht mehr. Offiziell war sie immer noch als Katholikin registriert. Das korrigierte sie jetzt. Sie trat aus der Kirche aus.

Es muß ein starkes Gefühl der Befreiung gewesen sein. Sie hatte nichts gegen die Kirche. Der Reichtum katholischer Gläubigkeit war ihr von Kindheit an lieb und vertraut. Dieser Reichtum gehörte nur den anderen, nicht ihr. Dazu war sie nun schon zu tief in die Rolle des Opfers hineingewachsen. Sie gehörte zu den anderen. Es war, als wenn sie damit endlich eine ganz tiefe Verwachsung mit der Mutter zerschnitten hätte. Endlich war sie nicht mehr das brave Kind aus Berlin-Eichkamp. Langsam begann sie sich auf eigene Füße zu stellen.

Und es war wohl nur folgerichtig, daß sie sich später dann als Mitglied bei der jüdischen Gemeinde in Stockholm anmeldete. Vielleicht ganz schüchtern und fremd? Ihr war nur eins klar: Wenn sie denn im Niemandsland ihres Lebens überhaupt einer Gemeinschaft zugehören sollte, konnte es nur diese sein. Tiefe Gefühle schoben sie langsam auf diese Seite. Sie war jetzt entschlossen, eine Jüdin in Schweden zu sein.

Ein Abend in Malmö

Jetzt kommt ein großer Schnitt. Zwanzig, fünfundzwanzig Jahre mögen vergangen sein. Ein paarmal habe ich Cordelia in dieser Zeit gesehen, immer nur flüchtig. Wir haben geredet, uns erinnert, wir haben geschwiegen. Es war nicht leicht. Einmal hat sie mich in Frankfurt besucht, ganz kurz. 1967 muß es gewesen sein. Sie war als Beobachterin auf dem Weg zu einem der KZ-Prozesse, die jetzt, spät, viel zu spät, in der Bundesrepublik stattfanden. Ich hatte selber über den Auschwitzprozeß in Frankfurt geschrieben. Daraus ist ja dann mein Buch Eichkamper Erinnerungen geworden, ›Das zerbrochene Haus‹. Cordelia hatte es schon gelesen. Sie war betroffen, natürlich. Es war unsere gemeinsame Kindheit, die da hochkam. Sie sorgte sogleich dafür, daß das Buch dann auch in Schweden erschien. Ihr lag daran.

Es muß Anfang der achtziger Jahre gewesen sein, als plötzlich dieses Telegramm aus Schweden eintraf. Ich war erstaunt. Das Telegramm kam vom schwedischen Fernsehen. Man lud mich ein, an einem Fernsehabend als Mitspieler teilzunehmen. Das Thema hieß: ›Cordelia Edvardson – live‹. Na so was, dachte ich im ersten Augenblick, das ist doch nicht möglich? Wie kommt unser Eichkamper Kind denn zum Fernsehen. Das Aussehen dazu hat sie ja. Sie ist sehr apart. Ihre Vergangenheit ist ihr nicht anzusehen. Um es kurz zu machen: Im schwedischen Fernsehen lief damals eine Serie, die es auch bei uns gab. Ursprünglich kam diese populäre Programmidee wohl aus Amerika. Der Fernsehabend hieß: ›Das ist ihr Leben‹. Der Witz dieser Show besteht darin, daß einem Prominenten sein Leben vorgeführt wird in lauter alten Bekannten, die ihn irgendwann einmal begleitet hatten. Sie treten hinter dem Vorhang heraus auf die Bühne: Tusch, Scheinwerfer auf! Alles klatscht, und der Prominente muß ungemein erstaunt tun: du auch hier? Heute abend? Vor allem mit Theaterleuten kam diese Sendung gut an. Den Zuschauern gefällt so was: den Berühmten ganz privat zu sehen, im Kreis seiner Freunde.

Ich flog nach Malmö. Ich ging zum Fernsehen. Ich erlebte, auf wie wunderbare Weise sich Cordelias Leben inzwischen verändert hatte. Welch eine Wendung! Meine

Cordelia, unser Schmerzenskind, war ein richtiger Star – jedenfalls an diesem Abend. Sie sah wunderschön aus. Sie saß wie eine kleine Prinzessin zwischen all den Scheinwerfern und Apparaten und nahm mit viel Grazie und Charme all die Huldigungen derer entgegen, die ihr Leben zeitweise begleitet hatten. Mit Heiterkeit und Witz machte sie das. Im Fernsehen muß ja alles immer so fröhlich sein. Das ist das Wichtigste.

Ich war der erste Gast, der auftreten mußte. Natürlich, mit Eichkamp hatte ja alles einmal begonnen. Ich schnurrte also meine Sätze herunter, mehr schlecht als recht. Ich erzählte von unserer Kindheit. Cordelia zeigte der Kamera ihren rechten Unterarm. Da war über der Auschwitznummer eine deutliche Narbe zu sehen. Cordelia erzählte den neugierigen Schweden, die jetzt überall in ihren entlegenen Holzhäuschen saßen, dies sei einmal eine Schnittwunde gewesen, die sie sich selber versehentlich zugefügt habe. Sie habe, vielleicht neunjährig, auf einem Kirschbaum im Eichkamper Garten versucht, unser gemeinsames Monogramm C H – Cordelia und Horst – in die Rinde des Baums zu schnitzen. Dabei sei das Messer abgeglitten. Romantisch, nicht wahr? Offenbar war sie in diesen neunzehnjährigen Nachbarsjungen richtig verliebt gewesen? Mir war das entgangen, damals. Es gab starken Applaus, dann kam der Nächste, schon ein Schwede. Mit Staunen nahm ich zur Kenntnis, wie beliebt, ja berühmt sie im Lande war. Sie war wirklich ein Star. Was ist ein Star? Einer, den jeder kennt oder doch wenigstens zu kennen meint. Eine Persönlichkeit von öffentlichem Interesse – das war sie jetzt.

An diesem Abend in Malmö hatte ich viel nachzuholen. Ich erfuhr, daß sie in den letzten fünfundzwanzig Jahren eine verblüffende Karriere gemacht hatte. Sie war im schwedischen Blätterwald eine prominente Publizistin geworden. Wie der Aufstieg sich im einzelnen vollzogen hatte, bekam ich bröckchenweise heraus. Sie hatte mit kleinen Glossen, Kommentaren, ganz persönlichen Beiträgen in den Frauenzeitschriften des Landes begonnen. Diese waren von anderer, frischerer Art, als die Schweden sie kennen. Sie schrieb ganz naiv und konkret, beherrschte die fremde Sprache offenbar perfekt. Sie machte es besser als ihre schwedischen Kollegen. Sie kam ja von außen in dieses stille Land, wie ein Wirbelwind. Sie schrieb zum Beispiel über Kochrezepte. Und wenn sie etwa die Vorzüge der vietnamesischen Küche ihrem Publikum ausmalte, flocht sie auch Gedanken zum Krieg in Vietnam mit ein. Leicht und jedermann verständlich weckte sie damit gleichzeitig politisches Bewußtsein. Das könnte das Geheimnis ihres Erfolges gewesen sein. Jeder kannte sie, viele riefen an diesen Abenden an, alle waren glücklich, mit ihr ein paar Worte wechseln zu dürfen. Ein Liebling der Leute war sie.

Ihr Aufstieg war weitergegangen. Langsam, aber stetig hatte sie sich zur politischen Journalistin entwickelt. Sie hatte sich also gefangen. Sie hatte ein neues Leben begonnen. Die Schatten der Vergangenheit blieben, aber sie hatte verstanden, aus dem Elend ihres Lebens etwas zu machen, das man vielleicht menschliche Zuwendung zu den anderen nennen kann. Sie hatte den Kreis der Vereinzelung gesprengt. Sie hatte ihre Neurosen besiegt oder, sagen wir genauer: Es war ihr gelungen, mit dem Schmerzpotential ihrer Vergangenheit produktiv umzugehen. Man muß sich der Welt öffnen, dann nimmt uns die Welt auch an. Sie muß in ihren Artikeln immer einen Ton gehabt haben, der die Menschen traf. Natürlich kam der aus ihrer eigenen Vergangenheit. Sicher kam ihr jetzt auch die Begabung der Mutter zugute.

An diesem Abend in Malmö habe ich eigentlich nur staunend am Rande gesessen. Ich war sprachlos. Ich war froh. Ich war glücklich, sie so wiederzusehen. So war dieser lange Schmerzensweg doch nicht umsonst gewesen? Ich dachte: Sie hat es geschafft. Endlich hat sie ihren

Ort gefunden. Endlich weiß sie, wohin sie gehört. Hier im kühlen Schweden ist sie jetzt zu Hause – dachte ich damals.

Entscheidung in Tel Aviv

Dies hat mir Cordelia sehr viel später erzählt. Es war 1985, als ich sie in Jerusalem wiederentdeckt hatte, nach langer Zeit. Ja, damals in Malmö, sagte sie, diese Fernsehsendung, an der du teilnahmst. Wenn ich ehrlich bin, muß ich heute rückblickend sagen: Dies war meine Abschiedsvorstellung gewesen. Mein letzter Auftritt. Du konntest es natürlich nicht wissen. Ich wußte es selber erst seit kurzer Zeit. Ich liebe die Schweden. Ich habe ihnen vieles zu danken, fast alles. Sie sind so hilfreich und diskret, als Nachbarn etwa. Man lebt auch angenehm dort. Alle sind so aufgeklärt dort. Das Land ist ohne große soziale Probleme. Irgendwie ist für alle gesorgt. Ich hätte noch ein Dutzend Jahre so fortfahren können wie bisher. Dann wäre ich friedlich in Rente gegangen. Der Sozialstaat hat unbestreitbare Vorzüge. Ich will sie nicht geringschätzen.

Nur, fuhr Cordelia fort, kam mir dann wieder einmal die Politik in die Quere, fast wie damals in Eichkamp. Es war 1973. Der Jom-Kippur-Krieg war eben in Israel ausgebrochen. Du erinnerst dich, wie am Vorabend unseres größten Feiertags plötzlich alle Nachbarstaaten gemeinsam über uns herfielen? Es war, als wenn die DDR, angeführt von der großen Sowjetunion, sagen wir am Heiligen Abend, 19 Uhr, in die Bundesrepublik einmarschieren würde. Die Idee ist absurd, aber ungefähr so war unsere Lage: verzweifelt. Wir wurden im Schlaf überfallen. Mit dieser Kriegslist hatten selbst unsere Militärs nicht gerechnet. Ich war von Stockholm sofort nach Israel geflogen, im Auftrag einer schwedischen Wochenzeitschrift. Ich sollte berichten. Da merkte ich zum erstenmal, daß mir die Position des unabhängigen Beobachters, des neutralen Dritten sozusagen, nicht mehr recht gelang. Ich fühlte mich plötzlich befangen. Ich war Partei.

Sie sagte: Nie werde ich diesen Abend in Tel Aviv vergessen. Es war im DAN-Hotel in der Nachtbar abends. Du kennst die Szene? Die Journalisten, die aus aller Welt angereist kamen, saßen da, etwas ratlos, beinah gereizt. In diesen Blitzkriegssituationen gibt es immer wieder Stunden aufgeregter Hilflosigkeit, für die Journalisten, meine ich. Niemand weiß, wie sich das Kriegsglück wenden wird. Alle möglichen Gerüchte schwirren. Journalisten der Weltpresse, die ja überall hinjagen müssen, haben in solchen kitzligen Stunden der Krise meist die Angewohnheit, sich einfach vollaufen zu lassen an der Bar. Sie warten, sie diskutieren, trinken einen über den Durst. Morgen wird Neues zu berichten sein, heute abend: nichts als Prost, Herr Kollege!

Damals war die öffentliche Meinung, auch die im Westen, Israel gegenüber ziemlich distanziert. Die Zeit des frühen Israel-Enthusiasmus war vorbei. Nicht, daß die Weltpresse Israels Niederlage wünschte. Die wollten sie nicht, im Ernst. Aber viele Kollegen, die ich von anderen Schauplätzen kannte, sagten doch mit vorgehaltener Hand: diese strahlenden Helden hier, diese neue, knallharte Siegernation der Israelis, die einfach nur zuschlagen muß, um hundert Millionen Araber in Furcht und Schrecken zu versetzen, es würde gar nichts schaden, wenn diese tüchtigen Davids jetzt einmal eins auf den Deckel bekämen. Ein bißchen Niederlage wäre so schlecht nicht. Das würde ihren Hochmut dämpfen. Sie sollten ihre Grenzen erkennen. Die Araber haben auch ein Recht. Tatsächlich begannen nach dem Jom-Kippur-Krieg die Araber zum erstenmal, ihr Öl als Waffe einzusetzen. Plötzlich entdeckten die Völker der westlichen

Welt ihr arabisches Herz. Es ging um Versorgungsprobleme. Der Wind war umgeschlagen. Die Sympathien für uns ließen nach.

Cordelia sagte: Damals in jener Nacht im DAN-Hotel in Tel Aviv spürte ich, daß ich mich nicht so mitdrehen konnte. Ich fand diesen Zynismus abscheulich: eins auf den Deckel bekommen. Darum geht es doch nicht. Bei der geographischen Winzigkeit Israels waren höchstens zwei Tage nötig, um das Land kaputtzumachen. Wenn in Israel Krieg geführt wird, geht es immer ums Ganze, um Sein oder Nichtsein. Deshalb dürfen hier auch keine Kriege mehr geführt werden, künftig.

Weißt du, was in mir vorging, fragte sie später, damals, als meine Kollegen so hochmütig über unsere schwierige Lage redeten? Ich mußte an 3709 denken, meine Vorgängerin im Tod in Auschwitz. Plötzlich stand ihr Bild vor mir, obwohl ich sie gar nicht kannte. Da war dieses Band wieder, das mich hielt. Es zog sich jetzt fest zusammen. Ich spürte: Du bist nicht allein in der Welt. Du stehst auf der Seite der Opfer in diesem Land. Wenn es denn so sein sollte, daß die Welt nur aus Bedrohern und Bedrohten besteht, dann gehöre ich hierher, wo die Menschen Angst haben um ihr Leben. Lauf, Jude, lauf um dein Leben! Damals wurde mir klar, daß ich hierhergehörte. Es war eine ganz einfache Rechnung: Dies ist mein Land.

Cordelia hat diesen Entschluß in die Tat umgesetzt. Nicht sofort, aber bald danach. Sie hat auf ein schönes, friedliches Land im Norden verzichtet. Sie hat auch auf ihren schwedischen Ruhm verzichtet und auf alles, was damit verbunden war. Das war sehr viel. Ruhm ist im Alltag vorteilhaft. Er vereinfacht das Leben. Eines Tages hat sie die Koffer gepackt, hat ihren Sohn reisefertig gemacht, der war eben zehn, und ist hierhergezogen, nach Jerusalem. Immerhin war sie Mitte Vierzig. Eine alleinstehende Frau, im Land unbekannt, auch der Landessprache nicht mächtig. Sie hat bei Null wieder angefangen. Sie war Korrespondentin für ›Svenska Dagbladet‹, aber sonst? Im Aufbrechen, Unterwegssein war sie ja geübt. Sie wollte jetzt eine Jüdin in Israel sein, also wie alle hier: normal, fast normal.

Bonner Bilanzen

Zuletzt habe ich Cordelia in Bonn gesehen. Shimon Peres, der Ministerpräsident ihres Landes, machte eine Goodwilltour durch Mitteleuropa. Er war auch ein paar Tage in der Bundesrepublik und in West-Berlin. Cordelia flog mit ihm. Sie reiste in seinem journalistischen Troß. Sie war von ›Svenska Dagbladet‹ beauftragt, über diese Europareise des israelischen Regierungschefs zu berichten. Wenn solche Ereignisse für die schwedische Presse auch keine Schlagzeilen mehr hergeben, so haben die Schweden doch ein feines Gefühl für den besonderen Charakter solcher Begegnungen. Die Redaktion wollte das Treffen im Blatt haben. Und zugegeben: Wer in der Welt wäre berufener, über ein so heikles Ereignis zu berichten, als Cordelia?

Zum erstenmal sah sie Berlin wieder oder, sagen wir bescheidener: die Reste, die uns davon geblieben sind, nach Hitler. Seit ihren Kinderjahren, in denen sich das kleine Mädchen mit dem großen Judenstern heimlich durch die Eichkamper Straßen zur Mutter geschlichen hatte, war sie nicht mehr dort gewesen. 1941 war das, also vor fünfundvierzig Jahren. Sicher war ihr der Gedanke, plötzlich die Heimat wiederzusehen, zunächst etwas unheimlich. Aber im Schatten des sehr respektablen Staatsmanns aus Jerusalem konnte sie es wohl wagen. Sie war eine Journalistin aus Israel, jetzt. Aus Bonn rief sie mich an, eines Abends.

Es war ihre alte, vertraute Jungmädchenstimme: »Hallo, ich bin da, ganz kurz. Kannst du kommen?« Natürlich konnte ich mir die Konstellation nicht entgehen lassen. Sie war denkwürdig. Ich fuhr also in die Bundeshauptstadt. Und als ich sie in dem Bonner Hotel, wo die journalistische Delegation des israelischen Ministerpräsidenten untergebracht war, wiedersah, war ich wieder überrascht, wie fröhlich sie sich gab, quicklebendig, als sei nie etwas gewesen. Sicher ist das eine Fröhlichkeit amerikanischer Art. Sie hilft über die ersten Stunden. Über Abgründe geht man am sichersten, wenn man an gar nichts denkt, in heiterem Tanzschritt sozusagen. Denkt man nach, blickt man gar nach unten, ist man verloren.

Zur Mittagszeit nahm ich das Heft in die Hand. Bitte, sagte ich, laß uns nicht in eins dieser feinen Hotels hier gehen. Die internationale Hotelküche, die wir beide ja hinreichend kennen, schmeckt überall gleich fad. Von New York bis Jerusalem, sie schmeckt nach nichts. Du bist jetzt in Deutschland. Hier schmeckt es kräftig. Wir kehrten also in einem Lokal ein, das man rustikal-volkstümlich nennt. Es war irgendein Gasthof »Zum Bären« oder »Zur Taube«. Tatsächlich gab es in diesem holzgeschnitzten, historischen Lokal auch Deftiges: Sauerbraten mit Klößen, Grünkohl mit Pinkel und ähnliches. Cordelia aß mit Behagen. Ich sah es fast dankbar. Danach kamen wir ins Reden. Sie erzählte, daß sie gestern mit Shimon Peres im Konzentrationslager Bergen-Belsen gewesen sei. Damit hatte sein Staatsbesuch begonnen. Nichts von damals ist wiederzuerkennen, sagte sie. Es sieht bei euch heute alles so blitzsauber aus. Das Lager wirkt wie ein Hochglanzmuseum oder eine Parklandschaft, die zum Picknick einlädt. Im Pressebüro, das man dort improvisiert hatte, gab es für uns anschließend einen Lunch, fabelhaft. Ich tickerte meinen Bericht für ›Svenska Dagbladet‹ durch. Thema: Wiedersehen mit Bergen-

Belsen. Ich sagte: Sehr wahr, Konzentrationslager, die noch an damals erinnern, gibt es hier nicht. Du kannst sie noch eher in der DDR finden. In Buchenwald zum Beispiel ist etwas von dem Grauen geblieben. Hier nicht. Hier ist alles first class und tipptopp. Ich beklage das nicht. Mir ist Wohlstand lieber als Mangel. Immerhin, das ist unser Preis zum Beispiel.

Nicht, daß ich die Idee gehabt hätte, sie für dieses Land hier zu erwärmen. Das stand mir nicht zu. Sie selbst fing nach einer Weile damit an. Sie sagte: Es ist nicht nur Deutschland, wie du vielleicht denkst. Wir sind bei dieser Staatsvisite auch in Holland und England gewesen, morgen kommt noch Berlin. Es betrifft auch mein Schweden. Alles schön und gut, ich gehöre nicht mehr dahin. Ich fühle mich heute in Israel zu Hause, wo es zugegebenerweise sehr viel bescheidener zugeht, auch riskanter zu leben ist. Ich fühle mich dort zu Hause, weil es für Juden selbstverständlich ist, dort zu Hause zu sein. Es gibt unser »Law of return« – du kennst es? Jeder Jude der Welt hat ein Recht, dort seßhaft zu werden. Ein Gesetz der Knesset verbürgt dieses Recht. Er muß nicht darum bitten. Es ist nicht eine Gnade, die ihm gewährt wird. Das Land steht ihm offen, wenn er will. Das eigentlich ist der Sinn dieses Staates. Das ist neu in unserer alten Geschichte.

Sie sagte: In allen Ländern der Welt, so wohlwollend sie sein mögen, bleiben wir zuletzt doch immer die Gäste. Da soll man sich doch nichts vormachen. Kippt die Stimmung einmal irgendwo um, wird auf den Juden gezeigt, aber sicher. Wir müssen uns dann entschuldigen oder kleinmachen. Wir müssen uns ducken und um Nachsicht bitten. Es war immer so. Die ganze Geschichte der jüdischen Diaspora war eine Geschichte kleinmütiger Anpassungen. Ein Volk ohne Raum hat nichts zu lachen. Das darf nicht mehr sein. Das war eigentlich das Schlimmste damals, daß wir noch dankbar sein mußten, daß mutige

Deutsche, die es ja gab, uns versteckten. Ich will nicht mehr dankbar sein für gewährte Hilfe, verstehst du das? Israel ist für uns einfach die Wiederherstellung der eigenen Würde. Nur dort sind wir frei.

Wir sprachen über vieles. Wir sprachen über die Probleme des jungen Staates und ob er überhaupt überlebensfähig sei auf lange Sicht. Ich sagte: Solange Amerika mächtig ist, dürfte das wohl kein Problem sein. Das weiß niemand genau, erwiderte Cordelia fast kühl. Die Zukunft des Landes ist offen. Der alte Antisemitismus mag weiterschimmeln. Es gibt heute sicher einen neuen Antizionismus, der gefährlicher ist. Natürlich gibt es im Vorderen Orient Kräfte, die uns am liebsten ins Meer treiben wollen. Wir wissen das. Sie werden es nicht erreichen. Wir sind stark genug. Aber wenn es, rein theoretiscn gesehen, je dazu kommen sollte, dann wird es ein ehrlicher Kampf sein, Auge um Auge, Zahn um Zahn, dem Feind klar ins Gesicht gesehen. Das wäre furchtbar, aber so haben Völker immer miteinander gerungen. Unsere tiefste Erniedrigung war doch unsere Wehrlosigkeit. Daß man den Juden einfach alles antun konnte. Von der Inquisition im christlichen Mittelalter bis Auschwitz, es galt immer der Satz: Der Jude muß es hinnehmen. Daß man Juden abschlachten konnte ohne Folgen für die Mörder, das wird sich nicht wiederholen. Das haben wir aus der Geschichte gelernt. Wir kämpfen jetzt für unser Recht. Man kann natürlich Juden umbringen. Fast täglich geschieht es im Vorderen Orient. Aber das kostet jetzt seinen Preis. Wenn man uns schlägt, schlagen wir zurück. Auch dafür ist dieser junge Staat da: Wer Juden umbringt, muß dafür zahlen. Das gab es früher nicht. Jetzt ist unsere Lage normal, sozusagen.

Ich zögere hier, in meinem Bericht fortzufahren. Es könnte der Eindruck entstehen, als sei Cordelia heute eine fanatische Zionistin, eine Ultrakonservative, an denen ja im Staat Israel kein Mangel ist. Da es alles in diesem Staat gibt, gibt es auch wilde Nationalisten, die am liebsten ganz Palästina judaisieren möchten. Mit ihnen hat Cordelia nichts gemein. Sie sieht die verzwickten Probleme, die sich aus der Verdrängung der Araber von ihren alten Wohnsitzen ergeben. Sie kritisiert ihren Staat. Sie rügt seine falsche Politik. Schon das Libanonabenteuer des früheren Ministerpräsidenten Begin hält sie für einen schrecklichen Fehler. Sie ist für Verständigung mit den Nachbarn, für Ausgleich und Toleranz. Sie steht der israelischen Friedensbewegung nahe, obwohl sie auch weiß, daß hier kein Friede ohne Wehrhaftigkeit möglich ist. Ich würde Cordelia heute als eine kritische Linksliberale einschätzen. Wie sonst könnte sie auch für ›Svenska Dagbladet‹ arbeiten?

Zum Schluß wurde unser Gespräch fast privat. Sie sagte: Weißt du, wenn ich jetzt nach Jerusalem zurückkomme, muß ich natürlich auf sehr viel verzichten, was bei euch in Europa selbstverständlich ist: Wohlstand und Ruhe, Frieden und Sicherheit. Schweizer Verhältnisse, die haben wir nicht. Ich sage nicht, daß wir auf einem Pulverfaß leben, aber wir sind es gewöhnt, daß da und dort eine Bombe hochgeht. Stündlich hören wir im Radio die Nachrichten. Wir sind dauernd darauf gefaßt, daß Schreckliches passieren kann.

Du wirst es nicht glauben, sagte sie schließlich. Ich habe mich daran nicht nur gewöhnt. Es paßt genau zu meinem Lebensgefühl. Manches ist im Staat der Juden kaputt – es entspricht meiner inneren Verfassung. So bin ich auch. Hier stimmt alles für mich: innen und außen. Hier sind noch nicht alle Feuer gelöscht wie bei euch. Das ist gefährlich, aber es stärkt auch den Willen zu überleben. Du kennst das alte Sprichwort: Gebranntes Kind scheut das Feuer? Ich weiß nicht so recht. Für meinen Lebensbericht habe ich es umgedreht: Gebranntes Kind sucht das Feuer.

Ich nickte, ich sagte nur wenig, das übliche. Was soll

man darauf sagen? Es ist ihre Wahrheit. Ihr Leben hat sie nach Israel gebracht. Dort will sie leben. Dort wird sie einmal sterben. Im Kidrontal, gleich unter der Altstadtmauer, wird sie dem Jüngsten Tag entgegenschlafen.

Damals in Estland
Erinnerungen an das Baltikum

Lieber Sascha, es ist lange her, nicht wahr? Ob Sie sich noch erinnern? Es war Juni, Anfang Juli mitten im Sommer. Ich habe es in meinem Kalender nachgeschlagen: exakt Montag, der 2. Juli, ist es gewesen: Da, endlich, hatte die Stunde unseres Abschieds geschlagen.

Die schönen Sommertage von Tallinn waren vorbei. Es war kühl und windig geworden. Regenböen peitschten vom Finnischen Meerbusen ins Land, als wir auf dem Flughafen Tallinn standen. Abschiedsgefühle? Na ja, im Grunde waren wir wohl alle froh, daß das Stück endlich zu Ende war. Was für ein komisches, aufwendiges, etwas makabres Stück, das wir nun hinter uns hatten. Außerdem: Wenn man mit dem Fernsehen reist, hat man ganz andere Sorgen, Sorgen handfesterer Art. Es ist, als wenn man mit einer hysterischen Primadonna auf großer Tournee wäre. So vierzig oder fünfzig Koffer standen ausladend um uns herum, und was für Monster – keine Hutschachteln.

Der Gedanke, dies alles in Leningrad später beim Umsteigen ganz schnell durch den sowjetischen Zoll schleusen zu müssen, uns selbst noch dazu, war bedrückend. Der Gedanke, sollte dies gelingen, heute abend wieder in Frankfurt am Main zu sein, war aber auch beglückend. Ich blieb skeptisch: vielleicht, vielleicht nicht, man wird sehen. Ich war überhaupt fügsam geworden. Ich war im Lauf dieser Reise in einen Zustand fortgeschrittener Verstaatlichung geraten, seelisch. Ich tröstete mich mit dem sowjetischen Visum, das heute nacht ablief. Ich dachte, der Staat hat es gegeben, der Staat wird es nehmen, gelobt sei der Staat. So ist es dann auch gewesen.

Warum ich Ihnen jetzt diesen Brief schreibe, lieber Sascha? Eigentlich ist alles vorbei und vergessen. Die Affäre ist ausgestanden. Auch der Film, den ich reisefrisch schnitt, ist längst gelaufen. Er ist auch vergessen, hoffe ich wenigstens. Es war ein Film über Reval, das heute Tallinn heißt. Ein Stadtporträt, wofür ich ja zuständig bin. Es war so ein gehobener Kulturfilm: vorne mit schönen langen Kamerafahrten und sanfter Musik, hinten dasselbe, nur bei noch stimmungsvollerem Licht der Mittsommernacht. Dazwischen waren Kirchtürme, Dächer, Straßenzüge und prächtige Hausfassaden zu sehen: massenhaft.

Reval ist eine alte Hansestadt. Tallinn besitzt noch heute einen historischen Stadtkern, der sich sehen lassen kann. Er ist bei vorteilhafter Kameraeinstellung durchaus mit Lübeck oder Rostock zu vergleichen. Die Stadtmauern von Reval sollen doppelt so dick wie die von Nürnberg sein. An anheimelnden Motiven also kein Mangel. Ach, wie schön! Nun sieh bloß, wie hübsch! war man manchmal versucht, in die Mattscheibe zu sagen. Reine Gotik – wie kommt die eigentlich in die Sowjetunion?

Lieber Sascha. Jetzt, wo das alles längst vergessen ist, kann ich es ja sagen: Es war ein ziemlicher Schwindel, das Ganze. Das Spiel ist aus. Ich lege meine Karten blank auf den Tisch. Ich wiederhole: Mein Film ›Tallinn – die Stadt‹, der damals im Fernsehen lief, ist ein ziemlicher Schwindel gewesen. Ich distanziere mich jetzt. Mit nichts kann man ja heute überzeugender lügen als mit dem sogenannten Dokumentarmaterial. Ich meine: Tallinn war für uns alle, die wir siebzehn Tage dort gemeinsam waren, ganz anders gewesen, als es dann auf der Mattscheibe erschien. Sie haben ein anderes Tallinn erlebt. Ich habe ein anderes erlebt. Jeder aus unserem Team hat ganz andere Erinnerungen. Sie sind nur nirgends im Film zu sehen. Die Lüge solcher Filme besteht im Weglassen. Es werden die üblichen Erwartungsklischees brav aneinandergereiht, fertig ist die Laube. Die Zuschauer finden so

was ja schön, meistens. Ich aber sage: Ganz unverschämt
verschönt war das Ganze.

Man kann fragen: Ja, warum hast du das dann gemacht?
Dein Name stand doch dafür? Das, lieber Sascha, ist genau das Problem, weshalb ich schreibe, diesen Brief, und
dann noch etwas mehr. Schriftsteller haben es immer mit
der Wahrheit zu tun. Ich aber konnte die Wahrheit dieser
Reise nicht ins Bild setzen. Ich habe versagt. Das ist es.
Ich hatte mit zwei Großmächten dieses Jahrhunderts zugleich zu kämpfen: mit der Sowjetunion und dem Deutschen Fernsehen. In diesem Zweifrontenkrieg bin ich natürlich unterlegen, wie nicht? Sie werden zugeben: Das
war doch nicht so eine harmlose Fernseh-Safari ins Baltikum mit feinerem Kultur-Beigeschmack. Da ist doch was
losgewesen zwischen uns – was?

Ich rolle alle Bänder zurück. Ich fange zum zweitenmal
an. Ich will die Reise noch einmal zur Sprache bringen.
Nur in der Sprache nämlich, das ist meine erste Bilanz, ist
so etwas wie Wahrheit möglich – annäherungsweise.

Plötzlich im hellen Sommer

Das Licht des hohen Nordens im Juni: alle Dunkelheit,
Regen, Düsternis und Tristesse, diese endlosen Winter –
im Hochsommer wird es hier kurzfristig wiedergutge-
macht. Das Baltikum ist helles Licht, mit viel Blau und
Grün gemischt. Strahlende Sonne lag über der Ostsee, als
wir uns Reval näherten, plötzlich im schönen Sommer.
Das Meer wogte nur sanft, und Möwen zogen schreiend
hinter der roten Fahne her, die stolz und kräftig im Wind
flatterte. Es glitzerte überall weiß, weiß-blau gischtete
das Wasser auf, das hinter uns langsam, in vielen kleinen
Wellen schäumend, wieder zusammenbrach.

Es gibt keine schönere Annäherung an Estland als die

mit der Fähre von Helsinki quer durch den Finnischen Meerbusen. So sind die Feldherren, die Seeräuber, die Könige, die Kaufleute der Hanse immer gekommen, siebenhundert Jahre lang. Man sieht plötzlich Reval breit am Ufer gelagert: eine alte, eine schöne Stadt, stolz und sehr spitz. Das sieht man sogleich. Und frisch ist die Luft, kühle Hautmassagen mit Salzauflagen. Man fühlt sich gesund.

Ja, und da stand er im Hafengebäude. Es ging ihm ein vorzüglicher Leumund, es lief ihm das Gerücht legendärer Omnipotenz voraus. Machen Sie sich keine Sorgen, hatte man zu Hause beim Fernsehen gesagt, wenn ich ein Problem anschnitt, Sascha wird das klären, Sascha regelt das Ganze. Es versteht sich, daß kein westliches TV-Team ohne solche Saschas hier drehen darf. Sascha war nicht nur Freund und Helfer. Er war der Blankoscheck unserer Zukunft. Wir waren zunächst nur zu zweit gekommen. Ich hatte es mir ausbedungen: Privatgänge durch Reval, zunächst literarisch. Motivsuche heißt das. Es war ausgemacht, daß das Team nach fünf Tagen über Leningrad nachkommen werde.

Also er. Er stand lässig und unauffällig beim Zoll. Er trug Jeans, Turnschuhe und ein Plastikjäckchen in verblassendem Rot. Ein Turnlehrer, ein Judofan, ein Straßenboy, Ende Dreißig? Wie immer bei sportiven Typen schien auch er es mehr in den Beinen zu haben als im Kopf. Er wippte gern in den Knien, wenn es irgendwo nicht weiterging, und das geschieht natürlich öfter in der Sowjetunion. Es war dann, als wenn er, etwa in einer Käuferschlange, aus dem Stand heraus einen Kurzstreckenlauf scharf trainierte. Manchmal schlug er sich dazu mit beiden Händen stramm auf die Oberschenkel, so daß es wie ein rhythmischer Auftakt zu einem Solotanz wirkte, sehr maskulin. Es waren auf jeden Fall Kraft und Musik in ihm. Er war in Estland ganz unverkennbar – ein Russe.

Sascha war hochtrainiert auf Fernsehteams West. Obwohl nie bei uns gewesen, legte er lässige Vertrautheit mit bundesdeutschen Lebensformen an den Tag. Er trug zum Beispiel die ersten drei Tage immer fleißig die ›Süddeutsche Zeitung‹ in der Hand. Das heißt nur das Wochenendfeuilleton von vor zwei Monaten. Immerhin, da stand ausgerechnet ein großer Essay von Karl Rahner, dem berühmten Theologen, drin, und Sascha erregte zum erstenmal meinen sanften Widerspruch, als er, im Taxi neben mir sitzend und nach seinem Eindruck über den Artikel befragt, erwiderte: belanglos, zu oberflächlich, zu flach das Ganze! Nanu? sagte ich. Sind Sie tatsächlich auch in Theologie so beschlagen? Ich nicht. Er klatschte sich mit der zusammengefalteten ›Süddeutschen‹ vergnügt auf den Oberschenkel, als wenn er mit diesen Schlägen die ganze Überlegenheit des sowjetischen Geistes bewiesen hätte.

Aus Gründen, die später in Drehpausen zwischen den Fernsehleuten und Sascha oft stundenlang diskutiert wurden, die aber nie geklärt werden konnten, hatte uns Intourist nicht im »Viru«, einem der beiden Interhotels von Reval, untergebracht. Das »Viru« wurde vor Jahren von den Finnen gebaut und ist so etwas wie Herz und Hirn und Hoffnung der Stadt. Alle höheren Sehnsüchte der Revaler drehen sich um diesen Hotelturm im Zentrum. Wenn etwas Außerordentliches gesucht wird, sagt jeder Revaler: Also, versuchen wir es zuletzt im »Viru«! Man kann ohne Übertreibung sagen: Was es nicht im »Viru« gibt, gibt es nicht in ganz Estland.

Intourist aber hatte uns alle im Hotel »Kungla« untergebracht. Das »Kungla« ist, wenn man den Revaler Touristenprospekten glauben darf, immerhin ein gehobenes Mittelklassehotel: siebzig Westmark pro Person und Nacht. Für die Vorbestellung werden noch einmal siebzig DM verlangt. Das Hotel liegt direkt gegenüber der estnischen Fernsehstation. Vielleicht war das der Grund? Es ist vor zehn Jahren gebaut worden. Es wirkte trotzdem – ja, was soll ich nun sagen? –, es war unsäglich. Worte wie verkommen, verrottet bleiben zu allgemein. Verkommene Hotels können ja, etwa in Paris, sehr romantisch sein. Es war die öde Häßlichkeit des Verkommens, die uns traf.

Für so etwas haben wir aus dem Westen gottlob nur die ersten Tage den Blick. Später gewöhnt man sich daran. Wir rissen die Augen weit auf, als wir kamen. Wir schüttelten nur den Kopf und sagten: Das kann doch nicht sein? Das also ist Volkseigentum? So geht im Vaterland aller Werktätigen das Volk mit seinen Besitztümern um? Nun sieh bloß, auf der Steintreppe, die zur Hoteltür führt, sind die Platten locker und rutschen hin und her. Gras wächst aus den Fugen. Mörtel liegt herum. Die Hoteltür, die einmal aus Glas gewesen sein muß, planmäßig, war längst durch eine rohe Holztür ersetzt, die aber auch schon wieder zersplittert und etwas windschief in den Angeln hing. Wo einmal ein Fahrstuhlschacht war, hatte man eine große Pappe vorgenagelt. Lauft Treppen, Genossen! Es ist gesund. Restaurant und Bar, die draußen in Leuchtschrift angekündigt waren, gab es nicht.

Und als wir uns dann durch verschmutzte Flure, deren Holzfußboden bei jedem Schritt knarrte wie in alten Baracken, zu unserem Zimmer vorgekämpft hatten, kam es zu dem ersten, ernsteren Protest. Das Zimmer war ein trostloses Loch. Ich wurde bockig. Eine Nacht, ja, aber siebzehn Nächte? Nicht mit uns! Lieber Sascha, sagten wir. Es ist die Führungsrolle der großen Sowjetmacht anzuerkennen, aber nicht diese Zimmer. 140 DM für diese Bude zu zweit? Wissen Sie, was 140 DM im Westen sind? Das ist doch nackte Ausbeutung, oder?

Na ja, die ersten Tage waren bedrückend. Wir waren in eine ganz andere Welt geraten – plötzlich im hellen Sommer. Wie man da abrutschen kann. Es geht immer noch tiefer. Wenn man in der DDR ist, sagt man manchmal: schlimm. Wir aber sagten in Reval: In der DDR war's ja noch Gold gegen das hier. Es liegt eine bleierne Müdigkeit über dem Leben. So viel Schmutz in den Straßen der Stadt, doch es ist nicht der Schmutz. Den gibt es auch in Süditalien. Es ist die Entseelung vollkommen uninteressierter Bürokraten, die hier alles so häßlich macht. Die Menschen, obwohl groß und oft schön von Gestalt, wirken müde und abgekämpft. Sie stehen Schlange. Alte Straßenbahnen quietschen höllisch. Gewaltige, hochkantige Lastwagen donnern über zerbrochene Straßen und werfen grauen Qualm ab, massenhaft. Wir sprangen immer zur Seite. Wie schwer und mühsam das Leben wird, verstaatlicht: das Essengehen zum Beispiel. Mit dieser Art Mühsal hatte ich am allerwenigsten gerechnet.

Nein, ich werde hier keinen Katalog unserer Heimsuchung texten – plötzlich im hellen Sommer. Da die Ernährung des Teams immerhin nicht zu umgehen war, muß ich es wohl erwähnen, der Chronistenpflicht halber? Reval ist die Hauptstadt der Sozialistischen Sowjetrepublik Estland. Es hat mit Umland 460 000 Einwohner heute. Es gab aber nur acht Restaurants, die in Frage kamen. Ich weiß, daß der Touristenprospekt der Stadt mehr ausweist, nach Plan. Papier ist bekanntlich geduldig. Für uns Fremde standen nur diese acht zur Verfügung. Zwei davon waren aus Gründen der Ruhetage oder aus anderen Motiven immer geschlossen, reihum. Es blieben uns sechs, um die nun ein unbeschreiblicher Eiertanz begann. Das Hauptmotiv unserer Drehtage hieß nicht Filmen, sondern: Wie kommt man als Fremder in dieser Stadt an ein Essen heran, mittags und abends? Wie viele Fahrten, vergeblich! Wie viele Gänge, Versuche, sich heimlich einzuschleichen ins Restaurant. Ich betone, daß Sascha hier hilfreich war. Ich sah allerdings vor Ort seine Omnipotenz in Nichts zerfallen. Sascha macht alles? Ach Gott, was kann denn so ein braver Sowjetbürger gegen den großen Plan?

Kellner müßte man sein. Das ist es. Sie sind eine ganze

neue Klasse im Sozialismus. Sie kämpfen mit einer rüden Kraft, die schon erzürnen kann, gegen die werktätigen Massen, die Hunger haben. Sie hängen mittags um zwölf und abends ab sechs in Reval einfach eine dicke Eisenkette vor die Tür, die eigentlich geöffnet sein müßte, nach Plan. Schluß, raus, warten, Schlange stehen, heißt die Mittagsparole. Bleibt gefälligst draußen, Genossen! Jeder Gast ist eine Belästigung. Er nimmt Platz weg, er macht Arbeit, er ißt auch noch das Wenige weg, was in der Küche ist. Auch das Küchenpersonal ist gegen Gäste. Und wozu Speisekarten? Es gibt, wenn's überhaupt was gibt, nur das eine Essen, das alle essen, wenn sie dann Glück gehabt haben, drinnen.

Ich weiß, jeder im Westen, wenn er das hört, wird sagen: Das gibt es doch nicht! Er ist vergrätzt, er macht mies. Er ist eben ein Miesmacher des Sozialismus. Ich sage: keine Spur! Ich erzähle nur, wie es bei uns war. Sicher ist es anderswo in der Sowjetunion ganz anders, viel besser. Nur bei uns damals war es so. Ich bin nur ein Augenzeuge. Es gab Abende, wo wir hungrig heimkehrten. Ermüdet, erschöpft, natürlich auch etwas verärgert von so viel liebloser Abweisung. Was für ein Land, sagten wir kopfschüttelnd und bissen in zwei hartgekochte Eier, die uns auf dem Zimmer vom Frühstück geblieben waren. Nein, wir sind nicht verhungert. Niemand verhungert heute in der Sowjetunion. Es geht nur alles viel schwerer. Wir wissen gar nicht, wie gut es uns geht im Westen, trotz allem, was bei uns zu beklagen ist.

Dieses kleine Volk der Esten

Sie sind nur gut eine Million. Sie sind mit den Finnen verwandt, sehen auch fast so aus. Ihre Geschichte spiegelt das typische Schicksal sehr kleiner Völker, die ein strate-

gisch wichtiges Territorium bewohnen. Glück oder Unglück? Es haben sich auf jeden Fall in den siebenhundert
Jahren beurkundeter Geschichte immer die anderen, die
größeren, die stärkeren Nachbarn für das Gebiet interessiert, militärisch, versteht sich.

Die Herrschaft wechselte hier in Estland fast alle zweihundert Jahre: die Dänen, die Deutschen, die Schweden,
dann die Russen. Erst 1918 wurden die drei baltischen
Staaten zu unabhängigen Republiken ausgerufen. Zwei-
undzwanzig Jahre lang gab es eine bürgerlich-demokrati-
sche Republik Estland. Hitler und Stalin haben ihr gemeinsam den Garaus gemacht. Wer weiß das noch? Wer
spricht bei uns eigentlich vom Baltikum? Verdrängte,
ziemlich peinliche Geschichten. Vom Atlas unserer politischen Moral sind sie heute so gut wie verschwunden.
Offenbar haben die Balten in Bonn keine Lobby, die
zählt?

Also Nachhilfestunde Ost, ganz kurz. Als Hitler wenige Tage vor Ausbruch des Zweiten Weltkriegs die Welt
plötzlich mit seinem deutsch-sowjetischen Beistandspakt
in Staunen und Schrecken versetzte, hatte er dafür einen
Preis an Stalin gezahlt, der damals verschwiegen wurde.
In den geheimen Zusatzprotokollen, dem sogenannten
»Molotow-Ribbentrop-Vertrag«, hatte er halb Osteuro-
pa an Stalin verschachert. Die Grenze wurde nie genau
definiert. Sie zog sich ungefähr an den Flüssen Narew,
Weichsel, San entlang. Jedenfalls konnten die Sowjets am
17. Juni 1940 das Baltikum sozusagen legal besetzen, und
vier Tage später wurde dann die Sozialistische Sowjetrepublik Estland ausgerufen. Wie, ist bekannt, auch aus
Prag 1948. Das Volk wollte es einfach. Die Arbeiterklasse
drängte und jubelte. Es gab dann nach Hitlers Überfall
1941 noch einmal drei Jahre deutscher Besetzung, die
mörderisch waren für Antifaschisten und Juden vor allem. Am 22. September 1944 sind die Sowjets zurückge-
kehrt und geblieben, für immer. Ein alter Zarentraum

war erfüllt. Moskaus Drang an die Ostsee hat Tradition, auch militärische Vernunft. Er hat sich im Zweiten Weltkrieg erfüllt – mit deutscher Hilfe. Nur das ist zu sagen.

Trotzdem, wir spürten das nun die nächsten Tage: Estland ist auch heute noch ein Sonderfall. So ganz will es nicht in das russische Imperium passen. Immer noch ist ein Hauch von Westen zu spüren. Wir sahen das. Wir gingen zum Domberg hoch, Tompea genannt, der Burg der Esten, wo alles begann. Wir gingen durch die Bürgerstadt unten. Diese vielen kunstvollen Patrizierhäuser in der Langestraße, der Breiten Straße: Zeit der Gilden und stolzen Kaufmannschaft, die hier ihr eigenes Lübecker Recht hatte, vom Adel oben getrennt. Wir sahen die Türme von Reval: den langen Hermann, die dicke Margarethe. Warum Ungetüme von so drohender Gestalt überall in der Welt so familiär vertrauliche Namen tragen? Die historischen Prunkstücke der Stadt sind in gutem Zustand. Läßt auch der Plan aus Moskau den Lebenden wenig, die Toten sind, ich meine, die Geschichte ist in allen kommunistischen Ländern in fester Hand.

Reval, ein Sonderfall – wir sahen das am deutlichsten in den Kirchen. Sonnabendnachmittag öffnen sie: evangelisch, katholisch, russisch-orthodox, estnisch-orthodox und viele Sekten, die Zulauf haben. Sie sind voll. Wenn in unserer westlichen Welt am Wochenende die Diskotheken, Bars und Kneipen sich füllen, steht hier für viele ein Gottesdienst auf dem Programm. Was soll man machen? Eskapismus der Seelen: Der Pope schwenkt Weihrauch, Hochwürden hört Beichte, der Pastor verkündet spitzfindig Gottes Wort. Auch eine Synagoge soll hier noch »arbeiten«, wie die Russen sagen. Echte Religionsfreiheit gibt es natürlich nicht. Aber einzuräumen ist: Kultfreiheit ist gegeben. Innerhalb ihrer Mauern können sich die Konfessionen ausgiebig entfalten.

Der Abend in der Olaikirche: Wir waren zufällig hineingeraten, motivsuchend. Die Olaikirche ist eine sehr alte, ursprünglich dänische Kirche, in der heute Baptisten zu Hause sind. Ich war erstaunt. Es war nicht nur die junge Gemeinde, die hier sang, musizierte, fast in der Art amerikanischer Gospelsänger: modern, beinah keß. Nach dem Gottesdienst fanden in der Marienkapelle nebenan exorzistische Zeremonien statt, verblüffend. So etwas habe ich noch nie gesehen. Es drängten sich viele Frauen um drei baumlange Kerle, die hünenhaft stolz, wie germanische Götter, in ihrer Mitte standen in braunen Jackettanzügen. Die Männer trieben den alten Frauen den Teufel ihrer Krankheiten aus. Alle drei legten gleichzeitig ihre rechte Hand auf den Kopf der Bedürftigen, drückten mit beschwörender Gewalt auf den Kopf, riefen danach im Befehlston himmlischer Offiziere den Heiligen Geist herab. »Christus lebt! Christus lebt!« – meinte ich immer zu hören. Gab es nicht auch noch einen biblischen Nachschlag auf den Kopf?

Es war natürlich Hypnose, glatte Suggestionstherapie. Immerhin, die Frauen eilten deutlich gekräftigt davon. Einige hatten schon früher als Beweis der göttlichen Therapie ihre Krücken neben dem Altar deponiert. Es stand ein Küster dabei, Wächter des Herrn: ein kleiner, stämmiger Mann, ein Gottesmann alter Prägung. Er betrachtete uns erst etwas mißtrauisch. Als ich ihm dann aber sagte, daß wir vom Deutschen Fernsehen kämen, ja, West, natürlich, und daß wir vielleicht filmen wollten, später, brach er in Jubel und selige Danksagungen aus. Mein Gott, war das komisch: Halleluja! rief er immer in dem großen Erweckungston der Baptisten und wippte dabei mit dem ganzen Körper: Halleluja! Na, bitte! Die Betonung liegt im Estnischen ganz hart auf der ersten Silbe.

Ich will schließlich des jungen Christen gedenken aus Kasachstan. Kein Este. Er war nur nach Estland gereist, dieser baptistischen Gemeinde wegen, in der er sich zu Hause fühlte: geistlich. Er saß ganz allein in einer Kir-

chenbank, hinter einer Säule versteckt. Er war Anfang
Zwanzig: schmal, hager, geschorener Rundschädel mit
mongolischem Einschlag. Er hätte sehr gut ein junger
Rotarmist sein können. Nur seinen Augen war eine Tiefe
mystischer Sehnsucht abzulesen, nicht ganz von dieser
Welt: fromm oder irre? Ich weiß nicht. Wir waren ins
Reden gekommen. Er erzählte in einem konfusen Englisch von seiner Heimat: Alma Ata. Er gab mir seine
Bibel. Er wies auf den Text: kyrillisch geschrieben. Er
schlug dann nach vorne zur Titelseite zurück. Da stand
als Druckort Stockholm, in lateinischen Lettern. Und er
fragte mich, ich käme doch aus dem christlichen Westen?
Ob ich ihm solche Bibeln beschaffen könne?

Es sind nicht so sehr Nescafé und Whisky, wonach sie
dürsten. Es sind Druckwerke unterschiedlicher Art. Sie
sind nicht verboten. Man kriegt sie nur nicht. Es mag
etwas frivol klingen, wenn ich sie nebeneinander aufzäh-
le. Aber so ist doch das Leben, buntgemischt. Es ist meine Reiseerfahrung: Neben den Bibeln sind es vor allem
Versandhaus-Kataloge aus der Bundesrepublik, die sich
unter den Bürgern Revals schier göttlicher Verehrung erfreuen. Sie werden auf dem Schwarzmarkt hoch gehandelt. Zweihundert Rubel war damals das Gebot für den
Quelle-Katalog. Bestellungen sind natürlich nicht möglich. Nur das Blättern in diesen Bilderbüchern westlicher
Konsumfülle beglückt. Unter den Frauen von Reval sind
Modejournale mit Schnittmustern heiß begehrt. Hundert
Rubel wurden für ein Burda-Exemplar geboten. In Mos-
kau wird das Geschäft jetzt legal versucht. Diese Sehnsucht nach etwas Chic, etwas Schönheit und Glanz des
Lebens. Es ist eine stumpfe, traumlose Welt geworden:
Sowjetalltag. Sie spüren das noch hier oben – die Esten.

Es war ein Augenblick stillen Triumphes, als unser Fernsehteam kam, nach fünf Tagen. Nie habe ich das Deutsche Fernsehen so geliebt wie damals, als die drei plötzlich vor uns standen, leibhaftig. Heimatgefühl, Stallge-
ruch. Die BRD muß es auch noch geben? Du kannst sie
anfassen, ihr die Hand geben: Willkommen, ihr Zeugen
versunkener Republiken, wo ich ganz gern war: Germa-
ny-West. Du bist nicht allein auf der Welt. Es gibt noch
Menschen wie du und ich. Ichstärkung, glaube ich, nennt
man das in der Sprache der Psychologie. Ich stärkte mich,
wie sie so dastanden: westlich.

Bei mir war noch mehr im Spiel. Vielleicht siehst du
wirklich alles verkehrt? Es wäre ja möglich, daß nur du so
depressiv, so unverkennbar negativ auf den Fortschritt
reagierst? Du bist schon ein ziemlicher Neurotiker. Mal
sehen, wie die das jetzt hier erleben, verarbeiten? Man hat
plötzlich Bezugspersonen zur Selbstkorrektur. Kritische
Selbstkontrolle ist wichtig. Aber ganz tief saß dann noch
etwas Dunkleres. Warum soll ich es nicht bekennen? Der
Mensch ist nicht nur gut. Er lebt auch von der Bosheit,
ein bißchen Schadenfreude ist schön. Jetzt sollen die mal
haargenau das durchmachen, was wir schon hinter uns
haben. Es wird euch nichts erspart werden, ihr Lieben.
Runter mit euch, sowjetisch! Es wird mir ein Vergnügen
sein – bitte!

Frischer Wind also blies nun durch meine Melancholien. Die Filmleute waren köstlich. Das Köstlichste war,
daß sie noch nie im Ostblock gearbeitet hatten. Sie waren
ziemlich verrückt. Über zehn Jahre schon waren sie gemeinsam durch die westliche Welt gejagt: Paris, New
York, Tokio und London. So ein festes Fernsehteam ist
wie eine gute Familie: ein alterndes Ehepaar, das mit
Sohn und ungeheuren Gepäckmassen blitzschnell die
Welt bereist: Rio. Was da alles zusammenkommt. Weißt

du noch damals, Charly, als wir in Melbourne ankamen, und die Kamera war verschwunden? – Nein, Fred, das ist doch Sydney gewesen: '75! – Ihr täuscht euch, sagt der Tonmann mit blonder Ruhe im schönsten Hessisch: Ei, des war in Seoul, Südkorea, wo wir mit der Rinser das Schriftstellerporträt gemacht haben, ehrlich!

Ich will für Charly, den Kameramann, eine Lanze brechen. Er war klein, kompakt, dabei hochsensibel, vom Typ her fast wie Woody Allen, der New Yorker Komiker. Nur daß statt des Jüdischen Zigeunerhaftes dominierte. Seine Komik kam aus dem kleinen Körper, der manchmal vibrierte vor Witz. Als wir ihn das erste Mal trafen, mußte ich einfach lachen. Er trug dunkle Lederstiefelchen, hochhackig, eine rotkarierte Hose und eine schwarze Samtjakke. Dazu saß in seinem exotischen Zigeunergesicht auf der Nase ein schwarzgerandeter Zwicker, der an einem goldenen Bändchen hing und den er mit einer schnippenden Bewegung der Nase selbsttätig fallen lassen konnte. Das wirkte sehr souverän. Sascha war schweigsam geworden. Charly war so hoffnungslos amerikanisiert, daß er in Reval zunächst immer mit einer Kreditkarte von American Express bezahlen wollte. Es gab natürlich ein ungeheures Gelächter, als er dies dann versuchte.

Tatsächlich habe ich etwas dazugelernt. Tatsächlich reagierten sie anders. Richtige Künstler sind nämlich Choleriker. Das lernte ich, und das sah nun so aus: Jeden Morgen, wenn ich das winzige Zimmer betrat, wo man sich, in der Schlange stehend, zu einer Frühstückspause vorkämpfen konnte, saß das Team schon mit Sascha zusammen. Sie rührten lustlos in einem lauwarmen Kaffeegebräu und stritten sich jeden Morgen. Die ersten zwei Tage war Charly natürlich über die miserablen Zimmer empört. Am dritten Morgen war es merkwürdig ruhig zwischen ihnen. War der Morgenstreit schon gelaufen? Es herrschte nur jene bedrückende Stille, die Schlimmes vermuten läßt. Und Charly sagte dann später ganz cool, ach, veräcbtlich zu mir: Also, ich fliege heute abend zurück. Der Film ist gestorben, nicht mit mir! Es war in dieser Nacht in seinem Zimmer das Waschbecken abgebrochen. Ich weiß, daß ich damals hell aufgelacht habe. Ich war eben doch schon fortgeschritten. Lieber Charly, sagte ich zu ihm und legte wohl auch meinen Arm begütigend um ihn, was denken Sie eigentlich, wo Sie sind? Glauben Sie im Ernst, daß es in ganz Estland ein einziges Flugbüro gäbe, bei dem Sie einfach so umbuchen können wie in Chicago? So etwas Absurdes. Sie sind in der Sowjetunion. Nur der Plan regiert hier. Wir haben den Rückflug für den 2. Juli zugeteilt. Daran ist nicht zu rütteln. So ist es dann auch gewesen.

Choleriker sind glückliche Naturen. Sie regen sich ungeheuer auf. Es schießt hoch wie eine Brause. Man meint, die Welt geht unter, es wird aber nur Dampf abgelassen. Charly brauchte angesichts unserer bedrückenden Lage einfach jeden Morgen seinen Streit, der kurz vor neun begann, lichterloh, aber schon gegen halb zehn an Kraft verlor und dann langsam in sich zusammensackte. Es blubberten noch ein paar Sätze nach, kraftlose Nachzündungen gegen zehn. Dann hellte sich sein Gesicht langsam auf. Er wischte sich über den Mund, zündete eine neue Zigarette an, grinste Sascha zu, nahm dieses Monstrum von Kamera, das er wie einen Augapfel immer liebevoll bei sich führte. Dann ging es los mit dem Film in der Stadt.

Ich hatte gut vorrecherchiert. Ich war auf Motivsuche gewesen. Ich hatte also der Kamera viele Standpunkte anzubieten. Ich bekenne heute ehrlich: Charly hat mir am meisten dort imponiert, wo er meine Vorschläge ablehnte. Er nahm meine Angebote ernst. Er hatte dann eine Art, sich das Motiv ohne Kamera mit zusammengekniffenen Augen anzusehen, die mich zunächst ratlos machte. Er verfiel in Trance. Vier oder fünf Minuten konnte er so schweigend dastehen, als wenn er schlafend Wurzeln schlüge. Er blinzelte durch schmale Ritzen. Er war jetzt nur Kamera, die den Film laufen sah. Oft erwachte er dann mit einem Kopfschütteln. Nein, sagte er, gibt nichts her, bringt nichts, ist nur scheinbar gut. In solchen Augenblicken handwerklicher Genauigkeit hat mir die Arbeit gefallen. Ich liebe Präzision und Passion.

Es war in Schloß Kadriorg, in den prunkvollen Gemächern Peters des Großen, das heißt eigentlich in denen seiner Gemahlin, dort, wo heute Estlands Gemäldeschatz hängt, als Charly diesen einen Satz sagte, der mich in helles Gelächter versetzte. Nur er konnte solche Formeln finden, witzig. Wir filmten den berühmten ›Totentanz‹, das herrlichste Kunstwerk des Mittelalters im Baltikum. Er ist im 15. Jahrhundert entstanden, Lübecker Schule. Sieben Meter lang erzählt dieses Gemälde die Geschichte vom Untergang des Menschen. Man sieht zuerst den Prediger, der zu Füßen des Todes sitzt und auf einem Dudelsack zum Tanz aufspielt. Dann folgt der Tod als Reigenführer, dann der Papst, der Kaiser, die Kaiserin, der Kardinal und der König, alle von Skeletten in weißen Laken umflattert. Sie wandern nach rechts dem großen Sterben entgegen. Es wird nichts sein zum Schluß als das große Dunkel, der Tod genannt.

An diesem Morgen aber schien der Himmel diese alte Wahrheit widerlegen zu wollen. Es war wechselnd bewölkt draußen. Und immer, wenn Charly in seiner langsamen Schildkrötenart zum großen Kameragang ansetzte, sieben Meter lang, brach plötzlich die Sonne durch. Himmlisches Licht überflutete den Prunksaal. Charly mußte natürlich abbrechen. Ich hätte soviel Geduld nicht aufgebracht. Ich glaube, er hat es zehn- oder zwölfmal versucht. Einmal war er schon bis zum Tod persönlich vorgedrungen, also fast fertig, da ging die Sonne ganz langsam auf. Charly brach sanft stöhnend zusammen. Er kauerte auf dem Boden und rief flehend wie eine liturgische Beschwörung der Himmlischen diesen Satz: »Ich brauche eine große Wolke!«

In diesem Satz, meine ich, ist alles zusammengefaßt,

was Filmen und Schreiben grundsätzlich unterscheidet. Sie ist dann auch noch gekommen – seine Wolke.

Die Reise nach Dorpat

Szenenwechsel – Schnitt. Sascha und das sowjetische Fernsehen waren dagegen. Eigentlich durften wir die Stadt nicht verlassen. Militärisches Grenzgebiet, heißt die lapidare Begründung. Ich aber hatte mich durchgesetzt. Man wird es nicht glauben. Das Team mag bleiben, habe ich gesagt, ich will nach Dorpat. Ich registrierte überhaupt erstaunliche Veränderungen bei mir. Meine Melancholien und Depressionen sind auch nicht das letzte im Leben. Dahinter sitzt noch eine Kraft, die mir ganz fremd ist. Was ist mit dir? Aggressionen entlasten den Depressiven. Ich empfehle Suizidkandidaten drei Wochen Sowjetunion. Ungeahnte Überlebenskräfte werden wach. Was uns nicht umbringt, macht uns tatsächlich stärker.

Jugenderinnerungen mögen in diesem Fall mitgewirkt haben. Ich habe in Berlin '39 ein Studium der Philosophie bei Nicolai Hartmann begonnen. Es war Hitlers hohe Zeit. Alle Klassenkameraden wurden damals Offiziere nach dem Abitur. Man wurde Ingenieur oder Soldat. Der Krieg stand bevor. Als Beurteilung aber stand auf meinem Abiturzeugnis: »Selbstbewußt und eigenwillig. Von den Leibesübungen befreit. Will Philosophie studieren.« Das war ungewöhnlich, damals. Nicolai Hartmann wurde mein erster Lehrer. Er war in Riga geboren und hatte in Dorpat Medizin und Philosophie studiert. Er hatte später in Petersburg und Marburg promoviert. Es gab ja zu Beginn dieses Jahrhunderts eine große europäische Gelehrtenrepublik, eine Internationale des Geistes, die keine Grenzen kannte. Nicolai Hartmann war der Letzte aus dieser universalen Welt des Geistes, die mit Immanuel Kant in Königsberg ihren Höhepunkt erreicht hatte.

Ich sehe ihn noch heute: seinen strengen, schönen Denkerkopf, ernst und sehr männlich. Das hart rollende R, das herrenhafte Pathos der Balten, das etwas leicht Predigerhaftes hat: Verkündigung. Er hatte sehr große, hellblaue Augen. Er las meistens Ethik oder Metaphysik. Er sprach mit dem harten Akzent des Ostens von letzten Aporien, die der Geist aushalten müsse. Nicht alles sei schlüssig. Einiges bleibe als Widerspruch stehen. Er hielt diese Vorlesung an der Humboldt-Universität noch, als der Geschützdonner der Roten Armee im März '45 schon vor Berlin zu hören war. Sie sind so beständig, die Balten, treu. Ich wußte, daß Dorpat schon immer eine Insel akademischer Gelehrsamkeit gewesen war, sehr deutsch. Die Kultur Estlands wurde durch die berühmten baltischen Barone getragen, zugleich aber auch von deutschen Gelehrten und Forschern. Dorpat heißt heute Tartu. Es liegt 185 Kilometer südlich von Tallinn, unweit des Peipussees.

Wir fuhren durchs Land. Flach, weit, sehr grün. Manchmal Kolchosen, schwarzweißes Vieh auf den Feldern. Ein großes leeres Brett ist Estland. Es ist immer ein Schachbrett fremder Völker gewesen. Diese Ruhe, Weite, Endlosigkeit des Ostens. Schöne Melancholie. Der Osten ist schön. Und als wir mittags mit unserem Taxi in Dorpat ankamen, war es der alte Traum vom Frühereinmal. Es war, als wenn wir hundertfünfzig Jahre zurücksänken, schöne Vergangenheit.

Dorpat ist die älteste Stadt Estlands. Sie wurde im Zweiten Weltkrieg zerstört. Der sowjetische Touristenprospekt versichert, sie sei wiederaufgebaut. Na ja, man kann da geteilter Meinung sein. Einerseits wohl, andererseits war es gerade das Ruinöse, das uns erschreckte, entzückte, in Staunen versetzte. Was wäre Rom ohne seine

Ruinen, nicht wahr? Tartu wirkt heute noch viel zerbrochener als Tallinn. Es empfing uns nur Stille, nur Abgeschiedenheit: der schöne, besinnliche Geist alter Universitätsstädte. So mag man früher in Tübingen oder Heidelberg gelebt haben. Viele Spaziergänge unter alten Kastanien, Büsten berühmter Professoren im Park, der Philosophenweg.

Wenn ich heute zurückdenke: Es ist vor allem der Domberg gewesen, seine grüne Verwunschenheit und die gewaltige Ruine des Doms. Er ist eine riesige Backsteinkirche, tiefdunkelrot. Sie wirkt noch in ihren Resten wie eine unbezwingbare Wehrburg. Sie wurde im livländischen Krieg zerstört, ein stolzer Steinbruch der Jahrhunderte. Sie liegt wie eine östliche Akropolis hoch über der Stadt. Immer noch zeugt sie vom Geist, der übersteht. Ruinen haben ihre eigene Art später Vollendung. Zerstörung macht reif. Es ist weiter die alte Sternwarte erinnernswert. Sie ist ein flacher Rundbau mit gelbem Verputz. Hier haben im 19. Jahrhundert Naturforscher den Himmel exakt vermessen. Ein Fernrohr ragt schwarz aus dem Dach. In dicken, alten Folianten liegen die Erstausgaben berühmter Werke, meist in deutscher Sprache. Ich las: »Gedruckt in Dorpat 1882, dankbar gewidmet seiner kaiserlichen Majestät, dem Zaren«. Warum ging das früher? Eng ist unsere Welt heute geworden, die doch so weit erscheint.

Als wir dann in die Universität kamen, erfaßte mich Heiterkeit, mehr noch: Glücksgefühl trug mich beschwingt durch die Hallen und Flure. Späte Goethezeit schlug über uns zusammen. Die Götter Griechenlands standen in einem Saal originalgroß versammelt, wenn auch nur in Kopie. Die Antike aus Gips. Genauso muß es damals gewesen sein, als Winckelmann in Rom den schönen Leibern der Halbgötter nachjagte und Goethe dazu seine Reflexionen schrieb. Studenten kamen und gingen. Jena, dachte ich, 1830 vielleicht.

Es war Semesterschluß. Draußen im Garten der Universität saß unter einer Linde offenbar eine ganze Fakultät, zum Abschiedsfoto? Es waren hundert Leute oder noch mehr. Vorne saßen die Professoren in ihren bunten Roben, würdig, aber auch etwas belustigt. Dahinter, schön gruppiert, die Studenten, alle im großen Wichs, wie man früher sagte. Die Mädchen in langen Kleidern hatten Blumensträuße in der Hand. Die Jungen trugen schwarze Anzüge, bunte Schärpen darüber und jene kessen Käppchen auf dem Kopf, die man von den Korporierten kennt. Heile Welt war fotogen versammelt. Und nach dem Foto sangen sie das Lied. »Gaudeamus igitur« hallte es weit über den Campus. Die alte Universität lebt. Sie ist nicht tot, wie wir immer meinen. Man muß dazu nur nach Dorpat fahren.

Es gab dann noch in der Aula ein langes Gespräch. Die Aula ist ein sehr großer Saal von vollendetem Biedermeier. Alles in weißem Schleiflack, streng und doch anmutig. Stilvolle Rundbögen. Komisch, daß man so etwas heute nicht mehr schafft: humane Architektur für sehr viele, in der sich doch jeder als Individuum, als Persönlichkeit fühlen kann. Man geht nicht in der Masse verloren. Kultur des Bürgertums? Was das eigentlich war, weiß man erst, wenn es verloren ist. Es waren Maß und Form. Es waren Ordnung und Harmonie. Unten die Wirtschaft und oben die Schönheit. Natürlich war es eine Klassenkultur. Sie mußte vergehen. Ich liebe sie trotzdem. Spätbürgerliche Sympathie. Das 19. Jahrhundert ist wie ein ewiger Brunnen, aus dem wir immer noch schöpfen. Nie wieder wird es so etwas geben, so reich, so tief.

Wir hatten hier einen Esten als Führer. Es war ein stiller, bescheidener Mann, der sich offenbar mit solchen Führungen in deutscher Sprache sein Zubrot verdiente. Er war sehr sensibel. Die Esten sind ganz anders als die Russen. Feingliedriger, empfindlicher, oft zu traurigen Witzen aufgelegt. Sehen Sie da vorne den Kopf? fragte er.

Er war kaum zu sehen hinter dem efeugeschmückten Podium. So klein ist der bei uns, sagte er lächelnd. Etwas Hilfloses lag darin. Tatsächlich war Lenins Kopf kaum zu finden. Natürlich wußte er, daß wir nicht aus der DDR kamen.

Das Gespräch ging über die Nationalitätenpolitik heute. Das Thema liegt auf der Hand. Hier in Dorpat kann die Jugend von Estland in estnischer Sprache studieren. Wir haben unsere eigene Kultur, sagte er. Die schlimmen Zeiten der Russifizierung sind ausgestanden. Wir werden trotzdem immer weniger. In Estland leben heute 75 Prozent Esten, 25 Prozent sind Russen und andere. In Tallinn sind schon 40 Prozent russisch. Wir gelten als etwas dekadent. Wir sind die Republik mit der geringsten Geburtenzahl in der Sowjetunion. Auf eine subtilere Weise geht die Russifizierung ohnehin weiter.

Er sagte: Jeder Este kann natürlich hier studieren. Aber wenn er dann wirklich etwas werden will in der großen Sowjetunion – jeder hier weiß das. Es wird ihnen von den Chefmanagern der Industrie ganz klar gesagt: Wir haben im Ural oder in Sibirien ein großes Industrieprojekt: Atomenergie oder Erdgaserschließung. Also, wenn Sie drinnen im Land den großen Job einmal wollen, müssen Sie natürlich russische Examen vorweisen. Mit den estnischen Examen bleiben Sie immer auf Estland beschränkt.

Er war ein richtiger Intellektueller, feinnervig, sehr dünnhäutig. Es zuckte nur etwas verschmitzt um seine Mundwinkel. Es klang voll Ironie, als er dann sagte: Sehen Sie, so löst sich das Problem bei uns eigentlich von selbst – langfristig gesehen.

Ich bitte um Nachsicht. Etwas Geduld noch! Ich bin gleich fertig. Ein seelisch Verletzter erhebt sich, er stöhnt, er will seine Wunden lecken. Mein ist die Rache, sprach der Herr. So weit will ich nicht gehen. Ich will nur etwas Gerechtigkeit für mich, meine Geschichten, meine törichten Hoffnungen damals. Natürlich: Den Film, den ich mir dachte, gibt's nicht in Wirklichkeit. Gelobt sei die Phantasie, sage ich. Gelobt sei die Sprache. Nur die Sprache macht frei. Ich kann es nur in der Sprache sagen, annäherungsweise. lch spreche jetzt also den Film, den es nicht geben wird – nie.

Mein Film über Tallinn, die Stadt, der dann nie zustande kam, beginnt mit einer langen Hafenfahrt. Der Hafen war Sperrgebiet. Wir durften nicht rein. Man sieht bei uns jetzt die alte Stadt am Meer: Ruhig und sehr schön liegt sie. Ein weites Panorama. Man hört das Wasser glucksen. Man sieht Handel und Industrie, auch die vielen Kriegsschiffe, die hier liegen. Eine stolze Seemacht ist die Sowjetunion geworden. Sie besitzt eine gewaltige Kriegsflotte, im Friedensmeer jetzt. Warum das verheimlicht wird? Es weiß es ja doch jeder.

Dann würden wir den klassischen Besucherweg nehmen, den Tallinns Gäste seit Jahrhunderten vom Hafen über die Langestraße zum Rathausplatz nehmen. Bei mir würden dazu die Glocken der Olaikirche läuten, aber nur im Hintergrund. Auf dem großen Marktplatz würde man nicht nur das gotische Rathaus sehen mit seinem schlanken Turm, der an ein Minarett erinnert. Man würde auch feststellen können, wie bürgerunfreundlich der Platz angelegt ist. Das ist der Treffpunkt der Stadt. Es gibt aber keine Bänke, keine Bäume, keine Stühle, keine Cafés, um sich niederzulassen. Ach, da lägen bei uns doch nur die Betrunkenen herum, hatte zu mir der Stadtbaurat gesagt. In meinem Film würde der Mann das wiederholen, vor der Kamera. Ich meine, so etwas signalisiert Prinzipielles: die Bürgerferne der Bürokratie.

Der Film würde dann über den kurzen Dombergweg steil nach oben führen. Wir bekamen diesen klassischen Aufstieg aus Lichtgründen nie hin. Er war zu verwinkelt, zu dunkel. Oben vor dem Schloß, dem Regierungssitz, könnten wir die schmucken Fassaden betrachten. Wir wären Zeugen, wie bei uns damals die Regierungsdelegation abrauschte. Es war eine große Szene. Finnische Regierungsmitglieder hatten eben im Schloß der estnischen Regierung ihre Aufwartung gemacht. Es standen ungefähr dreißig schwarzglänzende Karossen auf dem Vorplatz, imponierende Limousinen. Und wenn die Männer der Macht sich hier kurzfristig dem Volk zeigen, hat das eine ganz andere Würde als bei uns. Es war, als wenn der Geist der Geschichte pfingstlich über den Schloßplatz brauste. Blitzschnell setzte sich eine schwarze Kavalkade der Überirdischen in Bewegung. Charly, Ihre Kamera, schnell bitte! sagte ich. Sie war im Hotel geblieben.

Jetzt käme der historische Teil, den ich schon beschrieb. Aber dann würde ich sehr früh schon Persönliches einflechten. Wir hatten ein altes jüdisches Ehepaar aufgetan, ein prächtiges Paar, das in einer köstlichen Mischung aus Baltisch und Jiddisch Schnurren aus alten Tagen erzählte. Nichts Antisowjetisches, i wo, nur so! Wie die Leute seit fünfzig Jahren hier leben. Die Frau saß als Verkäuferin in einem leeren Laden, wo es tatsächlich überhaupt nichts gab. Sie saß täglich von neun bis sechs hinter ihrem leeren Tisch und hatte nur immer zu sagen: Nein, haben wir nicht. Im Augenblick ist das ausgegangen. Aber vielleicht in zwei Wochen? Man kann es nicht wissen. Dafür, fand ich, wurde sie nicht einmal übel entlohnt.

Der Mann hatte mit viel Ironie die Geschichte erzählt, wie er letzten Winter hier in Tallinn versucht habe, einen Koffer zu kaufen. Es war ein kompletter Sketch, zum

Totlachen. Wenn sich baltische Theatralik mit jüdischem Witz paart, entstehen Komödien. Die Story funkelte vor Vergnügen. Sie war nicht böse, nur typisch. Das kann man nicht machen, hatte ich schon damals gesagt. Wir fahren weg. Diese Menschen bleiben. Das kann man ihnen nicht antun hierzulande. Die haben genügend durchgemacht. Dies war also ein klarer Fall von Selbstzensur. Ich stehe dazu.

Aber die winzige Szene mit unseren Taxis vor dem „Viru": Ich fand sie ungemein aufschlußreich, obwohl sie niemand sonst vom Team bemerkt hatte. Wir fuhren immer mit zwei Taxis. Das estnische Fernsehen stand uns nicht kollegial zur Verfügung, mit seinem Fuhrpark, meine ich. Da warteten also unsere Taxis zwei Stunden leer vor dem »Viru«. Wir kämpften um die Erlaubnis, vom Dachrestaurant aus einen Rundblick zu filmen. Sie wurde nicht erteilt, aber während das noch unentschieden war, kamen zwei Damen aus dem »Viru«. Sie waren frischer Westimport. Man sah das sofort an der selbstverständlichen Sicherheit, mit der sie in einem unserer Taxis Platz nahmen. So ist das ja üblich bei uns. Sie saßen eine ganze Weile, und als sich nichts rührte, stiegen sie mit gleicher Zuversicht in unser zweites Taxi um. Na ja, sie haben es schließlich begriffen, daß da nichts lief.

Man versteht, worum es mir geht? Diese vielen kleinen Details, Anekdoten aus dem Alltag, lauter Banalitäten, in denen die soziale Wirklichkeit aufleuchtet, sie würden in meinem Film eine beträchtliche Rolle spielen. Sie geben die Farben, die feineren Nuancen, die doch ein Stadtporträt ausmachen. Man kann doch nicht immer nur Revolutionsdenkmäler und Leninbüsten filmen. Zum anekdotischen Beiwerk gehörten auch die Stuttgarter Damen. Was für eine Sequenz: Gruppenbild mit Damen, würde ich sie nennen. Die Damen gehörten einer Frauendelegation unserer Gewerkschaften an, die damals privat die Sowjetunion bereiste, um sich über den Fortschritt der Frauenemanzipation in der Sowjetunion zu informieren. Ein herbes Schicksal hatte sie auch in unserem »Kungla-Hotel« einquartiert. Die Damen wirkten etwas erschöpft. Sie waren am frühen Abend in Tallinn im Theater gewesen, hatten ein Ballett gesehen. Sie trugen große Roben, festliche Abendkleider mit Pelzüberhang oder Seidenstola. Meine Sequenz würde bei ihrer Rückkehr gegen 21 Uhr einsetzen. Es war die Zeit der hellen Nächte, also keine Lichtprobleme. Die Damen standen ratlos vor unserem Hotel genau auf jener zerbrochenen Treppe, die ich eingangs beschrieb, vor der zersplitterten Holztür. Dreißig würdige Gewerkschaftsdamen, großgeblümt, hochonduliert, und sagten nur immer fassungslos auf schwäbisch: Ei, so was! Wir wollten nach dem Theater noch ein Gläschen Wein trinken gehen, nur einen Schoppen oder zwei. Aber hier gibt's ja gar nichts. Die ganze Stadt ist dicht, na so was!

Mein Film würde jetzt auf die Medienlandschaft schwenken. Wer weiß das bei uns? Estland ist die einzige Republik der Sowjetunion, wo jeden Abend ein Fenster zum Westen weit offensteht, vollelektronisch. Die Esten leben fast in der Situation von DDR-Bewohnern. Sie können das finnische Fernsehen empfangen. Das verstehen sie auch sprachlich. Als Gag würde ich dazu zeigen, wie die Revaler an die ausgedruckten Programme der Finnen kommen. Es gibt in Helsinki eine Tageszeitung der finnischen KP. Sie druckt auch die Fernsehprogramme des Landes ab. Und da es eine kommunistische Zeitung ist, die streng auf Moskauer Kurs liegt, wird sie auch in der Sozialistischen Sowjetrepublik Estland vertrieben. Mein Film würde also an einem Werktagmorgen einen Revaler Zeitungskiosk zeigen. Welch ein Gedränge – wie das? Eine kommunistische Zeitung im Kommunismus, die rasenden Absatz findet. Wieder eine Nuance der Stadt, die beim Filmen nicht rauskam. In meinem Film wäre sie drin.

Reval und Deutschland hieße ein anderes Kapitel. So

weit lag das gar nicht voneinander entfernt, wie man es sich heute vorstellen mag. Es war auch nicht nur provinziell. Ein alter Führer durch Reval preist noch in den dreißiger Jahren den Reise-Service von Christiansen & Co. an. Man konnte jeden Mittwoch um 18 Uhr mit dem Expreßdampfer »Rügen« nach Stettin fahren. Komfortable, auf das eleganteste eingerichtete Luxuskabinen werden empfohlen, klangschöne Pianos und Brausebäder, auch erstklassige Streichorchester in Aussicht gestellt. Zusatzempfehlung: »Reisende der ›Rügen‹ können das Schiff bereits in Swinemünde verlassen, wo sich eine ganz besonders günstige Eisenbahnverbindung nach Berlin bietet.« Heute ist das mühsamer geworden.

Mir läge an einer historischen Vertiefung des Aspektes. Es hat hier schon immer eine sehr lebendige Beziehung zum deutschen Protestantismus gegeben. Bereits schon sechs Jahre nach der Reformation gab es in Reval evangelische Gemeinden. Wie schnell sich damals das Neue rumsprach! Wie eigentlich? Es gibt jedenfalls zwei berühmte Briefe Martin Luthers an die Gemeinde von Tallinn. Ich hatte sie ausfindig gemacht in der Stadt. Ich war schon ganz nahe dran. Der Direktor des Museums bestätigte den Schatz. Ja, die beiden Briefe lägen hier nebenan im Historischen Museum. Nur die Dame, die dafür zuständig sei, mache gerade Urlaub in Pärnu, dem Seebad. Nur sie habe den Schlüssel zum Tresor. Wir mögen in sechs Wochen wieder vorsprechen.

Hier wäre in meinem Film nur die vollkommene Ruhe, diese freundliche Entspanntheit des Mannes zu zeigen. Er ließ, indem er ganz lässig in seinem Bürostuhl saß, den linken Arm nach rückwärts über die Lehne hängen, während er mit der rechten Hand mit einer Büroschere kleine Löcher in das dicke Löschpapier vor sich hackte. Und ich würde zu dieser Sequenz bei der Endmischung dann nur den einen Satz einsprechen: »Direktor müßte man mindestens sein – im Vaterland aller Werktätigen.«

Ja, so ungefähr. Ich hätte, ich wäre, ich würde, lauter Chimären. Trotzdem: Ich habe jetzt endlich einmal die Wahrheit gesagt. So ungefähr ist es nämlich wirklich gewesen. Ich habe die Gerechtigkeit wiederhergestellt, wenn auch nur in lauter Konjunktiven. Der Film ist gesprochen: Ende der Vorstellung.

Einladung nach Budapest
Europas Kaffeehaus im Osten

Natürlich, am schönsten ist Budapest von oben. Jedenfalls für Ungarn-Anfänger empfiehlt es sich, zunächst zur Burg hochzufahren. Alles scheint hier versammelt, was das Herz des Fremden sucht, unterwegs: schöne Plätze mit stolzen Denkmälern, romantische Gassen mit herrlichen Hausfassaden: barock. Kirchen, die zur stillen Besinnung einladen, gemütliche Gaststätten, wo man essen und trinken kann, mit Lust. Budapest empfängt seine Gäste hier oben auf dem Schloßberg verführerisch wie auf einem Touristenprospekt. Nur, der Prospekt lebt: Der schöne Schein stimmt.

Der Zauber hängt sicher mit dem Strom zusammen. Andere Städte wie etwa Wien oder Belgrad liegen auch an der Donau, aber man merkt es kaum. Nur hier in Budapest liegt die Donau richtig. Sie liegt wie ein breit aufgeschlagenes Bett, an dessen Ufern sich die Stadt ausgeruht lagert. Immer war hier der Fluß Trennlinie und Mitte zugleich. Rechter Hand, wenn man von Wien kommt mit dem Schiff, befindet sich das ältere, grünere, feinere Buda, sehr hüglig. Gegenüber erstreckt sich das jüngere Pest, wo Handel und Industrie ihr flaches Gewerbe treiben. Sechs Brücken verbinden das Ganze zu – Budapest. Geschichte und Gegenwart, Idyllik und Großstadttempo sind gut gemischt. Es ist unmöglich, von dieser ungarischen Mischung nicht bezaubert zu sein.

Alte Reiseerfahrung: Wer die Wirklichkeit einer Stadt sehen will, muß sie erlaufen. Autorundfahrten bringen nichts als Filmbilder, die kommen und wieder versinken. Du mußt mit den Füßen die Stadt spüren, erst dann bist du da. Bahnhöfe zum Beispiel sind wichtig. Bahnhöfe erzählen vom wirklichen Leben der Menschen. Budapest hatte schon immer einen Zug ins Großartige. Man erkennt ihn heute daran, daß sich die Stadt schon im 19. Jahrhundert gleich drei Hauptbahnhöfe leistete. Der Westbahnhof am Marxplatz ist noch der kleinste, aber unbestreitbar mit Sinn für Stil und Funktion konzipiert. Vor hundert Jahren wurde die Pariser Firma Gustave Eiffel & Co., die später auch den Eiffelturm baute, mit der Konstruktion der Halle betraut. Das Bauwerk steht heute mit Recht unter Denkmalschutz.

Die Reisenden, die hier aus der Provinz eintreffen, sind im Zentrum der Zweimillionenstadt. Sie blicken über eine Stadtszenerie, in der alle Baustile der letzten hundert Jahre hart aufeinanderstoßen. Hier ein supermodernes Warenhaus, daneben klassizistische Fassaden, die immer noch pompös an die Epoche des Großbürgertums erinnern. Man bemüht sich jetzt um ein stilvolleres Gesamtkonzept für die Hauptstadt, aber unverkennbar für den Fremden jedenfalls bleibt auch: Es gibt kein typisch ungarisches Stadtbild, wie es sehr wohl das typisch ungarische Dorf oder die Kleinstadt gibt. »Eklektizismus« nennt man das in der Kunstgeschichte und auch hier in der Stadt. Zu deutsch: Was immer in Europa seit Mitte des vorigen Jahrhunderts herrschender Zeitstil war, wurde hier, meist noch etwas großartiger, nachgebaut. Unübersehbares Modell dafür war natürlich Wien, die große, reichere Schwester von Budapest. Es gibt hier ein Ringstraßensystem, das in seiner Grundkonzeption genau an Wien erinnert. Vor hundert Jahren war das Haus Habsburg die Macht. Man haßte die Habsburger, man bewunderte sie. Vor allem: Man wollte sie übertrumpfen durch Übergrößen. Man schreckte auch vor anderen Vorbildern nicht zurück. Der neogotische Prachtbau des Parlaments an der Donau verrät London als Vorbild. Die Ungarn sind Meister glanzvoller Nachahmungen. Schon deswegen ist das Stadtbild der Metropole zwar nicht immer originell, aber auch nie langweilig. Imponierendes ist fast überall zu sehen.

Wer die Wirklichkeit einer Stadt erspüren will, muß mit offenen Sinnen schlendern. Er muß sich in Treppenhäuser vorwagen: Wie riecht es hier? Er muß einen Blick auf Hinterhöfe und Gartenhäuser werfen. So also leben die Budapester? Das ist ihr Alltag? Manches erinnert an Altberlin. Vermodernde Pracht der Gründerjahre ist immer wieder zu entdecken. Großbürgertum, wohlhabende Unternehmer bauten hier vor hundert Jahren ausgesprochen luxuriös. Budapest war ja damals tatsächlich die Metropole eines großen Landes. Heute geht ein Hauch von schöner Nostalgie und böser Verwahrlosung von solchen Mietskasernen aus. Wo sie renoviert worden sind, ist die Nachfrage ungemein groß. Angesichts der riesigen Wohnsilos, die überall in den Außenbezirken das Stadtbild fortschrittlich veröden, entdeckt man in Budapester Intellektuellenkreisen jetzt auch den Reiz dieser Gründerjahre.

Die großen Einkaufsstraßen der City: Westlicher Glanz, wie bei uns oft behauptet wird, ist da kaum zu finden. Aber freundlicher, bunter als in den anderen Metropolen des Sozialismus geht das Geschäftsleben schon zu. Die Versorgung mit Konsumgütern ist gut. Käuferschlangen sind nicht zu sehen, höchstens da und dort vor Juweliergeschäften: Wo gibt es Gold? Dem Deutschen, der die DDR kennt, fällt auf, daß keine Transparente zu sehen sind, die zu Produktionseifer aufrufen, auch keine Fahnengebinde, die das Glück im Sozialismus meist kümmerlich herausstreichen. Es fehlt hier der falsche Ton. Alles geht ehrlicher zu. Der Personenkult mit dem Parteichef, dem Vater des sozialistischen Vaterlandes, der im benachbarten Rumänien groteske Blüten treibt, ist auch unbekannt. Für die Touristen aus dem Ostblock, die sich das teure Budapest leisten können, sind solche Straßen wahre Einkaufsparadiese. Ein Hauch von Westen weht da verwirrend mit. Uns Bundesbürgern stechen daneben eher die giftigen Abgase des ziemlich überalterten

Autoparks in die Nase. Umweltfreundlichkeit steckt hier noch in den Kinderschuhen.

Wer die Wirklichkeit einer Stadt sehen will, sollte schließlich auf Märkte gehen. Märkte erzählen wahre Geschichten, von und für Hausfrauen zum Beispiel. Budapest hat sehr attraktive Markthallen, wo die Lebensmittel in bunter Fülle feilgeboten werden. Das Angebot ist groß, die Auswahl reichhaltig. Es fällt die Sauberkeit der Produkte auf und wie dekorativ und verlockend sie zur Schau gestellt werden. Entspannter Markt mit ungarischem Pfiff, könnte man sagen. Sehr viel anders sieht es auf dem Viktualienmarkt in München auch nicht aus. Nur die Preise sind für viele Hausfrauen zu hoch. Immerhin: In keinem Land des Ostblocks ist es lohnender und appetitanregender, auf den Markt zu gehen. In Ungarn wird ein besonderes Stück gespielt. Hier geht es anders zu, das spürt der Fremde auf Schritt und Tritt. Wo kommt das her?

Schon die Menschen sind anders. Die Ungarn sind keine Slawen, auch keine Germanen. Irgendwie sind sie anders als alle anderen Völker Europas – wie? Schwer zu sagen im Einzelfall. Es gibt natürlich auch hier alle denkbaren Gesichter, vieles mischte sich auch, aber was immer sie jetzt sind, sie sind es extrem. Sie kommen mir manchmal wie eine einzige Schauspielertruppe vor, abgeschminkt und nach dem Auftritt, versteht sich. Ob Arbeiter oder Autor, jeder ein Charakterkopf, unverkennbar. Manche jungen Männer sind wild und stolz wie Toreros. Die älteren Herren ungemein seriös und vertrauenerweckend wie bourgeoise Banker. Die jungen Mädchen sind schön wie Filmidole. Die älteren Damen alles Charakterrollen für das Fach Salondame. So sitzen sie in den Cafés von Budapest, als wenn nie etwas gewesen wäre: kein Hitler, kein Stalin. Alles Imponiergesichter, die sagen: So sind wir, eigen und anders.

Wo kommt das her? Ich vermute, aus ihrer Geschichte. Die Ungarn gehören ja ursprünglich nicht in dieses karpatische Becken, in dem sie jetzt leben. Da kam also im 9. Jahrhundert ein kleiner exotischer Reiterstamm aus den Tiefen Asiens angeritten: die Magyaren. Sie kamen aus dem Ural. Finnisch-ugrisch soll ihr Ursprung sein. Ich stelle sie mir wild und verwegen vor, leidenschaftlich und sehr exotisch. Sie drängten nach Westen und Süden. Eigentlich wollten sie bis zum Mittelmeer, ein Stamm eben mit gutem Geschmack und Sehnsucht nach Sonne. Doch daraus wurde nichts. Schon bei Augsburg wurden sie leider zurückgeschlagen. Das ist die berühmte Schlacht auf dem Lechfeld gewesen: 955 war das. Etwas erbittert und deutlich enttäuscht mußten sie sich in die Donautiefebene zurückziehen. Dort sind sie geblieben, eingeklemmt zwischen den Slawen und Germanen. Die Lage war schlecht. Sie wurden in einem Gebiet seßhaft, das zur Wetterfront der Geschichte wie geschaffen war.

Die Geschichte dieses Volkes kann nur verstehen, wer seine geopolitische Situation bedenkt. Die war total ungeschützt, fast wie die Lage Preußens im 18. Jahrhundert. Was war Ungarn? Ein Schlachtfeld in Permanenz, ein immerwährendes Aufmarschgebiet für Ost und West. Die Mongolen kamen hierher und verwüsteten das Land. Die Türken kamen und blieben hundertfünfzig Jahre – ihre Bäder erinnern noch heute daran. Prinz Eugen kam und die Herrschaft der Habsburger. Maria Theresia hatte zwar eine Schwäche für ihre lieben Magyaren, aber im Grunde auch nur, weil sie ihr aus ihrer Not mit den frechen Preußen helfen sollten.

Ich will damit sagen: ein kleines, tapferes Volk, das es schwer hatte im Schatten der Großen. Ein Volk des Trotzdem. Trotz türkischer Steuereintreiber und Wiener Feudalherren, trotz deutscher Gestapo und russischer GPU – ein Volk, das nicht aufgab, fast wie die Juden, nur leichter im Temperament und ohne die Last eines Jahwe.

Die Ungarn lebten wie Sisyphos – trotzdem. Es ist fast ein Wunder, daß schließlich doch noch so etwas wie eine nationale Identität herauskam. Heute sind sie unverkennbare Europäer. Ein kleines Volk, das liebenswert ist, trotz allem.

Ich weiß, wie gewagt die These ist. Völkerpsychologie ist eine zweischneidige Sache. In diesem Fall aber wage ich die These: Es gibt so etwas wie die typisch ungarische Seele. Es gibt ein spezifisches Lebensgefühl, das nur diesem kleinen Volk eigen ist. Ob das mit seinen jahrhundertelangen Gefährdungen zusammenhängt? Andere, wie etwa die Tschechen, machen sich in der Stunde der Not klein: der Soldat Schweyk zum Beispiel. Die Ungarn machen sich groß, scheinbar. Sie haben eine unvergleichliche Begabung zur großen Gebärde. Das Genie der Ungarn ist ihr Sinn für die pompöse Selbstinszenierung. Sie sind Meister der großen Szene. Überall auf den Budapester Straßen kann man es schon an den Denkmälern ablesen: Künstler und Heilige, Freiheitskämpfer und Fromme, alles Helden, alles Genies und Märtyrer dazu, versteht sich. Keine Stadt der Welt hat ihren denkwürdigen Söhnen so viele Denkmäler gesetzt wie Budapest. Vor allem die Dichter genießen hier schier göttliche Verehrung. Es sind keine Schriftsteller. Es sind Volkshelden. Ihre Poesie schätzt den ekstatischen Ton. Für uns klingt auch Pathetik mit.

Was ist der Genius der Ungarn? Bestimmt nicht das Gulasch, das Paprika, auch nicht die Pußta – die üblichen Touristenklischees. Ein Dichter wie Nikolaus Lenau führt tiefer. Ich möchte es Leichtigkeit nennen, die aus Schwermut kommt. Dies ist ein Volk, das scheinbar mühelos leicht lebt. Leichtlebig nennt man die Ungarn ja gern. Aber der Schein trügt. Die Schwermut Lenaus und sein Wahnsinn zum Schluß. Da ist immer die große Trauer der Steppe eingemischt, das dunkle, blutige Lied der

Donau schwimmt mit. Himmelhochjauchzend – zu Tode betrübt, sind sie oft gestimmt. Wenn Exotik und Leiden sich mischen, entsteht manchmal Brillanz zum Schluß. Virtuoser Glanz über Abgründen, der wie ein Feuerwerk funkelt. Ich denke jetzt an Franz Liszt zum Beispiel.

Die Kunst jedenfalls, das Schwere ganz leicht zu bringen, ist ihre besondere Begabung. Damit sind sie berühmt geworden, mit Recht, will mir scheinen. Ob Molnár oder Lehár, Kálmán oder Alexander Korda, die berühmte Zsa Zsa Gabor – alles Meister der leichten Muse, wie man so sagt. Was wäre aber das leichte, das schwere Fach Unterhaltung überall in der Welt ohne den Beitrag der Ungarn?

Schon in den zwanziger Jahren gab es für Ungarn die klassische Künstlerlaufbahn: In Budapest wuchs man auf, lernte erste Schritte, in Wien machte man sich einen Namen. Dann feierte man in Berlin seine Erfolge. Die zogen sich über London, Paris oft bis Hollywood. Man sehe sich die großen Weltfirmen der Unterhaltungsindustrie nur etwas genauer an, all die Filmkonzerne, Verlagshäuser und Büros des Showbusiness: Im Zweifelsfall steckt immer ein Budapester dahinter, meist ein ungarischer Jude – warum?

Sie können es einfach: wie man am Broadway ein Musical glanzvoll aufzieht, wie man eine Illustrierte dem Massenpublikum schmackhaft serviert, wie man eine Boulevard-Komödie frech auf die Bretter stellt – die Ungarn bringen in solche Medien erst den gewissen Pfiff. Sie haben mit dazu beigetragen, ganze Staaten zu inszenieren. Was wäre der Staat Israel zum Beispiel ohne den Beitrag der Ungarn? Von Theodor Herzl, dem Träumer und Vordenker des Staates, bis zu Teddy Kollek, dem Bürgermeister von Jerusalem heute, alles geborene Budapester. Der Vergleich mit Teddy Kollek ist natürlich eine spaßige Vereinfachung. Immerhin, die Geschicklichkeit und auch Raffinesse, die diplomatische Intelligenz, mit der ein Mann wie er diese schwierige, ziemlich verrückte Stadt

Jerusalem friedlich regiert, ist ohne den Hintergrund seiner österreichisch-ungarischen Herkunft kaum zu erklären.

Zum Schluß will ich Nebensachen hervorheben. Für mich sind sie die Hauptsachen, die mir Budapest so reizvoll machen als Reiseziel. Was ist so am Rande das Alltägliche und doch Besondere, das nur diese Stadt bietet? Die Bäder zum Beispiel. Daß Budapest die Stadt der heißen Quellen ist, ist bekannt. Daß es 123 Quellen sind, die allein im Stadtgebiet sprudeln, und zwar 70 Grad heiß, wer weiß das als Fremder? Von diesen sind es 22, die allein im berühmten Gellért-Bad verschwenderisch dampfen. Ein Wellenbad dazu, natürlich das erste in Europa damals. Sehr schön hat man die alte Szene jetzt neu gestaltet. Das Thermalwasser soll bei Rheuma, Neuralgien, entzündlichen Gelenkschmerzen hilfreich sein. Mag sein, aber das gibt es auch anderswo. Einmalig ist hier die Kultur des Badens und wie sie zelebriert wird: öffentlich und doch privat. Was ist hier Dienst an der Gesundheit, was pure Lust? Ich möchte das Gellért-Bad ein sehr sublimes Budapester Freudenhaus nennen. Man muß es kennen. Es ist auch ein Stück Geschichte dieser Stadt.

Zwischen 1911 und 1928 wurde es gebaut, unter vielen Schmerzen. Wenn man bedenkt, wie unvorstellbar rückständig Ungarn damals als Ganzes noch war: das Land ein Armenhaus und Budapest bankrott, aber von Grafen und Baronen geliebt und geschätzt und überfüllt, dann muß man staunen. Wieder so ein Stück ungarischer Hochstapelei. Vornehm ging die Bourgeoisie baden. Das Land war pleite, seine Gesellschaft aber ging ins Gellért, hochvornehm. Die Minister kamen gegen zehn, um elf fuhr regelmäßig die Schauspielerin Lili Muráti vor in ihrem roten Adler-Sportcoupé. Die Erzherzogin Augusta war Dauergast. Es kam die ganze Zunft der Boheme von Molnár bis Paul Abraham, dem Operettenkönig. Auch

Gitta Alpar und die junge Marika Rökk sollen sich hier erfrischt haben. Ein Badehaus als Laufsteg nationaler Prominenz. Ich frage: Wo gibt es das noch?

Das Stück ist keineswegs zu Ende. Im Gellért ist der alte Kult noch sehr lebendig. Das große, berühmte Hotel daneben ist ganzjährig geöffnet. Immer noch ist es die feinste Adresse der Stadt, obwohl es inzwischen natürlich viele moderne Hotels hier gibt. Vom Interconti bis zum Hilton Budapest. Wer aus dem Westen kommt, hat nicht das Gefühl, im Ostblock zu Gast zu sein.

Was liegt hier noch am Rande und ist das Typische trotzdem? An einem Nachmittag empfehle ich einen Ausflug in die Römerzeit zum Beispiel. Auch ohne eigenes Auto ist das mit dem Taxi mühelos zu machen. Wer weiß denn schon, daß die ganze Region, auf der sich heute die Stadt erstreckt, zur Zeit der Römer eine große Militärstadt war? Der Limes zog sich mitten durch das Land. Das meiste ruht noch immer in der Erde. Was sichtbar ist, genügt, um schlichte Balkanvorurteile zu revidieren. Ein Hauch von Italien ist da zu spüren zwischen Säulen und Ruinen, ganz nah der Pußta.

Rom in Budapest: Vieles macht einfach staunen dort. Ein Heiligtum des Gottes Mithras etwa, ein anderes, der Göttin Fortuna Augusta geweiht. Die Reste der beheizten Bäder sind noch da und Mosaikfußböden einer römischen Villa. Man spürt den Atem der Geschichte hier im Museum. Die Zeit zerfällt. Vergangenes wird gegenwärtig. Was ist schon Zeit? Die Steine reden plötzlich. Sie erzählen von einem riesigen Imperium, einer gewaltigen Militärmacht, die kam, vierhundert Jahre blieb, dann zerbrach, von innen her. Kein Reich ist ewig, davon erzählen Ruinen überall, nicht nur in Budapest.

Spätestens um fünf am Nachmittag wird es Zeit, in der Stadt ins Café zu gehen. Auch das ist eine Pflicht am Ort. Es gibt Kaffeehäuser verschiedenster Art vom berühmten »Gerbeaud« bis zum »Wiener Kaffeehaus« im Forumhotel, das mir die köstlichsten Torten und Backwaren zu haben schien. Man muß auch das alte »Hungaria« wenigstens gesehen haben, das früher einmal »Café New York« hieß. Die Pracht der alten Zeit ist zu sehen, Reste von Donaumonarchie. Alles ist hier pompös, monumental, übertrieben historisierend, kann man auch sagen. Marmortische, reich vergoldete Säulen, Deckenfresken und überall Spiegel, die etwas erblindet sind inzwischen. Früher soll hier einmal der Weltgeist zu Hause gewesen sein. Die Poeten, die Künstler und Journalisten der Zeit trafen sich, fast wie auf dem Kurfürstendamm in Berlin einmal. Aber das muß sehr lange her sein. Heute kann vom Weltgeist schon deshalb keine Rede sein, weil die internationale Weltpresse fehlt. Heute ist das »Hungaria« wie ein Museum seiner selbst. Es sind hauptsächlich Touristen, die hier verweilen, ein wenig nippen wollen an vergangenem Glanz.

Ich empfehle als interessanteres Etablissement etwas anderes. Der Fremde, der Sprache nicht kundig, sollte des Abends in das schöne Konzerthaus gehen, das in der City nahe an der Donau liegt und »Vigado« heißt, zu deutsch: die Redoute. Es wurde in den sechziger Jahren des vorigen Jahrhunderts gebaut und ist so geblieben, ein echtes Budapester Gesellschaftshaus: altmodisch, romantisch, ein weiter Faltenwurf der guten, alten Zeit damals, schön aufgebauscht mit vielen Rüschen. Hier trifft man sich, sieht und genießt Künstler jeder Art. Es ist nicht nur die Musik, die hier geboten wird. Es ist Gesellschaft, die das Stück belebt. Fein bis pompös trifft man sich hier: das alte, schöne Lied.

Was noch? Früher oder später wird ein gelungener Tag in Budapest immer in einem Lokal enden, wo es sich schlemmen läßt. Man sitzt unter Freunden. Es wird aufgetragen. Die Speisen sind köstlich oder sehen doch wenigstens so aus. Der Wein scheint erlesen, sein Preis ist es bestimmt. Laß kritisches Stirnrunzeln – was schert uns die Welt? Jetzt wird gefeiert im großen Kreis.

Und es ist ganz unvermeidlich, daß irgendwann auch die Zigeuner kommen. Eine kleine Kapelle, drei oder vier Mann in buntem Kostüm. Fiedelnd und schluchzend nähern sie sich. Sie singen sich süß in das Herz der Gäste, das, sanft alkoholisiert, ohnehin schon etwas stärker schlägt. Jetzt kommt Volkes Stimme mit Macht. Ich sehe die Künstler nicht ohne geheimen Graus. Es gibt kein Entrinnen. Die Zigeuner sind da. Sie singen das alte, ewig neue Lied von Liebe und Leid und der Sehnsucht der Reiter, die durch die Pußta ziehen.

Was ist? Ist das nicht alles ein monumentaler Kitsch? Schon wahr, schon recht: Das Klischee ist die Wahrheit in dieser Stadt.

Das fränkische Jerusalem
Rothenburg ob der Tauber

Warum soll ich es jetzt nicht sagen? In diese Stadt war ich nicht gekommen, wie ich sonst in Städte komme, über die ich schreiben will, hinterher. Man kommt fragend, suchend, tastend. Man will etwas lernen. Es ist so viel Unsicherheit da am Anfang und Neugier. Wird sich die Stadt dir öffnen? Es ist wie ein Abenteuer, jedesmal. Frischer Mut und Versagensangst sind seltsam gemischt.

Keine Spur davon hier. Ich war meiner Sache so sicher: Sie meinen doch diese Perle unserer Tourismus-Industrie? Dieses Knusperhäuschen der deutschen Seele? Da weiß man doch alles vorweg. Das kennt man doch, ohne hinzusehen. Es leuchtet als Werbeposter in vielen Flugbüros der westlichen Welt. Come and see! Man sieht dann immer Rothenburg-Motive: also Spitzgiebelromantik und sehr alte Türme, die angemessen wehrhaft und angemessen gebrechlich wirken. Man sieht alte Fachwerkmuster, bestrickend verquer. Man sieht blumenumrankte Brunnen, die offenbar so still rauschen, wie sie nur in Deutschland rauschen können: rätselhaft. Ich weiß nicht, ist das ein Thema? Ist das mein Thema? Alles falscher Zauber, ein Hollywood-Germany, das man Japanern und US-Bürgern als Reisespaß anbieten mag – sechs Stunden lang. Mir nicht. Mit einem Wort: Ich hatte das Reklame-Rothenburg im Kopf, das es ja auch gibt, nebenher. Ich wußte schon alles, bevor ich es sah. Man nennt das auch Vor-Urteil.

Später kam mir ein Einfall, ein Vorschlag zur Güte, könnte man sagen. Etwas zog mich dennoch an. Doch, sagte ich kritisch abwägend. Vielleicht könnte man doch etwas über die Stadt schreiben, als Fallstudie für unseren modernen Massentourismus und seine Strategien der

Vermarktung. Eine Stadt beugt sich unter dem Joch ihres ruhmvollen Namens. Sie leidet, sie seufzt, aber lebt nicht schlecht damit: Romantik als Ware. Damit bekäme das kleine Thema Weite und Allgemeingültigkeit. Man könnte die Frage aufwerfen: Was geschieht eigentlich in unserer modernen Industriegesellschaft, wenn jedes Jahr zur Urlaubszeit sich Millionen von Menschen in Bewegung setzen? Wenn auf den Autobahnen jene endlosen Trecks entstehen, die wir Urlaubsströme nennen? Es sind Flüchtlingstrecks unserer Wohlstandsgesellschaft, meistens im Stau.

Das Phänomen ist ja grotesk: Die aus dem Norden ziehen in den Süden, weil dort immer die Sonne scheint und der Wein wächst und das Leben billiger ist. Die aus dem Süden, bessere Feinschmecker sind das, ziehen hoch in den Norden, weil dort alles einsam, so unberührt erhaben sein soll, allerdings unverschämt teuer. Was steckt hinter dieser Bewegung der Flucht? Pascal soll gesagt haben, das ganze Unglück des Menschen komme daher, daß er nicht mehr mit sich allein in seinem Zimmer sein könne. Da ist doch was dran. Am Beispiel Rothenburgs ließe sich das vielleicht sichtbar machen?

Man sieht, ich bin ein richtiger deutscher Intellektueller. Die sehen alles prinzipiell, prinzipiell negativ, meine ich. Ich war in ziemlich finsterer Absicht gekommen. Ich war fest entschlossen, die Stadt so richtig runter- und fertigzumachen: Da seht ihr es, da habt ihr es! So wird die Welt immer schamloser ausgebeutet! Tatsächlich ist an dieser Behauptung ja auch etwas wahr. Man kann moderne Verwüstungen durch Massentourismus schon in Südfrankreich, in Spanien schrecklich sehen. Ich hatte nur die Rechnung ohne den Wirt gemacht. Rothenburg liegt nicht am Mittelmeer. Gottlob liegt es noch an der Tauber. Und dieses schöne, stille Flüßchen schlängelt sich höchst pittoresk durch Franken. Auch das war mir entgangen. Merke: Urteile nie über etwas, das du nicht genau und von allen Seiten zuvor beobachtet hast.

Es ist vier Uhr morgens, eine Zeit, zu der ich sonst schlafe, tief und fest. Ein gewaltiger Donnerschlag hat mich geweckt. Wir sind jetzt drei Tage in der Stadt, und jede Nacht ist dasselbe Theater, schlimm. Gewitter gehen hier nieder wie Weltuntergänge. Ich habe das Fenster geöffnet, weit aufgesperrt. Es regnet nicht, es gießt in Strömen. Ungeheure Wassermassen stürzen vom Himmel. Die Qualität unseres Hotels erkennt man daran, daß trotzdem kein Tröpfchen ins Zimmer sprüht. Dann zucken Blitze zur Erde: gekrümmte, gezackte Lichtströme, die einen Augenblick die Landschaft taghell erleuchten. Sekunden später ein Donnerschlag, der das ganze Taubertal, das liebliche, zu zerschmettern scheint. Sicher werden dort unten morgen in Detwang nur noch Trümmer liegen. Ob die alte Brücke wieder zerstört ist?

Aber dann läßt das nach. Feuchte, würzige Wiesenluft dringt herauf ins Zimmer, das drückend warm ist. Jedes Gewitter hat ja auch etwas Befreiendes. Das ist wie bei einem Familienkrach. Am Horizont wird es heller. Morgendämmerung setzt ein. Irgendwo kräht auch ein Hahn. Weiße Wolkenschwaden ziehen unten durch das Tal. Eine Landschaft, die tief verhangen ist wie an einem Novembermorgen. Nebelbänke verhüllen die Giebel und Dächer der Stadt, die jetzt wie ein Traum deutscher Romantiker zeitlos und zart im Ungefähren zu schweben scheint. Alles wirkt wie eine Bühneninszenierung in Bayreuth: Jungsiegfried zieht in die Welt. Er wird einen Drachen finden. Ich aber mußte ganz unpassend an San Francisco denken. Dort gibt es auch dieses Nebeltheater, kurz, aber heftig. Ein Spuk, der sich schnell verzieht.

Schon um sieben Uhr ist es draußen trocken. Unten im Garten richten die Kellner die Tische und Stühle zum Morgenfrühstück. Spätestens um neun steht die Sonne wieder stark und grell über der Stadt. Der Himmel ist unverschämt blau, mit kleinen, gefiederten Wölkchen am Rande. Es wird wieder einen heißen Sommertag geben. Ach, Sommer! Wie sehr habe ich ihn erwartet, erhofft in diesen langen, kalten Wintermonaten, in denen ich immer vor mich hin stöhnte: Ich überstehe diese Kälte nicht. Und jetzt? Jetzt jammere ich wieder. Die Hitze wird feucht und drückend sein und mich müde machen. Ich sterbe vor Hitze – lauter Redensarten, lauter Todesarten, wie man will. Auch eine Art dazusein: meine.

Nein, ich werde jetzt keine Stadtführung beginnen. Ich lege ein paar Bilder zusammen, die mir in der Stadt zunächst auffielen. Angenehme Erfahrungen, die mich nachdenklich machen. Ich sah das so deutlich nirgendwo in der Bundesrepublik. Dächer zum Beispiel. Es gibt herrliche Dächer in Rothenburg. Ja, vom Rathausturm oder vom alten Röderturm aus betrachtet, wirkt die kleine Stadt wie eine einzige Dächerflut, die vom spitzen Giebel tief bis zur Erde wogt. Es mag ja alles etwas altertümlich sein, aber so große Dächer vermitteln ein Gefühl von Geborgenheit, Wärme, Behütetsein, das wir suchen, aber nicht mehr kennen. Die Dachziegel müssen dunkelrot sein und leicht geschwungen. Ihre beherrschende Fläche muß gelegentlich durch Gauben belebt sein: Walmgauben, Giebelgauben, Fledermausgauben – jedes Dachfenster wirkt wie ein weit aufgeschlagenes Menschenauge, das dem Haus ein anderes Gesicht gibt. Solche Dächer, die alles beherrschen, geben dem Bauwerk die Würde und Wohnlichkeit einer wirklich humanen Behausung.

Und wir heute? Unsere modernen Flachbungalows? Schön und gut, sie sind viel billiger zu erstellen, sie sind praktischer zu bewirtschaften. Ihr Siegeszug überall ist unaufhaltsam. Ich weiß auch, daß alle mittelmeerischen Kulturen mit ihrem Flachdach gut auskommen. Wo immer schön Wetter ist, verliert das Dach an Bedeutung. Und doch drückt sich im Dach ein eigener Kulturwille aus. Die klassische Villa, wie sie das wohlhabende Bürgertum, vom römischen Modell abgeleitet, im 19. Jahrhundert weiterentwickelte, ist ohne das beherrschende, originelle Dach nicht zu denken. Dächer drücken den Reichtum einer Kultur aus. Mehr noch, sie symbolisierten den Bürgerstolz. Wer was war, wollte hoch hinaus und drückte das in der Kunstfertigkeit seiner Dächer aus. Stadtkultur ist immer Dachkultur gewesen. Von Lübeck bis Passau kann man es sehen.

Heute ist da bei uns etwas im Niedergang. Man hat vor allem bei den großen, repräsentativen Bauten in Deutschland keinen Mut mehr zum richtigen Dach. Die Frankfurter Paulskirche hat man 1948 rasch wiederaufgebaut. Ihr schönes, hohes Walmdach ließ man weg. Sie wurde inzwischen einer gründlichen Renovation unterzogen. Viele Bausünden werden ausgebessert. Zum richtigen, alten Dach konnte man sich aber wieder nicht durchringen. Man hat in Berlin das Reichstagsgebäude getreulich wiederhergestellt, auf das hohe Kuppeldach aber hat man verzichtet. Was liegt hier vor? Ich meine, ein Mangel an Bürgerstolz. Da hatten die Deutschen 1945 eins aufs Dach bekommen, mit Recht übrigens. Seitdem sind sie merkwürdig zögerlich in dieser Dimension geworden. Nur keinen Stolz zeigen, nur nicht zu hoch hinaus! Das ist auch ehrenwert. Hier in Rothenburg wird einem plötzlich bewußt, von welcher Ausdruckskraft Dächer sind. Erst sie sind der Hut auf dem Kopf. Noch immer sind wir nicht eine intakte Nation.

Weiter: Gärten. Ich finde die kahlgeschorenen, abrasierten Rasenflächen, die die Bungalows unserer gehobenen Stände heute umranden, trist. Sie sind seelenlos. Hier in Rothenburg sah ich die schönsten Gärten. Sie müssen verborgen und etwas verwildert sein. Wenn man zum Beispiel die Herrengasse entlang Richtung Burgtor geht, kommt man an alten, prächtigen Patrizierhäusern vorbei. Da muß man rein, da muß man durch, durch Vorhöfe,

Remisen, alte Laubengänge. Ganz zum Schluß, wenn man meint, hier sei's nun zu Ende, sollte man mit kraftvollem Stoß noch einmal ein Tor öffnen. Es knarrt, es quietscht, es klemmt. Da dämmert hart an der Außenmauer des prächtigen Anwesens immer ein Zaubergärtchen, wunderschön.

Ich denke jetzt etwa an den Garten, in dem der Töpfer Ströbel wohnt. Wenn wir hier saßen, war ich stets bezaubert vom Charme dieses schönen Wildwuchses hier. Es wirkt so human, wenn Gartenkultur, immer mehr wachsend und blühend, langsam sich auflöst und wieder zerfällt ins Phantastische. Natur ist immer noch mächtig. Kein Swimmingpool, aber ein grünes, algenbedecktes Tümpelchen war da, für Insekten und anderes Getier. Biotop ist das Modewort jetzt. Wilder Wein rankte sich hoch am Mauerwerk. Die Sonne, das flackernde Licht unter dem Blätterdach – Pans Stunde, könnte man sagen.

Tatsächlich waren Flötenton und andere musikalische Verführung leise zu hören. Eine junge Sopranstimme übte ein paar Takte einer Mozartarie: Haha, haha – Koloraturtöne, ganz hoch. Gleich nebenan ist nämlich das Goethe-Institut von Rothenburg untergebracht. Es war heiß. Die Fenster weit aufgesperrt. Offenbar übte sich da eine junge Kunstelevin in Gesang und Spiel? Vielleicht wird sie einmal eine Primadonna werden, von der Welt beklatscht? Wir saßen in windschiefen Gartenstühlen, tranken Tee, blickten ins Grüne. Der Töpfer Ströbel philosophierte. Er sagte zum Beispiel: »Es ist besser, etwas verrückt als überzeugt normal zu sein.« Wie wahr! Seltsam entrückte, stille Stunde in Rothenburg. Ich meine, so versponnen und abseits sollten Gärten sein, ob mit oder ohne Mozarttöne. So sind sie human.

Merkwürdig, wie schnell man sich hier aufgenommen und geborgen fühlt. Schon grüßen mich des Morgens erste Einwohner, die ich kaum kenne. Idyllen verzaubern. Sie üben eine eigene Magie aus. Alle alten Städte versichern uns mit ihrem Geruch der Vergangenheit, daß früher einmal alles ganz anders gewesen sein muß: besser. Es gab keine lärmende Motorisierung, keine giftigen Abgase. Es gab höchstens Pferdegetrappel und dann und wann wacklige Postkutschen, denen höhergestellte Persönlichkeiten umständlich entstiegen. Es gab keine anonymen Massen wie heute auf unseren Fußballplätzen. Es gab lauter Originale, zünftige Burschen. Es gab keinen Beton. Es gab Holz, Holz, das in Hunderten von Jahren gewachsen war, das dann hundert Jahre lang gelagert wurde und nun seit Jahrhunderten die Häuser hier ziert. Alles war echt damals.

Es gab auch kein Fernsehen, sondern den abendlichen Plausch unter der Linde. Und später kam dann der Nachtwächter. Es gibt ihn als tüchtigen Privatunternehmer noch heute in Rothenburg. Er kommt Punkt neun zur Rathaustreppe, stellt sich dort auf mit schwarzem Umhang, mit Hellebarde, Blashorn und einer Laterne bewaffnet. Touristen mögen das. Sie laufen gern mit. Sie hängen einem Märchen an, das sie selber etwas verschämt belächeln. Trotzdem, es gehört zum Schlußbild der täglichen Selbstinszenierung hier. Dann trinkt man noch einen Schoppen, irgendwo, dann geht man zu Bett. Die Gassen sind eng, die Fenster offen. Manchmal hört man die Schläfer schnarchen. Deutschland – ein Nachtwächterstaat? Ein richtiges Spitzweg-Idyll ist Rothenburg so um Mitternacht.

Ich frage mich: Wo kommt diese Macht der Vergangenheit her, die uns hier trifft? Uns geht's doch ganz gut heute, unendlich viel besser jedenfalls als den Menschen damals. Die Rede von der guten, alten Zeit ist doch nichts als ein Gerücht, eine fromme Legende, unausrottbar. Sie hat nie gestimmt. Ja, früher war alles ganz anders. Viel schlimmer nämlich. Es stank in den Gassen infernalisch. Ratten, Mäuse und Läuse belebten die putzigen Zimmer, die dunkel und feucht waren. Die Pest und die Cholera gingen um. Man starb mit vierzig, und von zehn Kindern starben sieben schon als Säuglinge. Das Volk hatte schreckliche Lasten zu tragen. Es flehte Gott um Erlösung an – mit Recht.

Sicher hat es auch andere Seiten des Lebens gegeben. In Rothenburg muß es im Mittelalter eine Zeit erstaunlichen Wohlstands gegeben haben. Wirtschaft und Handel blühten. Die Stadt war reich, und alles, was wir hier heute noch als stolze Denkmäler bestaunen: das Rathaus, die Häuser der Patrizier, die herrliche Jacobskirche, die ja viel zu groß und majestätisch ist für die kleine Stadt – das alles bezeugt, wie mächtig und wichtig Rothenburg einmal war.

Als freie Reichsstadt war sie von Adel und Klerus unabhängig. Sie unterstand nur dem Kaiser, der sie, gegen angemessene Gegenleistungen, versteht sich, mit vielen Privilegien ausstattete. So konnte sich hier früh die bürgerliche Kultur entfalten, mit all ihren eigenen Freiheiten. Das Wort »Stadtluft macht frei« stammt aus dieser Zeit, als Adel und Klerus im Land das Sagen hatten. Bei Rothenburg kommt schließlich hinzu, daß die Stadt am Ende des 14. Jahrhunderts einen Bürgermeister von politischem Format besaß, der sie zu Reichtum und Macht führte. Daß dieser Heinrich Toppler im Jahr 1408 dann in den Verliesen seiner eigenen Stadt jämmerlich umkam, ist wie ein Menetekel. Rothenburg war von seinem guten Geist verlassen. Kriegswirren begannen.

Die Stadt hat dann im Dreißigjährigen Krieg Schreckliches durchgemacht. Sie war in einer vertrackten Situation. Einerseits war sie fortschrittlich protestantisch, andererseits wollte und konnte sie die Privilegien der katholischen Majestät nicht aufs Spiel setzen. Ob Freund, ob Feind – im Laufe dieses mörderischen Krieges gingen alle Truppen Europas wie Landplagen auch durch diese Stadt. Das hieß Belagerung, Eroberung, Plünderung, Brandschatzung. Jeder verbündete sich mit jedem. Ob schwedisch oder kaiserlich: Jeder kämpfte zum Schluß gegen jeden. Im Bauernkrieg 1525 verbündete sich die Stadt mit Florian Geyer, dem Freiheitshelden der kleinen Leute damals. Auf seine Niederlage gegen ein Fürstenheer folgte ein Strafgericht ohnegleichen. Massenhinrichtungen fanden statt. Ein Markgraf Casimir von Ansbach soll das Gemetzel befohlen haben. Mit Ansbach haben die Rothenburger ja noch heute ihren Verdruß. Ist dort nicht die zuständige Irrenanstalt ansässig? Standhafte Rothenburger erkennt man jedenfalls noch heute daran, daß das Nummernschild ihres Autos nicht das neumodische AN trägt. Lieber fahren sie ihren alten Schlitten noch ein paar Jahre, als daß sie auf ihr schönes ROT verzichten. Den Nachfahren des Florian Geyer, meine ich, steht das zu.

Ja, die gute, alte Zeit damals. Man kann sie sehr überzeugend im Kriminalmuseum besichtigen. Was man zunächst als lokale Kuriosität einschätzt, entpuppt sich beim Besuch als eine sehr ernsthafte Schau. Wer damals ins Räderwerk der Justiz geriet, hatte mit einem Strafvollzug zu rechnen, dessen Grausamkeit unfaßbar ist. Teuflische Todesarten: enthaupten, erhängen, aufs Rad flechten, in heißem Öl sieden, lebendig begraben, einmauern, vierteilen. Jede denkbare Form der Folter war üblich – im Namen der Dreifaltigkeit, versteht sich: Fingerschrauben, Beinschrauben, Mundbirnen. Also, ich möchte zu dieser Zeit nicht gelebt haben.

Merkwürdig, wie das alles vergessen und verklärt wird, hinterher. Auch diese Stadt muß dann im 18. Jahrhundert irgendwie von der Zeit vergessen worden sein. Schon zur

Zeit Goethes war sie in eine Art Dornröschenschlaf versunken. Goethe, der Vielgereiste, hat Rothenburg nie erwähnt. Das Zeitalter der Industrialisierung begann. Draußen in Bayern gab es schon Dampfmaschinen, Fabriken und erste Eisenbahnen. Napoleon ordnete die Welt neu. Rothenburg aber schlief wie im Märchen: Der ganze Hofstaat, ich meine die Stadt, schlief tief und fest. Die Rosenhecke wuchs immer mehr zu, bis dann, wie im Märchen, der Prinz kam, das schöne Kind wachküßte.

Das war Mitte des letzten Jahrhunderts. Es kamen zuerst Maler: Ludwig Richter kam aus Italien, Carl Spitzweg aus München. Ihre Künstleraugen waren entzückt. Welch ein herrliches Kind schlief hier, von der Zeit vergessen, seinen Dornröschenschlaf! Die Zeit der Reichsgründung weckte überall in Deutschland spätromantische Träume. Die ›Leipziger Illustrierte Zeitung‹ hatte schon 1867 einen begeisterten Bericht über Rothenburg veröffentlicht. Die vielgelesene ›Gartenlaube‹, die übrigens damals noch nicht so lächerlich war, wie sie uns heute erscheint, berichtete über die Stadt. Zeit des Historismus, Zeit der schönen Verspätung in Deutschland. Alle delektierten sich am Blick zurück. Wie schön doch das Land einmal war! Damals erwachte diese uralte Sehnsucht, »Romantik« genannt. Sie liegt ja nicht in den Objekten, sondern im subjektiven Blick des Betrachters. Kein Bauer findet seine Wiese romantisch. Sie ist sein Arbeitsplatz. Unser Arbeitsplatz ist heute die Stadt und ihre moderne Technik. Sie hat uns viel gebracht, aber manches ging in der Großstadt natürlich auch verloren. Der Tourismus jedenfalls hat dann die Stadt wachgeküßt. Das begann spätestens in den Jahren der Weimarer Republik.

Brief nach Berlin

Lieber Freund! Ich hatte zugesagt, Dir etwas über meinen neuen Standort zu erzählen. Um mit der Bilanz zu beginnen: Die Reise hat sich gelohnt. Die Stadt ist der Rede wert, weil sie etwas ganz Einmaliges darstellt in Deutschland. Ich möchte es Gegenwart der Vergangenheit nennen.

Dabei muß ich vorausschicken: Wenn ich Dir hier von Rothenburg erzähle, meine ich nicht die ganze Kommune. Diese zählt heute etwa 12 500 Einwohner, und über 8000 davon leben außerhalb der historischen Stadtmauern. Es sind genau dieselben Menschen, redliche, fleißige, freundliche Franken. Sie gehen dem üblichen Gewerbe der Region nach. Es gibt draußen eine Weltfirma für Elektronik und allerlei Kleinindustrie. Dort verdienen die Rothenburger ihr Geld. Die Stadt lebt nicht, wie man glauben möchte, vom Tourismus. Der Stadtkämmerer hat's mir verläßlich versichert. Nicht einmal 25 Prozent vom sogenannten Bruttosozialprodukt kommen aus der Fremdenindustrie. Der Löwenanteil wird in der Industrie, im Handel und Handwerk erbracht. Die draußen wohnen natürlich freier, luftiger in ihrem Bungalow mit Garage. Sie haben moderne Schulkomplexe mit einem Freizeitzentrum, das vorbildlich ist. Auch eine neue Autobahn führt jetzt vorbei. Soziale Wohltaten sind zu loben: schön und gut. Nur deswegen käme natürlich kein Fremder her.

Die Altstadt ist der Magnet, der Millionen von Fremden anzieht. Alte Städte gibt es viele. Hier in Franken wimmelt es geradezu von solchen Perlen. Auch Dinkelsbühl, auch Weikersheim, auch Tauberbischofsheim sind sehenswert. Ich will sie nicht geringschätzen. Sie liegen am Wege. Rothenburg aber liegt nicht am Wege. Das ist der Unterschied. Da muß man extra empor. Jedenfalls, wenn man aus dem stillen Taubertal kommt, sieht man die alte Stadt mit ihren Türmen und Zinnen ganz oben, gotisch gezackt, wie einen fernen Traum vom deutschen Mittelalter liegen, wirklich märchenhaft. Schon die christlichen Pilger, die damals aus dem Heiligen Land zurückkehrten, haben Rothenburg gern das fränkische Jerusalem genannt. Ich, der ich dreimal in Jerusalem war, kann den Vergleich nicht so von der Hand weisen, wie es hier üblich ist. Beim ersten Anblick und aus der Entfernung stellen sich beim Kenner schon solche Assoziationen her. Hoch, stolz, machtvoll das hügelige Umland überragend, das trifft auf beide Städte zu. Natürlich heißt fränkisch: klein, bescheiden, nach innen gekehrt. Das kann man vom mächtigen Jerusalem nicht sagen.

Du mußt Dir die Szene so vorstellen: Die Stadt ist rundum von einer Mauer geschlossen. Sie ist vom Rest der Welt tatsächlich abgetrennt. Sie hat fünf Tore. Den Toreingängen sind meist alte Basteien und Vorwerke vorgelagert. Ein Wegezoll oder Eintrittsgeld wird nicht mehr erhoben. Hat man als Fremder mit seinem Wagen die Einfahrt gefunden, läßt man sich auch durch die zahlreichen polizeilichen Fahrverbotsschilder nicht irritieren, sondern fährt einfach rein, dann ist es merkwürdig, dann versinkt unsere Zeit, dann geht unser Jahrhundert verloren. Es ist wie ein uralter Zauber, ein Traum steigt auf, dunkel und schön. Eine andere Epoche beginnt, Zeit der Zünfte und Ritter. Wann war das denn?

Ich empfehle Dir die Einfahrt durch das Kobolzeller Tor zu nehmen, also vom Taubertal her. Die ist zwar etwas kurvenreich und riskant. Es geht um eine scharfe Linkskehre, und das alte Tor mit seinen diversen Basteivorbauten sieht so winzig aus, daß man meint, man bliebe stecken. Aber es geht, und schon ist man drin im Märchen.

Feinschmeckern würde ich raten, ins Spitalviertel zu fahren. Der Kappenzipfel heißt die ganze Region. Sie wurde der befestigten Stadt erst im 16. Jahrhundert zugeschlagen. Wie hier die alten Siechen- und Pesthäuser von damals renoviert sind, ist vorbildlich. Alles blieb, wie es war, und wurde doch auf den Stand von heute gebracht. Die Stimmung von einst umfängt uns, wenn wir durch das stille Viertel gehen, das von den Touristen kaum besucht wird. Wie groß und machtvoll man schon damals für die Alten und Kranken baute! Man hat die Zehntscheune aus dem Jahr 1699 zu einer modernen Tagungsstätte umgebaut, die immerhin 600 Besucher aufnehmen kann. Trotzdem blieb der alte Stil. Rothenburg ist für das, was man heute gelungene Denkmalserneuerung nennt, zu rühmen. Ich komme aus Frankfurt. Ich könnte ein Lied von der Hilflosigkeit moderner Stadtplaner vor der Geschichte singen. Der Platz zwischen dem Römer und Dom ist jetzt fertig. Seine Zusammengewürfeltheit ist einfach grotesk.

Nein, der Wille der Stadtväter hier, nach den Zerstörungen am Ende des Zweiten Weltkriegs die historische Altstadt so getreu wie möglich wiederherzustellen, war ein weiser Entschluß. Heute, nach vierzig Jahren, ist der Beweis erbracht. Wenigstens eine Stadt in Deutschland sollte es geben, die vollkommen ihre Geschichte spiegelt. Trotzdem ist kein Museum entstanden. Hier wird gelebt. Handel und Wandel spielen sich immer noch ab. Der Autoverkehr wurde gedrosselt, aber nicht abgeschafft. Es ist bestimmt kein Vergnügen, in Rothenburg heute Hausbesitzer zu sein. Strenge Bauauflagen sorgen dafür, daß noch im kleinsten Winkel der historische Stil erhalten bleibt. Es gibt ein paar Kinos, aber abseits und ohne die üblichen Lichtorgeln. Keine Leuchtreklame, kein Neonlicht in den Gaststätten. Moderne Metalltüren sind auch nicht gestattet. Selbst unsere mächtigen Großbanken müssen sich mit ihrem firmeneigenen Design zurückhalten. Werbung ist nur ganz diskret möglich. Schmiedeeiserne Zunftschilder ragen nach alter Art in die Straße und zeigen das jeweilige Gewerbe an. Kein Discosound dröhnt nachts aus Beatschuppen. Man kann sagen: alles kunstgewerblicher Schnickschnack. Es ist aber nicht wahr. Hier ist das authentisch. Hier war es früher so. Hier soll es so bleiben. Es paßt. Ich lobe diesen radikalen Mut zu sich selbst.

Lieber Freund! Nur diesen Rat noch zum Schluß: Wenn Du einmal hierherkommen solltest, laß Dich nieder und nähre Dich redlich, mit Preßsack und Bier oder mit Bratwurst und fränkischem Wein ist das ja möglich. Mach nie den Fehler, zu weiteren Erkundungen ins Umland aufzubrechen. Höchstens ein Spaziergang ins alte Dorf Detwang ist möglich, mehr nicht. Rothenburg ist ein Inseltraum, fast wie Sylt. Alle Inseln haben ja diesen merkwürdigen Zauber des Solitären. Wir sind allein auf der Welt. Wir sind die Welt schlechthin. Eine Art Kinderglück ist das: süße Gefangenschaft, früh. Man könnte auch von Seifenblasen sprechen. Wer die Mauern der Stadt verläßt, zerstört einen Traum. Es wird so gewöhnlich draußen. Wenn man dort die ersten Tankstellen sieht und dann die Autobahnschilder, die nach Nürnberg oder Würzburg weisen, ist der Zauber dahin. Das platte Land hat Dich wieder. Das Verlustgefühl ist beträchtlich.

Aber wem sage ich das, lieber Freund? Du mußt das verstehen. Du lebst doch auch in einer ummauerten Stadt. Mindestens das hat das kleine Rothenburg mit der großen Inselstadt West-Berlin gemein: Schön und faszinierend, heimatlich und ganz eigen ist es nur innerhalb seiner Mauern. Drinnen ist Poesie. Dahinter beginnt die Prosa einer anderen Zeit, eines anderen Staates. Nächstens mehr.

Every Day is Christmas

Wunderliches geschah eines Abends. Kräftige junge Männer, denen man fränkischen Fleiß ansah, trugen Kuckucksuhren über den Marktplatz. Erst waren es nur einige, ganze Gruppen dann. Kolonnen von jungen Lastträgern, die immer größere, immer imponierendere Kuckucksuhren auf ihren Rücken buckelten. Ich wußte gar nicht, daß es solche Monster deutscher Innerlichkeit überhaupt gibt.

Wir saßen im Baumeisterhaus, diesem Prachtstück der Renaissance. Dort gibt es nach Rothenburger Art noch hinter dem Restaurant einen Innenhof, den man poetisch nennen muß. Wir hatten uns niedergelassen zum Abendschmaus. Die Stunden verrannen. Schon war es acht. Schon schlug die Uhr von der Ratsherrenstube neun. Es war dunkel geworden. Die Nacht fiel ein. Alles war finster, wir ganz allein. Ich saß so günstig, im Kreis der Freunde, daß ich durch den Innenhof direkt auf die Straße sehen konnte. Obere Schmiedgasse heißt sie. Und dort, genau dem Baumeisterhaus gegenüber, waren auch das Ziel und der Endpunkt jener merkwürdigen Prozession der Kuckucksuhren zu sehen.

Dort wurde eben ein neues Geschäft für Souvenirs installiert. Morgen früh sollte eröffnet werden. Heute nacht ging es im Laden hoch her. Grelle Scheinwerfer warfen hellblaues Licht. Das fleißige Völkchen lief hin und her, schob Kulissen zurecht, hockte auf Leitern, hämmerte, klebte, hängte bunte Dekorationsstücke ins Fenster. Es ging zu wie in einem Fernsehstudio kurz vor Sendebeginn. Auch Bierflaschen wurden den munteren Turnern manchmal hochgereicht. Ich war fasziniert. Das soll Rothenburg sein? Ich starrte nur immer auf diese grellweiße Lichtbühne in dunkler Nacht. Fabelhaft, sagte ich. So ungefähr müßt ihr euch ein Filmatelier in Hollywood vorstellen.

Ganz zufällig waren wir Zeugen geworden, wie hier ein tüchtiger Unternehmer im Zentrum eine neue Filiale in Gang brachte. Nein, den Namen des Mannes werde ich nicht nennen. Das wäre Schleichwerbung. Es genügt zu wissen, daß so erfolgreiche Kaufleute bei uns immer aus der DDR kommen. Da haben sie gelernt, wie man es falsch macht, und hier machen sie es nun richtig – freier Markt, nicht wahr? Nämliche Firma unterhält in der Stadt schon zwei Geschäfte, die florieren und heute zum Bild Rothenburgs einfach gehören. Jeder Besucher der Stadt weiß Bescheid. Beide Geschäfte sind auf Weihnachten spezialisiert. Christkindlkunst oder Weihnachtsmarkt. Ob strahlender Mai oder mildes Septemberlicht, in beiden Geschäften wird immer Heiligabend zelebriert. Jeden Tag, jede Woche, das ganze Jahr durch wird Christi Geburt hier gefeiert. Ich kannte das aus Amerika. »Every day is Christmas« heißen diese wunderlichen Institute in den Staaten.

Natürlich hatte ich die anderen beiden Läden zuvor inspiziert. Sie sind in ihrer Art perfekt. Sie passen genau in Rothenburgs Wunderwelt. Ist es nicht wunderbar, wenn man im Zentrum aus sommerlicher Hitze plötzlich in kalten Winter versetzt wird? Haben sie Air-condition? Leise rieselt der Schnee jedenfalls. Goldene Engel schweben vom Himmel. Heimliche Chöre singen die alten, vertrauten Weisen, die mir zum Fest immer so auf die Nerven gehen – hier nicht. Knecht Ruprecht geht um mit Sack und Rute. Glöckchen und Spieluhren klingen sanft. Und überall ist die bekannte Urszene aus Bethlehem in vielen Variationen zu kaufen. Die Krippengeschichte mit Maria und Josef, dem heiligen Kind und dem ganzen Drumrum nebst Esel und den drei Mohrenkönigen aus dem Morgenland.

Bemerkenswert ist das Verhaltensmuster der Kunden. Frauen in großgeblümten Sommerkleidern, junge Männer in kurzen Hosen und Turnschuhen – wenn sie den

Laden sehen, grinsen sie erst ungläubig. Fast widerstrebend, auf jeden Fall zögernd läßt der Mann sich dann von der Frau in den Laden ziehen. Und dann? Dann ist es um beide geschehen. Rothenburgs Zauberwelt macht es möglich. Die Geschäftsräume sind riesig. Wie in den alten Patrizierhäusern geht es bis zur Mauer hinten tief durch. Man kann eine halbe Stunde wandern, geht staunend von diesem in jenen Saal. Der innere Widerstand wird aber nicht nur durch die Größe, sondern durch die Qualität gebrochen. Er schmilzt dahin.

Es ist eben kein Warenhausramsch, kein billiges Flitterzeug, das hier feilgeboten wird. Es sind kleine Kunstwerke, unendlich liebevoll inszenierte Puppen, die einem ihr Händchen entgegenstrecken. Alte Volkskunst ist das, die einmal im Erzgebirge, im Vogtland, so rund um Zittau, ihre Heimat hatte. Es sollte mich gar nicht wundern, wenn dieser tüchtige Kapitalist aus der DDR seine betörenden Kunstwerke noch heute von dort bezieht. Das Ende vom langen Einkaufsgang ist jedenfalls, daß man die grinsenden Anfänger sehr still, fast andächtig an der Kasse sieht, mit ein paar Päckchen bewaffnet. Das nächste Fest kommt bestimmt. Man kann in Deutschland gar nicht früh genug mit den Weihnachtseinkäufen beginnen.

Man kann es aber auch so sehen: Die Rothenburger Hotellerie sieht eine neue Chance. Hier gibt es kein Sommerloch, wie im Rest der Republik. Das Winterloch ist bedrückend. Die Häuser stehen leer. Ist das nicht absurd? Ich meine, Weihnachten ist schon eine rechte deutsche Landplage. Ein Fest der Seele und der Innerlichkeit, dem gleichwohl keiner entgeht. Wenn dem so ist, wo könnte man das Unvermeidliche schöner, stimmiger feiern als in dieser alten Stadt? Die Gastronomie hat es endlich begriffen. Schon gibt es festliche Weihnachtsarrangements mit allem, was das Herz begehrt: Kinderchöre, die singen, Schlittenfahrten, Weihnachtsmänner und Orgelkonzerte in der Jacobskirche. Silvesterknall dann zum Schluß. Es kracht und blitzt über dem Taubertal. Ich kenne das original.

Gebsattel

Wohin wollten wir? War es nicht die Engelsburg gewesen? Wir saßen jedenfalls im Auto. Wenn man die Stadt vom Spitaltor aus Richtung Süden verläßt, kommt man an die Stadtgrenze. »Gebsattel 1 km«, steht dort geschrieben. Ich war dem Namen schon vor ein paar Tagen begegnet. Im Stadtarchiv hatte ein älterer Herr gesessen. Er blätterte in riesigen Folianten. Ich hatte ihn in meiner neugierig-schnoddrigen Art, Art aller Berliner, gefragt: Was machen Sie denn da? Und er hatte fränkisch-brav geantwortet: Ich suche Materialien zur Geschichte des Dorfes Gebsattel. Na, so was, hatte ich gedacht. Höre ich recht? Hier aus dem Fränkischen kam er ja her.

Jetzt, im Auto sitzend und so nah dieser Fata Morgana, sagte ich kurz entschlossen: Laßt uns diesen kleinen Umweg machen. Ich bitte euch – nur ein Kilometer! Ich will das prüfen. Es gab da mal eine ganz frühe Geschichte. Tausend Jahre ist das her, oder noch mehr? Diese fränkischen Adelsgeschlechter sind weit verbreitet in der Region. Es soll eine Linie, evangelisch, in Bamberg und eine in Würzburg, katholisch, geben, oder umgekehrt? Ich kenne mich im Gotha nicht aus – mal sehen!

So war es. Sigmund Freud hat bekanntlich gesagt, die Via regia zum Unbewußten des Menschen sei der Traum. Traumwandlerisch führte ich unseren Wagen ans Ziel. Ich kannte doch nichts. Ich wußte gar nicht, wohin. Traumwandlerisch sagte mir mein Unbewußtes: Du mußt einfach ins Dorf, das Gebsattel heißt. In jedem Dorf steht eine Kirche. Um die Kirche herum ist immer ein Friedhof, und wenn er jener Gebsattel ist, den ich meine, dann muß er dort beigesetzt sein, deutlich erkennbar. Alter fränkischer Adel, den verscharrt man nicht wie die kleinen Leute. Er war immer ein Herr gewesen, ein Freiherr, ein richtiger Baron: sehr groß, ganz souverän. Wirklich ein freier Geist und damals in meiner Jugend ein berühmter Seelenarzt in Deutschland. Es versteht sich, daß Barone in vorgerückten Jahren immer ein steifes Bein haben, dazu einen Krückstock mit Silbergriff. Nur lumpiges Volk latscht locker durchs Land. Kultur kommt immer gebrochen, auf Krücken, hinterher.

Alte Dorffriedhöfe in Franken sind für mich wie Märchenbücher. Sie erzählen Geschichten, Leben, das einmal war. Es ist, als wenn die Seelen noch nicht ganz entschwunden wären. Sie weben und summen noch, und manchmal, wenn das Sonnenlicht schräg ins Blattwerk auf dem Grabhügel fällt, ist es, als wenn man sie wispern hörte. Was erzählen die Seelen der Toten? Es war einmal, erzählen sie wie in Märchenbüchern. Ich will dir eine alte Geschichte berichten. Es war einmal andere Zeit: 1946 ist es gewesen.

Wir standen vor dem Familiengrab derer von Gebsattel. Es liegt unübersehbar direkt vor der Dorfkirche. Auf der Tafel der Toten die stattliche Reihe der Vorfahren. Mit alten Geschlechtern hier ist es immer dasselbe: Sie fangen mit Raubrittern an, dann kommen Gutsherren, dann Offiziere, königlich-bayerisch, versteht sich. Eine ganze Reihe diente den Wittelsbachern. Dann kam ein feiner Geist namens Ludwig. Der schrieb schon, allerdings nur über Schlachten und Feldzüge. Und dann, als letzter auf dem Grabstein, kam er: Victor Emil von Gebsattel stand da. Professor Dr. phil., Dr. med., Dr. theol. h. c. – 4. 2. 1883 – 22. 3. 76. Ich rechnete blitzschnell. Mein Gott, dachte ich, dreiundneunzig ist er geworden. Alte Rasse ist zäh. Die stirbt nicht mit sechzig. Die hält ihre Position. Die kostet den Becher bis zum letzten Tropfen aus: gut!

Ich erzähle das hier, um ein Stück Dankbarkeit nachzutragen. Dieser Psychotherapeut ist der erste Mensch gewesen, der mir nach Hitlers Krieg zu helfen versuchte. Wie war das damals? Wer erinnert sich? Wer will es hören heute?

November 1945 kam ich zurück aus der Kriegsgefangenschaft. Ich war frei. Ich war auch ganz unbescholten. Ich war in Hitlers zwölf Jahren nie in einer NS-Organisation gewesen. Auch so etwas gab es. Ich hatte sogar einen Ausweis, der mich als Opfer des Faschismus bezeugte. Ich hätte mich jetzt also beruflich entfalten können. Ich war sechsundzwanzig. Deutsche meiner Art waren damals Mangelware. Manche meiner Altersgenossen, die ähnlich unbelastet waren, bekamen von den Alliierten erste Lizenzen und Positionen förmlich nachgeworfen. Große Karrieren, die heute berühmt sind, begannen damals so winzig: Springer, Augstein, Bucerius zum Beispiel.

Ich begann nicht. Ich war wie betäubt. Ich dachte nicht ans Vorankommen. Meine Familie war tot. Unser Haus zerstört. Berlin war verbrannt. Ich sollte jetzt leben und konnte doch nicht. Ich spürte, es geht nicht. So kannst du nicht leben. Ich sah die ersten Filme aus den Lagern: Bergen-Belsen und Auschwitz. Zum erstenmal hörte ich diese Namen. Ich spürte: Das betrifft auch dich. Damals, nach einem etwas törichten Selbstmordversuch, bin ich dann in seine Hände gekommen. Im Januar '46 war das.

Victor von Gebsattel führte damals in Badenweiler als Chefarzt das Sanatorium Hausbaden. Es gehörte der Freiburger Caritas, und Reinhold Schneider, der Dichter, hatte mir in dieses schöne Haus eine Einweisung verschafft. Hausbaden war eine Klinik für seelisch Kranke. Ich behaupte heute, die Kranken damals gleich nach Hitler sind eigentlich die Gesunden gewesen. Nur sie reagierten human – mit Schmerz, also Depression. Trauerarbeit nennt man das heute. Hinterher sind schöne Worte bei uns immer schnell zur Hand. Ich mag sie nicht. Ich kann ohnehin diesen nachgereichten Antifaschismus in unserer Publizistik nicht leiden. Jetzt, vierzig Jahre später, sind natürlich alle schon immer dagegen gewesen. Damals nicht. Damals war nicht nur Deutschland, halb Europa war begeistert und berauscht von Hitler.

Ich will hier nur sagen: Dieser Dr. von Gebsattel hat mich in seinem Sanatorium in eine waschechte Psychoanalyse genommen. Das wäre eine eigene Geschichte, die ich hier nicht erzählen kann. Von einer geglückten Analyse kann jedenfalls nicht die Rede sein. Er war ein genialischer Theoretiker. Die praktische Kleinarbeit war seine Stärke nicht. Ich glaube, in meinem Fall hat er so ziemlich alles falsch gemacht, was überhaupt möglich war. Ich bewunderte diesen Mann. Als Patient, der seine Vergangenheit am Analytiker ja abarbeiten muß, hätte ich ihn aber auch hassen müssen. Davon war keine Spur in mir. Ich bewunderte seinen noblen Stil, seinen intellektuellen Witz, seinen köstlichen Sarkasmus, mit dem er in diesem Caritashaus dem eingefleischten Milieu-Katholizismus höhnisch widersprach. Die frommen Ordensschwestern waren entsetzt.

Er hatte zum Beispiel eine Art, seine eigene Zunft zu verspotten, die ich hinreißend fand. Weißt du, was man als Analytiker mit seinen schwersten, hoffnungslosen Fällen machen muß? fragte er mich einmal – er duzte seine Privatpatienten manchmal. Man muß sie schlußendlich heiraten! Tatsächlich zog er immer einen ganzen Schwarm leidender Damen hinter sich her. Trotzdem sage ich hier noch einmal: der erste, der mir damals helfen wollte. Und jetzt liegt er hier unter einer schweren Grabplatte und ist fast vergessen, obwohl er schon in den dreißiger Jahren Deutschlands berühmtester Vertreter einer christlich orientierten Psychotherapie war.

Gebsattel hat in diesem Zusammenhang Bücher geschrieben, die noch heute den Rang von Standardwerken haben. Er war mit den Geistern der Zeit verbunden: mit Husserl und Heidegger, mit Max Scheler und Binswanger. Er liebte die Dichter, schrieb ein berühmtes Werk über Stifter und die Melancholie. Er war mit Gerhart Hauptmann befreundet. Es gibt auch eine Korrespondenz zwischen Rainer Maria Rilke und ihm. Rilke erwog Anfang der zwanziger Jahre eine psychoanalytische Kur bei Gebsattel. Gottlob ist daraus nichts geworden. Rilke wäre sicher »gesund« geworden oder was man so nennt. Aller Wahrscheinlichkeit nach hätte er dann Bedeutendes nicht mehr geschrieben. Gesunde Menschen schreiben ja nicht. Sie leben nur.

Na ja, Spötter von Rang nannten Gebsattel schon damals den Neurosen-Kavalier. Adel des Geistes – ich meine: Ihr solltet euch hier seiner besinnen. Es adelt auch euch.

Tourismusprobleme

Man weiß es inzwischen: Die großen Tourismusströme blieben jetzt aus, nicht nur in Rothenburg. Vor allem die Amerikaner tröpfeln nur noch vereinzelt. Ich kann das verstehen. Sie erleben Liebesentzug überall in Europa. Die Faszination, die vor vierzig Jahren in unserem geschlagenen Deutschland von den großen USA ausging, läßt nach. Die amerikanische Idee von Freiheit, die immer eine unternehmerische war, verliert langsam an Leuchtkraft, vor allem bei Teilen der Jugend. Free Enterprise fasziniert nicht mehr. Da löst sich etwas ganz langsam und von innen her. Wohin treibt Europa? Bestimmt nicht gen Westen.

Aber das ist es ja nicht, was die Amerikaner jetzt zurückhält. Die Hüter der freien Welt sind selber verschreckt. Die Cowboys sind ängstlich geworden. Sie kneifen. Überall in Westeuropa vermuten sie Terroristen, obwohl ich garantieren kann, es gibt keinen sichereren Urlaubsort für Amerikaner als dieses Rothenburg ob der Tauber. Also, da nun bestimmt nicht! Die Amerikaner? Ach, was für eine dumme Verkürzung! Viele Touristen aus Amerika denken so aus sehr großer Entfernung. Aber so sind eben Touristen – naiv. Wir haben ein erstes Merkmal zum Thema.

Dafür sind Japaner da. Rothenburg muß in der Seele der Japaner einen tiefen Nerv treffen. Die Art, wie sie andächtig und still verzückt und jeder für sich hier durch die Gassen gehen, lautlos wie auf Turnschuhen, mit kleinen Schlitzaugen und riesigen Fotolinsen davor, ist ungewöhnlich. Das sind keine Touristen, das sind Liebhaber, die ihr großes Sehnsuchtsbild endlich gefunden haben. Sie sind selig entrückt. Wie Kinder schweben sie leichtfüßig an den Prunkstücken der Gotik vorbei. Wir sagen immer: Asien ist anders. Die Asiaten sind uns ganz fremd. Stimmt das? Jedenfalls in unserem Mittelalter muß es etwas geben, das die Japaner wie ihr verlorenes Kinderglück empfinden. Wie Porzellanpuppen lächeln sie hellgelb und zart. Die Geschäftsleute der Stadt entgelten so viel Sympathie, indem sie ihre Produkte neben englischer und französischer auch in japanischer Schrift empfehlen.

Und die Deutschen? Ich habe sie hier studiert. Ich finde, sie kommen reichlich. Vielleicht nicht reichlich genug für die einheimische Hotellerie, die ja auf Zack ist und gut gerüstet. Es fehlt vor allem an Gästen, die länger bleiben. Ihre kurze Verweildauer wird beklagt. Aber mir reicht es, was ich jeden Morgen sehe, wenn ich aus der Hoteltür ins Freie trete. Immer laufen da Leute rum, die besichtigen. Auch ich werde besichtigt. Auch so ein altes Stück, das bemerkenswert ist? Die Frauen tragen Strickjacken über dem Arm, die Männer Spazierstöcke oder Regenschirme in der Hand. Es dominiert das Rentenalter und dabei ganz unverkennbar das weibliche Geschlecht.

Ein Bus ist auf dem Rathausplatz vorgefahren. Vierzig alte Damen steigen aus. Mühsam und langsam geht das. Wo ist meine Brille? Wo mein Stock? Wo bleibt unser Führer? Ohne den Führer geht nichts im Tourismus.

Touristen sind dankbare Zeitgenossen, finde ich immer. Sie sind so anspruchslos, so gefügig. Sie glauben alles, was erzählt wird. Sie kaufen den Kram, der in den Souvenirläden auf sie wartet. Sie schlucken ihr Touristenmenü brav runter. Sie klettern in den Türmen der Stadt Treppen empor, was sie zu Hause nie tun würden. Sie stehen andächtig in Kirchen vor Altarbildern, die ihnen ganz Wurscht sind, nur alt müssen sie sein und berühmt. Ja, Riemenschneider, der Name allein verursacht unter den schnatternden Damen ein Schweigen, das man ehrfürchtig nennen muß.

Trotzdem hat das Phänomen in Rothenburg sein eigenes Gesicht. Es kommen zwar viele, aber vom üblichen Tourismus wie in Oberbayern oder am Rhein kann nicht die Rede sein. Die Stadt ist nicht nur zu klein fürs ganz große Geschäft. Sie zieht unverkennbar einen besonderen Typus an: Liebhaber und Feinschmecker des Besonderen sind darunter. Die Freude an kleinen Dingen gehört dazu. Manche Besucher haben selbst etwas Versonnenes, Versponnenes an sich. Auf den alten Wehrgängen kann man nur im Gänsemarsch laufen, jeder für sich. Hier kann man sich sogar selber ein kleines Denkmal setzen. Die Stadt verkauft ihre Wehrmauer zu ganz passablen Preisen. Wer zahlt, bekommt seinen Namen als Stifter draufgesetzt. Es sind noch Abschnitte frei, um sich in Rothenburg zu verewigen.

Und die Gastgeber, die Bürger der Stadt? Die sind freundlich, offen, kommen jedem Wunsch gern entgegen. Sie gehen ihrem Gewerbe mit Gemüt und einer Herzlichkeit nach, die nicht geleckt ist, sondern von innen kommt. Das ist fränkische Art. Aber daß sie sich wegen der Touristen die Beine ausreißen, kann man auch nicht sagen. Sie sind keine Seelenverkäufer, keine Großhändler ihrer kleinen Stadt. Das paßt einfach nicht ins Strickmuster hier. Das Schild an einem Wirtshaus im Zentrum ist mir in Erinnerung. »Bitte, haben Sie Verständnis, wenn wir um 22.30 Uhr schließen!« Gut so, sage ich. Nachtschwärmer sind hier fehl am Platz. So soll es, so muß es auch bleiben.

Ein Sohn dieser Stadt

Jetzt kommt das schwerste. Ich weiß, es kann nicht gelingen. Ich will etwas beschreiben, das ich nicht kann. Ich will etwas rühmen, das mir auf ewig entzogen bleibt. Ich will etwas über die Sprache der Rothenburger sagen. Sie ist mir so fremd, fast wie die der Holländer oder der Dänen. Ich verstehe fast nichts, wenn sie in ihrer Art miteinander reden. Und doch denke ich: Wenn du etwas über die Seele einer Stadt ausmachen willst, mußt du auf die Mundart hören. In ihr ist alles drin: Gefühl, Gemüt, was man so Herz einer Region nennt. Was ist denn zu hören, wenn die Leute hier den Mund aufmachen? Für mich wenig, denn wenn sie mit mir sprechen, sprechen sie natürlich hochdeutsch oder, sagen wir vorsichtiger: was die hier für hochdeutsch halten am Ort. Es knarrt dabei etwas, als wenn man über trockene, sehr alte Holzdielen ginge.

Ich helfe mir, indem ich von einem Mann erzähle, der hier zu Hause ist. Er ist ein Sohn der Stadt. Er ist ein Kind armer Leute, eines von sieben Kindern, wie das früher ja üblich war. In einem winzigen, grünen Häuschen wuchs er auf. Er ging später nicht nach Bamberg, Nürnberg, München, wie die meisten jungen Leute, die etwas werden wollen, aus der kleinen Stadt weggehen müssen. Sie hat einfach zu wenig Arbeitsplätze für alle.

Er blieb. Er blieb der Stadt treu: ihren Geräuschen, ihren Erinnerungen, ihren Träumen. Zu dieser Treue gehört, daß er in der Sprache der Leute hier schreibt. Er hat es in der Stadt sogar zu Amt und Würden gebracht, doch das ist es nicht, was mich jetzt interessiert.

Er ist ein Dichter geworden. Kein Heimatdichter, der durch seinen betulichen Frohsinn den Leuten meist gefällt, aber Menschen wie mich eher anödet, er ist ein Poet eigener Art, ein Lyriker, der mit der Sprache genau und sensibel umgeht. Er hat auch Prosastücke, Hörspiele, Libretti geschrieben. Ich liebe vor allem seine Gedichte, die er teilweise schon vor Jahren schrieb. Sie sind von wunderbarer Sinnlichkeit, den Dingen ganz nah auf der Spur. Die Anschauung ist Bild, das Bild ist bei ihm Vers geworden: ein Lyriker von Qualität, den man in der literarischen Szene dieser Republik kennen würde, wenn eben nicht das Handicap seiner Mundart wäre. Darin liegt seine Grenze, aber auch meine Faszination. Nur darin liegt seine Originalität, aber auch meine Not. Ich verstehe einfach das meiste nicht, das er vorträgt. Und phonetisch als Lautmalerei gedruckt, kommt's mir schier wie Chinesisch vor. Das kann man ja nicht einmal mehr entziffern – wozu druckt ihr das? Mund-Art ist gesprochenes Wort. Man muß es hören, die Seele der Stadt klingt mit.

Denkwürdig für mich dieser Nachmittag. Wir saßen bei ihm zu Hause. Er wirkt ganz schlicht. Er hat so gar nichts von der Eitelkeit aller Literaten. Die barocke Theatralik der Bayern fehlt den Franken ohnehin. Blond und brav saß er da, eher verschüchtert. Immer wieder mußte ich ihn einladen, auffordern, etwas zu lesen. Ich wollte die Stadt doch hören in ihm. Es fiel mir seine Geduld auf, wenn ich ihn um Wiederholung, Übersetzung, Erklärungen bat. Ein Mann Ende Fünfzig, also alt genug, um Verläßliches über ein Menschenleben am Ort hier zu sagen.

Die Eigenheiten der Mundart: die der Stadt und die in

seinen Versen. Ich kann mich ja täuschen, aber dies fiel mir auf: Alles klingt dunkel, fast topfig im Ton. Es ist, als wenn die Stimme aus dem Keller käme, tief unten. Dabei fällt die Dominanz der Vokale auf: a, e, i, o, u – fast lateinisch klar kommt das. Diese Vokale werden durch bestimmte Konsonanten dazwischen wie Steine in fließendem Bachwasser vorangetrieben. Vor allem der Konsonant r scheint im Rothenburgischen wie ein mächtiges Transportmittel zu dienen, wie schwere Rollen, auf denen das Wort vorangeschoben wird. Wie die hier »drumrum« sagen! Drumrum – das klingt wie dumpfes Donnergrollen. Dabei ist aber nichts Dröhnendes zu hören, auch keine Drohung, eher Murmelndes. Es klingt wie Wasser, das über Steine gluckert. Es fehlt alles Spitze. Es ist eine ganz unaggressive Sprache, die durch Verkürzungen, Verkleinerungen ihre eigene Humanität bekommt.

»I hob ghört – in en Gässle.« Ein Baby wird »e Bobbele« genannt, ein Bursche das »Bürschle«, ein Japaner »e Japanerle«. Es fehlt jede Härte. Aus t wird d, aus p wird b. Das klingt alles weich, fast zärtlich, will auf jeden Fall klein halten. Typische Wendungen in seinen Versen, die ähnlich beschwichtigend wirken: »Alleweil – amol – a weng«, das soll »ein wenig« heißen. Ich meine immer, zu solchen Leuten kann man sich getrost an den Tisch setzen, wenn man in ein Wirtshaus kommt. Die nehmen dich an und auf, die Franken. Bei richtigen Oberbayern oder Preußen kann man da nicht so sicher sein.

Er las für uns seine Gedichte. Ich lernte viel zu, auch über die Stadt. Die Welt im Spiegel der kleinen Dinge ist ihre Eigenart und Stärke. Mit Verharmlosung, Verniedlichung, Betulichkeit haben seine Verse aber nichts zu tun. Wenn er über eine Wiege oder eine Spinne schreibt, so faßt er darin ganz genau den Widerspruch von Geburtszeit und Ewigkeit. Peter Huchel hätte das in seiner märkischen Bildwelt nicht anders beschrieben. Man sagt immer, die Provinz sei eng, dumpf, intolerant. In seinen

Gedichten ist alles offen und voller Verständnis. Wohltuend ist mir ein Vers in Erinnerung, ein Wort großer Humanität und Toleranz: »Es koo kaans nix defir.« Die doppelte Verneinung ist typisch: Es kann keiner etwas dafür – ob er nun schwarz oder braun, gelb oder weiß ist. Die leben hier nicht hinter dem Mond. Sie kennen die Probleme der modernen Industriegesellschaft. Ich erinnere nur an das Gedicht ›Wenn der Strom wechbleibt amol‹. Da gibt es eine Zeile, in der die komplizierte Struktur unserer Elektronik geradezu kindhaft formuliert ist: »Weil doch alles aaleweil z'sammhängt mit Knöpfle« in unserer Technik. Wie wahr, möchte man sagen: AEG und Siemens beweisen das hier in der Nachbarschaft täglich.

Ich lernte schließlich: Wer Rothenburg nur für ein Idyll und Knusperhäuschen der Seele hält, sieht einfach zu oberflächlich. Hier fangen sich die Winde. Hier weht auch der Geist unserer Zeit, frisch, aufrührerisch, fast revolutionär. Ich kann's ja nur hochdeutsch zitieren, immerhin: »Es hat die Luft so viel Umstürzlerlust alleweil, sie versammelt die Pfennbutze um sich in Nebelburgen und fordert ihre Herrschaft zurück übers Land.«

Na ja, muß ich jetzt zum Schluß noch den Namen unseres Dichters nennen? Ich tue es nur, weil er hier zwar bekannt, in der deutschen Lyrik aber namenlos blieb. Das ist eben das Elend der Mundartliteratur. Er heißt Wilhelm Staudacher. Er ist einer von vielen, die sich heute so artikulieren. Die Mundartliteratur hat ja im letzten Jahrzehnt einen erstaunlichen Aufschwung genommen. Vor allem die Vertreter der jungen Generation haben hier ihre eigene Kreativität entdeckt. Dichten, wie einem der Schnabel gewachsen ist: echt. Es bleibt eine Sackgasse. Nie wird sie in die Welt hinaus führen: schade, meine ich. Sie hätte uns manches zu sagen.

Das Stück geht zu Ende. Ich gehe noch einmal durch die Gassen, klettere die vielen Stufen im Röderturm hoch. Der Sport lohnt: welch ein schöner Blick über das flutende Dächermeer. Und wie weit man hier sieht. Grün und blau und braun liegt das Land. Die Luft zittert schon im Sonnenschein. Die Stadtmauer nimmt mich noch einmal in ihren Schutz, ein Stück wenigstens: letzte Umarmung in Stein. Der Rathausplatz ist jetzt voller Fremder. Auf den Treppenstufen hockt junges Volk, Lautenmusik klimpert. Noch einmal am Gasthaus »Zum Greifen« vorbei. Topplers Wohnhaus war das. Wir saßen dort oft des Abends im Garten und tranken Wein. Man spürte, wie nach der Hitze des Tages vom Taubertal feuchte Kühlung aufzog. Wird es heute nacht wieder ein Gewitter geben? Ich gehe zum Töpfer Ströbel, sage ade und good bye. Denke: Handwerker von so versponnener Nachdenklichkeit kann's auch nur hier geben. Schon in Frankfurt wär der mit seinen kurzen Hosen nur komisch.

Wir fahren zurück. Wir fahren durch mein diskretes Privatloch, das Kobolzeller Tor. Laßt uns zur schönen Sommerzeit – ins Tal der Tauber fahren. Bloß keine Autobahn jetzt. Sanfte und umständliche Windungen machen den Trennungsschmerz zum Genuß. Detwang taucht auf. Die kleine romanische Dorfkirche, die älter als ganz Rothenburg ist, grüßt. Wir saßen dort vor ein paar Tagen vor dem Riemenschneider-Altar, und als wir heraustraten, hatte es wieder zu regnen begonnen. Das stört hier nicht. Es gehört mit dazu: Wiesen, die feucht dampfen im Abendlicht. Mitten in Deutschland ist Nebelheim. Die Deutschen sind wolkenverhangen. Sie sind nicht so klar umrissen wie die Franzosen, die Italiener, die Spanier zum Beispiel. Vieles bleibt bei uns in der Schwebe, allemal.

Es beginnt jene Fahrt durch das Taubertal, die ich für

eine der schönsten Routen halte im Land. Das Schönste kommt immer zum Schluß. Fahr langsam, laß dir jetzt Zeit! Das Autodach auf, die Fenster runtergekurbelt. Riechst du, wie grün und frisch es hier ist? Frisch geschnittene Wiesen riechen immer etwas nach Schnittlauch und Zwiebeln. Ob daher mein Heuschnupfen kommt? Wie still die Dörfer hier liegen. Wie schmuck all die Nester, die man durchfährt! Es ist ein einziger Stationsweg der Künste, den man hier nimmt: vorwiegend Riemenschneider.

Creglingen kommt jetzt. Da gehen wir noch einmal zur Herrgottskirche. Ist Riemenschneiders Muttergottesaltar nun inniger, ausdrucksvoller als sein Heiligblutaltar in Rothenburg? Ach, was für Fragen. Beides ist vollendet und begleitet uns nun. Dann Rötlingen. Da waren wir letztes Jahr zu den Freilichtspielen von Veit Relin. Dieses Jahr spielt der Schelm und Vagant wieder einen Nestroy. Große Transparente über der Straße künden das an. Kurz vor Bad Mergentheim könnte man zur Muttergottes nach Stuppach fahren. Wir taten es nicht, dieses Mal. Das klingt alles so fromm, obwohl ich ja eher ein Gottloser bin. Es macht einfach die Landschaft hier, dankbar.

Es fiel mir aber ganz plötzlich ein Vers unseres Dichters aus Rothenburg ein, den er in seinem Garten so wunderbar einfach zitiert hatte. Man müßte es eigentlich in der Mundart sagen. Der Vers hieß sinngemäß: »Alles wehrt sich in mir, daß die Bäume nicht mehr sein sollen, nicht die Büsche und Hecken, daß nicht mehr fliegen sollen die Vögel, nicht mehr krabbeln sollen die Käfer durchs Gras.« Es waren damals die Wochen nach Tschernobyl. Die Ernte stand hoch. Siehst du, das ist Literatur, sagte ich. Sie setzt die Ängste der Menschen in Sprache um. Hier, wo man so gern vom »lieblichen Taubertal« spricht, ist das ganz aktuell. Alles wehrt sich auch in mir, obwohl ich kein Friedensbewegter bin. Ich sehe nur das Problem. Das Problem der Vergiftung der Welt ist da.

Später dann bei einer kleinen Rast eine erste Bilanz. Ich neige doch immer zu Bilanzen. Weißt du, sagte ich, wir sind ja nun wirklich weit rumgekommen im Laufe der Jahre. Vom Nordpol bis zum Grand Canyon, von Jerusalem bis Calcutta. Mangelnde Weltkenntnis kann man mir nicht vorwerfen. Warum ist es trotz allem zuletzt immer wieder dieses Franken, das einen so trifft und festhält, innerlich? Das ist doch eigentlich grotesk!

In solchen Augenblicken bin ich eher ratlos. Nicht ich, du warst es, der es formulierte. Du sagtest ganz einfach: Das liegt hier am Maß. Franken ist eben nicht wie die üblichen Reiseziele maßlos. Nichts imponiert hier durch Größe oder Gewalt. Majestätisch, sagt man, wenn man auf der Zugspitze steht. Auf Sylt ist die Brandung der Nordsee gewaltig. Wenn man in Graubünden den Berninapaß hochfährt, wird einem auch im Sommer noch in der ewigen Gletscherlandschaft fast schwindlig: irre schön, muß man sagen. Urlaubsziele erschlagen einen meist durch die Dramatik ihrer Naturszenen. Hier nicht. Hier hat alles noch das Maß des Menschen: ein Garten, ein Hof, eine Gaststube, mehr nicht. Eine kleine Welt, unverdorben. Der Tourismus hat diese Region nicht glattgebügelt wie den Rest der Welt, den wir bereisen.

Der Endpunkt solcher Fahrten durch das Taubertal ist für mich immer das Kloster Bronnbach. Das ist zwar keineswegs das Ende von Franken, immerhin kommt noch Wertheim und einiges drumrum. Aber für Frankfurter, die dort auf die Autobahn gehen, ist dieses herrliche Kloster der Zisterzienser noch einmal ein letzter Höhepunkt, wirklich ein starkes Stück Franken. Das war einmal, im 12. Jahrhundert begonnen, eine mächtige Säulenbasilika, romanisch und gotisch im Grundriß. Ein Kreuzgang aus dieser Zeit, ein alter Kapitelsaal, eine Klosterbibliothek und die gotische Brücke über die Tauber, Reste einer klösterlichen Kultur, die heute nur noch in Ruinen vor sich hindämmert. Kein Chorgebet mehr, das

Kloster ist nur noch ein gewaltiges Fragment, das immer baufälliger wird. Manchmal sieht man ganz oben durchs brüchige Dachstuhlwerk Vögel flattern. Sie ziehen hohe Kurven, und niemand ist da. Menschenleer, gottverlassen stehen die Reste hier. Das ist, was ich immer wieder suche, was ich liebe in dieser Region. Das Alte ist mir das Neue. Ich komme aus Frankfurt.

Wir kehrten hier im Gasthaus zum letzten Schmaus ein. Noch einmal fränkische Brotzeit mit Preßsack, Wurst und viel Wein. Ich hatte beim Lesen der Speisekarte die Wirtsfrau eigentlich nur zum Reden bringen wollen. Immer bin ich neugierig, welche Mundart sie sprechen. Alle vierzig Kilometer gibt es ja in Franken einen anderen Dialekt. Ich hatte also, bewußt provozierend, gesagt: Na, die Preise sind schon wieder beachtlich. Man merkt, daß man sich Frankfurt nähert. Es war gar nicht teuer, nur nicht mehr so billig wie etwa im »Greifen«. Da aber hatte ich etwas ausgelöst. Wie ein Sturzbach kam es aus dem Mund der Frau Wirtin. Eine lange Rede, nicht aggressiv, nur ungemein detailliert. Es wurden mir die Elemente des Endpreises auf das genaueste auseinandergelegt: der Metzger, die Steuer, die wachsenden Löhne, der Pachtzins, na und so weiter. Der Busen der Dame wogte bewegt, und ich mußte natürlich lachen.

Du aber sagtest: Bitte, jetzt hast du die Antwort auf deine Frage, warum es uns immer wieder hierherzieht. Erinnerst du dich noch an die Kellner an der Costa Brava, in Italien oder auch nur in Berlin? Die hätten auf deine Reizworte, wenn überhaupt, doch nur dumme Redensarten zur Hand gehabt. Man kennt sie. Sie wären aalglatt mit der Bestellung abgezogen, und zum Schluß hätten sie sich nur für eins, dein Trinkgeld, interessiert. Na klar!

Das aber ist der Unterschied und der Grund, warum uns diese Region hier so gefällt. Hier ist der Mensch dem Menschen noch nahe. Das heißt nicht, daß die Leute hier Engel wären. Im Gegenteil: Fränkisch heißt zänkisch, sagen die Kenner der Szene. Die nehmen dich nur ernst und beim Wort. Du kommst als Tourist, aber wirst aufgenommen, als gehörtest du dazu. Franken ist wie eine sehr alte Mutter. Die nimmt alle an, alle auf, aber vergibt sich selber gar nichts dabei. Sie bleibt sich selber treu. Wo gibt es das noch einmal auf der Welt? In der Fremde beinah geborgen?

Weltstadt im Wartestand
Ansichten von West-Berlin

Immer noch ist es für mich ein kleines Fest, in diese Stadt zu kommen. Seit vierzig Jahren treibe ich mich in der Bundesrepublik herum, fast wie ein Heimatvertriebener. Seit fünfundzwanzig Jahren lebe ich in Frankfurt am Main. Jedesmal, wenn ich jetzt nach Berlin komme, besuchsweise, spüre ich, daß hier meine Wurzeln liegen. Hier hat mein Leben einmal begonnen. Alles ist also auch Erinnerung für mich.

Ich sehe die Kiefernwälder, die hohen, federnden Föhren des Grunewalds. Ich sehe die Wolken über der Stadt und dann die Avus. Jetzt kommt schon Eichkamp, linker Hand, wo ich meine Kindheit und Jugend verbrachte. Mein Vater war Amtsrat im Kulturministerium »Unter den Linden«. Jeden Morgen fuhr er mit der S-Bahn von Eichkamp nach Friedrichstraße. Meine Mutter war eine Künstlerin, aber verkracht. Sie hatte immer Opernsängerin werden wollen, schaffte es aber doch nur bis Eichkamp, wo sie sich lebenslänglich mit hochdramatischen Krankheiten rächte für all ihre verpaßten Theaterszenen. Mein Vater finanzierte das kostspielige Stück.

Kleinbürgerlich und etwas zerrissen zwischen Kunst und Staat wuchs ich heran, im Schatten des Funkturms sozusagen. Ich sah ihn als Fünfjähriger wachsen. Ich stand im Garten und staunte. Eine phallische Phantasie, würde ich heute sagen, präödipal. Ein schönes, zeitloses Symbol der Stadt, überall in der Welt heute bekannt. Immer, wenn ich den Funkturm von der Avus aus zum erstenmal sehe, spüre ich so etwas wie Heimatgefühl in mir: zu Hause, sagt das.

Es gibt erste Eindrücke, die mich in der Stadt immer neu entzücken. Diese klare, rationale Architektur der großen Straßenzüge zum Beispiel. Fabelhaft, denke ich immer wieder. Wie weiträumig und vernünftig das alles geplant wurde vor weit über hundert Jahren, als niemand an unsere moderne Motorisierung überhaupt denken konnte. Die brandenburgischen Kurfürsten und preußischen Könige später waren alle Verehrer von Versailles. Breite Avenuen wie in Paris für klingende Siegesparaden preußischer Grenadiere – so war das einmal gedacht. Der Autofahrer sollte es noch heute den Hohenzollern danken. Von der Heerstraße bis zum Brandenburger Tor – und dahinter noch sehr viel weiter – ist es ein einziger, schnurgerader Strich. Wo gibt es so viel städtebauliche Vernunft sonst in Deutschland? Wer wie ich aus dem engen, verstopften, chaotischen Frankfurt am Main kommt, atmet auf, fühlt sich befreit, jedenfalls als Autofahrer.

Noch eine Metapher der Kindheit, noch ein Symbol dieser Stadt: die Berliner S-Bahn. Anfang der dreißiger Jahre wurde sie elektrifiziert. Damals war sie hochmodern. Ich fuhr als Schuljunge stolz mit ihr: von Eichkamp nach Westkreuz, von Westkreuz, umsteigend, nach Halensee. Dann weiter zu Fuß zum Grunewald-Gymnasium. Heute wirkt dieses S-Bahn-System, gemessen am modernen Bus- und U-Bahnnetz, fast altmodisch. Ich fahre trotzdem oft mit der S-Bahn. Sie ist auf langen Strecken immer noch die schnellste Bahn. Sie hat ihren ganz eigenen, nostalgischen Reiz außerdem, den vielleicht nur alte Berliner ganz spüren können. So viel Vergangenheit fährt da mit. So viel Berliner Lokalgeschichte.

S-Bahnen gibt es heute in vielen westdeutschen Großstädten. Sie sind ganz ohne die Last der Geschichte. Nur die Berliner S-Bahn hat sozusagen mythologischen Rang. Ihre Züge kommen aus einer anderen Zeit. Wie diese verblaßten, gelb-roten Züge einfahren am Bahnsteig, eisern und irgendwie kantig, wie sie dann einen Augenblick starr und streng mit geöffneten Türen stehen, wie sie dann anfahren, leise singend und dann immer lauter schlagend, das sind ganz eigene Töne, die man so vertraut nur in Berlin hören kann. Endstation Sehnsucht, heißt das für mich.

Manchmal, in einem Hotel, sagen wir zwischen Savignyplatz und Charlottenburg, wache ich des Nachts auf. Ich trete ans Fenster, öffne es, warte dann, bis ich die S-Bahn von weitem höre. Es ist ein ferner Klang, der auf mich besänftigend wirkt. So war es immer, so soll es bleiben. Ich sehe graue Mietskasernen vor mir. Kahle Hauswände, die trist und abweisend wirken. Von der Kantstraße fern ist noch Autoverkehr zu hören. Berlin schläft, aber nicht ganz. Irgendwo sind immer noch Nachtbummler unterwegs. Das ist meine Heimat. So war es immer. Das war meiner Jugend Lust und Qual.

Nicht oft, aber von Zeit zu Zeit gehe ich hin. Ich will es mit eigenen Augen sehen, was die Stadt so einmalig in der Welt macht. Wenigstens auf der Westseite gleicht die Berliner Mauer heute streckenweise einem einzigen, endlosen Comic strip. Bunt, originell und sehr kreativ sieht das aus, was sich die Phantasie der Jugend hier alles einfallen ließ. Man kann daran den Geist der Zeit ablesen und wie er sich wandelte im Generationsprozeß. Die Zeiten des Kalten Krieges sind vorbei. Ein wütender Antikommunismus, so verständlich er einmal war, hat sich erschöpft. Die Mauer ist Alltag geworden. Man muß mit ihr leben. Merkwürdig genug: Es geht. Es geht unter Schmerzen. Es geht fast wie bei einem Amputierten. Man muß nach der Operation weiterleben – irgendwie.

Trotzdem: Diese mörderische Grenzlinie, die sich heute sechsundvierzig Kilometer lang durch die frühere Reichshauptstadt zieht, bleibt das exotischste Bauwerk nicht nur dieser Stadt, sondern des Jahrhunderts schlechthin. Wo gibt es Vergleichbares in ähnlicher Perfektion? Wer die Weststadt nicht nur sehen und genießen, wer ihre Probleme wirklich verstehen will, kann einfach von ihr nicht absehen. Auch wenn er kein Antikommunist ist, muß er sie zur Kenntnis nehmen. Alle Probleme der Stadt haben hier ihre Wurzel.

Die Weststadt, die Oststadt, zwei Weltsysteme stoßen aufeinander, grenzen sich ab, sind aber auch miteinander verhakt. Kommunismus und Kapitalismus exakt nach dem Berliner Stadtplan getrennt und doch ganz nahe beieinander. Die Konstellation ist einmalig und macht die alte Reichshauptstadt immer noch zum sensibelsten Punkt der Weltpolitik. Berlin ist noch heute ein Seismograph für die Großwetterlage der Weltmächte. Hier kann man ablesen, wie die Uhren Europas gehen. Sie gehen gottlob ziemlich synchron jetzt.

Es gibt andere Merkwürdigkeiten hier. Berlin ist eine der jüngsten Metropolen Europas. Sie wurde erst 1871 zur Hauptstadt des Deutschen Reiches. Großberlin ist noch jünger, wurde erst 1920 gegründet durch Eingemeindung all seiner Randstädte und selbständigen Kommunen. Von den zwanzig Bezirken Großberlins liegen heute zwölf im Westen, acht im Osten. Aber die acht im Osten wiegen schwerer. Das historische Berlin, die Zentren der früheren Reichshauptstadt mit all ihren Machtschwerpunkten, liegt drüben.

Gleich hinter dem Brandenburger Tor, das früher eben wirklich das Ausfalltor nach Brandenburg war, begann das Regierungsviertel. Hier hatte das Reich seine politische Mitte. Und etwas von dieser zentralen Bedeutung ist immer noch geblieben. Obwohl von den Westalliierten nie anerkannt, versteht sich Ost-Berlin heute praktisch als Hauptstadt der DDR. Der Streit um Berlin ist inzwischen gottlob verstummt. Trotzdem wirkt in ihm immer noch die klassische Einsicht der Weltpolitik nach: Wer Berlin hat, hat Mitteleuropa.

Alles ist heute in dieser Stadt anders als anderswo. Völkerrechtlich gesehen untersteht Großberlin immer noch

dem Viermächtestatus. West-Berlin untersteht der Ober-
hoheit der drei Westmächte, die ihre Gewalt aus dem
primären Recht der Siegermächte von 1945 herleiten.
Praktisch ist diese Regierungsgewalt aber längst in die
Hände des Berliner Senats übergegangen. Nur im Ernst-
fall wären die Westalliierten die Macht, die allein ent-
scheidet. Weiter: West-Berlin versteht sich nach seiner
Verfassung als ein deutsches Land und zugleich eine
deutsche Stadt. Es ist kein konstitutiver Teil der Bundesrepublik. Es darf nicht von ihr mitregiert werden, ist aber
Teil ihres Wirtschafts- und Gesellschaftssystems. Auch
außenpolitisch werden die Westberliner von der Bundesrepublik mitvertreten.

Das alles klingt ungemein abstrakt und verzwickt und
ist doch ganz konkret zu verstehen. Sicherheit und Wohlstand der Weststadt sind in diesem völkerrechtlichen
Netzwerk, das sich langsam herausbildete, heute befestigt. Es ist eine sensible Balance der Weltpolitik, in der
heute die Stadt ihre Ruhe gefunden hat. Weltstadt im
Wartestand: Viele Probleme sind hier immer noch offen.
Wer daran zweifelt, daß es noch so etwas wie eine deutsche Frage gibt, gehe nur für ein paar Tage nach Berlin.
Er wird diese Frage überall hautnah erleben. Er wird vor
allem erleben, was Macht der Geschichte heißt.

Nirgendwo kann man heute Glanz und Elend der deutschen Geschichte eindringlicher studieren als hier. Nur
vierundsiebzig Jahre lang sah es so aus, als sei dieses zweite Reich der Deutschen stabil und intakt. In Wahrheit
war es seit seiner Gründung im Spiegelsaal von Versailles
1871 immer gefährdet und hochlabil. Das hing nicht nur
mit der berühmten Zwietracht der deutschen Fürsten zusammen. Es lag an der offenen, ungeschützten Mittellage
in Europa. Bismarck, der ganz zu Unrecht später vom
deutschnationalen Mythos zum »Eisernen Kanzler«
hochstilisiert wurde, hat dies immer gespürt. Vom König
von Preußen, der 1871 in Versailles zum deutschen Kai-

ser ausgerufen wurde, wird berichtet, er habe diesen Tag voller Wehmut und Trauer verbracht. Es war ein banger Abschied von Preußen. Ob aus diesem großen und stolzen Land Preußen je ein ganzes deutsches Reich werden würde, war keineswegs gesichert. Die Geschichte hat diesen Sorgen recht gegeben. Zwei Weltkriege jedenfalls genügten, um den Traum der verspäteten Nation vom Reich zu zerbrechen. Hitler besorgte dann den Rest gründlich.

Ich denke, dies muß man zuvor wissen, um die Stadt heute wenigstens annähernd zu verstehen. Die Deutschen haben sich immer schwer getan mit ihrer Staatsbildung. Sie sind eine alte, reiche Kulturnation, die unermeßliche Kunstwerke hervorbrachte. Politisch aber haben sie meist weder Augenmaß noch Klugheit bewiesen. Auch an Fortune hat es ihnen oft gefehlt. Man kann, man muß die deutsche Teilung heute beklagen. Aber man muß auch sehen: Sie hat Tradition. Sie ist ganz tief in unserer Geschichte verwurzelt. Ein schwieriges Vaterland – hier in der Stadt ist es zu besichtigen.

Merkwürdig ist auch diese Straße. Imponierendes und wirklich Großartiges wird man hier vergeblich suchen. Keine strahlenden Wolkenkratzer wie in New York, Manhattan, keine stolzen Paläste wie in Wien, keine Denkmäler der Geschichte wie auf den Champs-Elysées in Paris – und doch: Jeder in der Welt kennt den Kurfürstendamm, wenigstens als Gerücht. Immer noch ist diese berühmteste Straße Deutschlands der einzige Boulevard, der hierzulande wirklich lebt. Selbst Düsseldorf, Hamburg oder auch München haben ähnliches nicht zu bieten. Was ist ein Boulevard? Ein Treffpunkt und Laufsteg der Menschen, die einfach nur schlendern wollen. Sehen und Gesehenwerden ist hier wichtig. Die Menschen gehen leichter, lockerer. Sie sitzen in den Cafés, beschaulich. Sie haben hier Zeit. Zauber immerwährender Erwartung, Glanz eines Augenblicks im Vorübergehen, erst das macht eine Straße zum Boulevard.

Weiß man es heute eigentlich noch? Anfang der zwanziger Jahre war hier der Weltgeist zu Hause, sozusagen. Berlin war damals das Mekka der Intellektuellen. Wer immer zwischen Warschau und Paris berühmt werden wollte in Europa als Künstler, mußte hierher. Es war eine verrückte und exzentrische Zeit, die rund um den Kurfürstendamm spätestens nach der Inflation 1923 aufblühte. Preußischer und jüdischer Geist ergänzten sich auf das produktivste. Dichter und Schauspieler, Filmemacher und Kabarettisten, Propheten und Scharlatane trafen sich im » Café des Westens«, später im »Romanischen Café«, verkündeten eine Epoche freier Geister. Joseph Roth und Bert Brecht verkehrten hier. Else Lasker-Schüler und Gottfried Benn, Robert Musil und Curt Goetz. Das Chanson blühte: Claire Waldoff und Mascha Kaléko waren junge Stars. Dann kam Hitler. Bis 1938 wehte hier immer noch ein besonderer Geist. Spätestens mit der »Reichskristallnacht« war auch diese kleine Freiheit gebrochen.

Heute ist auf dem Kurfürstendamm eine neue Generation eingezogen. Jung, frisch, unbeschwert von der Last der Geschichte, hat sie von dieser Straße Besitz ergriffen. Die sanfte Gewalt der Basaris regiert auf den Bürgersteigen. Ein bißchen Modeschnickschnack, ein bißchen Flohmarkt, ein Rüchlein von Haschisch zieht durch die Straße. Herden von Touristen, die aus der westdeutschen Provinz kommen und für ein Wochenende die Berliner Freiheit genießen wollen. Eine Polizeistunde gibt es nicht in der Stadt.

Mit einem Wort: Der Kurfürstendamm ist ungeheuer populär geworden. Er ist unter die Leute gekommen. Kein Berlin-Besucher kann auf diesen Boulevard verzichten, obwohl der literarische Geist längst verweht ist nach Hitlers Totentanz. Trotzdem blieb seine Faszination.

Des Nachts, vor allem an Wochenenden, wird das Glitzerding zwischen der Gedächtniskirche und Halensee immer wieder zu einem funkelnden Strom junger Lebenslust. Autokarawanen, gewaltige Motorräder jagen hinauf und hinunter, Zivilisation und Urwald mischen sich. Kraft und Vitalität jedenfalls sind geblieben. Der Boulevard lebt – wie?

Der Kurfürstendamm und die ganze Region drumrum leben unverändert als Treffpunkt der Nachtschwärmer. Die Kinos und Restaurants sind meist überfüllt. Er lebt auch von einem Kulturangebot, das verwirrend reich ist. Das ganze Jahr über ist hier eigentlich Festspielzeit. Im Februar sind hier die Internationalen Filmfestspiele. Im Mai findet das Theatertreffen statt, auf dem die wichtigsten Inszenierungen der deutschsprachigen Bühnen vorgeführt werden. Und so geht das weiter. Hier ist fast immer was los: neunzig Theaterpremieren im Jahr, 12000 Theaterplätze warten täglich auf ihre Besucher. Wer in der neuen »Schaubühne« am oberen Kurfürstendamm eine Eintrittskarte bekommt, kann fast von Glück sprechen.

In summa? Die Anziehungskraft dieses Boulevards ist ungebrochen. Es ist unmöglich, sich hier zu langweilen. Wenigstens kulturell geht es hier zu, als sei Berlin die deutsche Hauptstadt wie früher einmal.

Die Berliner – es ist an der Zeit, über sie selbst einen Augenblick nachzudenken. Was macht den Berliner aus? Goethe hat bekanntlich von einem »verwegenen Menschenschlag« gesprochen, bei dem man gelegentlich etwas grob sein müsse, um sich über Wasser halten zu können. Was der alte Herr aus dem winzigen Weimar neun Jahre vor seinem Tod Eckermann gegenüber äußerte, ist so falsch nicht. Der Berliner ist hellwach und auf eine sarkastische Weise trocken und direkt, die für Süddeutsche oft frech oder doch wenigstens vorlaut wirken mag. Es ist eine ziemlich unvergleichliche Mischung aus Nüchternheit, Schlagfertigkeit und Witz. Wo kommt das her?

Ich denke, es kommt aus ihrer Geschichte. Preußen mit seinen offenen Grenzen war immer etwas Unfertiges, ein Einwandererland, das Flüchtlinge von überall aufnahm. Alles Mischrasse, nüchtern und skeptisch, die sich im Geist der friderizianischen Aufklärung gegenseitig ertragen mußte. Toleranz war in Preußen früher zu Hause als in Süddeutschland. Was hier alles zusammenkam und sich mischte: Franzosen, Hugenotten vor allem, auch Salzburger schon im 18. Jahrhundert. Später die Osteinwanderung: Polen, Russen, vor allem aber Juden, die sich im liberalen Preußen mehr Bürgerfreiheit erhofften. Schlesien war im 19. Jahrhundert die Provinz, aus der die kleinen Leute, die Armen, massenhaft einströmten. Gerhart Hauptmann hat ihre Mentalität, ihre Leiden und Freuden in seinen Bühnenstücken sehr genau beschrieben. Das alles mischte sich mit den alten Wenden, die rund um den Spreewald schon immer zu Hause waren. Berlin wurde der große Schmelztiegel, der spätestens nach der Reichsgründung zu brodeln begann. Hier war was los. Dies war die Mitte. Lokalstolz und Kosmopolitismus bestimmten die Stadt. Jedem stand sie offen.

Im Grunde ist das bis heute so geblieben. Heute sind es vor allem Türken, die sich in Kreuzberg längst heimisch fühlen. Blutzufuhr hat die Stadt immer gebraucht und bereichert. Wer ist schon ein Berliner vom Stammbaum her? Höchstens die Hunde hier. Die Leute kamen immer aus allen Himmelsrichtungen zusammen. Man ist nicht Berliner. Man wird es nach einiger Zeit fast von selbst. Ein Dutzend Jahre an der Spree, schon ist man mit Spreewasser getauft. Die Prägekraft dieser Metropole ist ungebrochen. Das gilt übrigens für beide Teile der Stadt.

Das Berliner Mundwerk ist ja bekannt. Man kann es auf jeder Straße, im Bus, am ausgiebigsten in der Eckkneipe, der alten Berliner Destille, hören. Es ist ein Jargon, dem alles Großartige und Aufgeblasene verhaßt ist. Berliner Mutterwitz blüht am Tresen: Sarkasmus mit Galle und Herz. Die kleinen Messer der Sprache werden gewetzt, scharf und direkt. Es ist eine Mundart, die mit jedem Satz kritisch herunterholt. Die Tatsachen, bitte! Nun laß doch die Luft raus. Komm auf den Teppich, der, zugegeben, ganz unten profan, auch etwas dreckig ist. Ich möchte es einen gesunden Realismus nennen.

Aber ist das schon alles? Herrliche Schnoddrigkeit nach außen. Darunter aber sind leichte Untertöne von Melancholie zu hören, die der Sprache erst ihre Tiefe geben. Natürlich sind alle Berliner sentimental. Gemütsmenschen nennt man sie. Aber wichtiger ist: Zeige nicht, was du fühlst! Gieß etwas Spott über deine Rührung. Bleib kalt. Kipp ein Bier darüber, wisch dir den Schaum vom Mund: nur keine Aufregung! Ich meine, es ist eine hochsensible Scheu, die sich hinter so fixer Schlagfertigkeit verbirgt.

Man kennt sie ja auch aus der Literatur. Von Tucholsky bis Gottfried Benn gilt dieses Berliner Stilprinzip: Auch wenn man ein Herz hat, das kräftig schlägt, so darf man davon nichts hören. Du mußt das Material kalt halten. Je trockener der Sand, um so feiner rinnt seine Melodie.

Jetzt kommt mein Lieblingsthema, ein Rat für Berlin-Besucher. Ich sage: Fahrt doch zur Ferienzeit nicht immer in den blauen Süden, dessen Hitze ohnehin müde und träge macht. Macht einmal Ferien in Berlin. Es lohnt. Die Stadt ist so groß und grün. Sie ist von so viel Seen und Wassern durchzogen, daß sich hier ein Badeurlaub höchst originell gestalten läßt. Von den 480 Quadratkilometern West-Berlins entfallen allein 42 Prozent auf unbebaute Natur. Irgendwo oben in Tegel oder unten rund um den Wannsee sollte man sich niederlassen. Hotels und kleine Pensionen erwarten. Auch Cam-

pingreisen mit Wohnwagen sind möglich. Voranmeldun-
gen in der Hauptsaison sind in diesem Fall allerdings
unerläßlich.

Geruhsame Schiffsfahrten sind zu empfehlen. Fünf
Stunden lang, wenn man will, bis nach Tegel. Der große
Wannsee ist heute das Zentrum des Berliner Wasser-
sports. Aber auch der kleine Wannsee und dahinter der
Stölpchensee und dahinter der Griebnitzsee atmen den
spröden Reiz der Mark Brandenburg, den Theodor Fontane so präzis beschrieb. Im August wuchert überall eine
üppige Vegetation. Berlin hat ein kontinentales Klima. Es
ist also im Sommer sehr warm und trocken. Es empfiehlt
sich daher bei solchen Wanderungen, ab und zu in einer
Gartenwirtschaft ein Weißbier mit Schuß sich und den
Seinen zu genehmigen.

Auch bei längerem Urlaub ist es unmöglich, alle Natur-
schönheiten wahrzunehmen. Es gibt viele Dörfer am
Rande der Stadt mit alten, besinnlichen Kirchen. Lübars
zum Beispiel. Reizvoll sind auch die Havelinseln. Lind-
werder und Schwanwerder sollte man besuchen. Ein In-
selerlebnis besonderer Art ist die berühmte Pfaueninsel.
Obwohl sie nur eineinhalb Kilometer lang und nur fünfhundert Meter breit ist, bietet sie ein Abenteuer besonderer Art.

Hier liegt das schönste Naturschutzgebiet der Stadt.
Man kann wie durch ein verwunschenes Märchenland
streifen. Die Luft ist feucht und schwül, beinahe tropisch.
Fremdartige Bäume und Pflanzen wuchern. Und auf den
Wiesen stelzen tatsächlich Pfauen, stolz und sehr schön.
Sie stelzen im Freien. Papageien und Fasane dazu. Dann
die skurrile Theatralik der Architektur. Künstliche Bau-
ruinen im Geist der Berliner Romantik beleben die Landschaft. Friedrich Wilhelm III. und die von den Berlinern
noch immer verehrte Königin Luise bewohnten das
Schloß. Das Kavaliershaus, die Meierei, der Gedächtnis-
tempel für die Königin sind reizvolle Ziele. Am Jakobs-

brunnen ist die Ruine eines römischen Tempels nachgebildet. Es gibt stille Spazierwege mit weitem Havelblick. Was ist die Pfaueninsel? Ein kleines Zauberland, ein anmutiges Freilichtmuseum Berliner Kulturgeschichte.

Am liebsten in dieser grünen Freizeitoase ist mir immer Schloß Glienicke direkt an der Stadtgrenze, wo die »Brücke der Einheit« heute den Weg nach Potsdam verwehrt. Das Schloß ist deshalb so reizvoll, weil es in kleinem Maßstab die andere, oft übersehene Seite Preußens so intim bewahrt: Preußens geistige Ursprünge in der Antike. Das Schlößchen wurde von Schinkel nach dem Vorbild der Villa Medici gestaltet. Es diente dem Prinzen Carl als Sommersitz. Im stillen Gartenhof sind in den Wänden Reisemitbringsel zu besichtigen. Fragmente der Antike, die der kunstsinnige Prinz von seinen Reisen, zum Beispiel nach Karthago, mitbrachte. Noch heute gilt dieser Park mit Recht als Kunstwerk von europäischem Rang. Die Harmonie von Architektur und Landschaftsgestaltung ist vollkommen. Hier wird ganz spürbar: Es gab auch ein anderes Preußen als das der Kasernenhöfe und Exerzierplätze, das der Welt in böser Erinnerung ist. Preußen war eine geistige Idee zutiefst. Ihr Sinn für Maß und Form entzückt noch heute das Auge. »Spree-Athen« hat man Berlin mit gutem Grund genannt.

Wer solche Ferientage einmal wagt, wird hinterher spüren, daß dies ein Urlaub besonderer Art war. Zugegeben, das ist nicht für jedermann. Er wird auch die Mauer draußen an den Rändern der Stadt nicht übersehen können. Ich möchte es Ferien mit Tiefgang nennen. Auch Lernprozeß zur Gegenwart dieser ungewöhnlichsten Stadt in Deutschland.

Trotz solcher Ausflüge ins Grüne darf nicht vergessen werden: Noch heute ist West-Berlin die größte Industriestadt in Deutschland. Elektroindustrie, Maschinenbau, chemische Industrie sind stark vertreten. Die Standfestig-

keit und Lebenskraft dieser Industrien sind rühmens-
wert, wenn man in Rechnung stellt, wieviel Krisen die
Stadt zu durchstehen hatte, allein nach dem Ende des
Zweiten Weltkriegs. Von Stalins Blockade im Winter
1948 über das bedrohliche Berlin-Ultimatum Nikita
Chruschtschows bis zum Bau der Berliner Mauer 1961 –
von Zeit zu Zeit schien die Zukunft der Stadt ziemlich
düster. Ihre Bevölkerung war überaltert. Ihre Lebenskraft schien sich auszuzehren. Es gab Phasen der Depression, da wanderten viele ab in den Westen. Es gab Augenblicke, da konnte man prachtvolle Villen im Grunewald
und am Wannsee für einen Spottpreis haben.

Das Erstaunliche ist: Berlin hat all diese Krisen und
Heimsuchungen überstanden, allen Pessimisten zum
Trotz. Die Stadt bewies eine Zähigkeit ohnegleichen. Sie
ließ sich einfach nicht kleinkriegen. Sicher wirkte die Ber-
lin-Hilfe des Bundes mit. Noch wichtiger war das Vier-
mächteabkommen von 1971, das auch den Zugang zur
Stadt spürbar erleichterte. Das Entscheidende aber war
der ungebrochene Lebenswille der Bürger, ihre Standfe-
stigkeit. Es kamen weiter ihre geistige Wachheit und intellektuelle Beweglichkeit hinzu, die sie befähigten, zu
ihrer veränderten Lage und neuen Rolle immer wieder ja
zu sagen. Berlin ist schließlich als Hauptstadt der Deutschen sehr jung, gemessen etwa am ehrwürdigen Alter
von London oder Paris. Keine Last großer Geschichte
fixiert und legt das Rollenspiel fest wie etwa in Wien.

Insofern erwiesen sich die kurze Geschichte und Un-
ausgereiftheit der jungen Reichshauptstadt jetzt als Vor-
teil. Die Schwerfälligkeit der alten Metropolen Europas
war dieser Stadt immer fremd. Hier verstand man immer
sofort, aus der Situation, wie sie nun einmal war, das
Beste zu machen. Man denke nur an die vielen Metamorphosen der Stadt nach 1945: ganz am Anfang Frontstadt
im Kalten Krieg, dann Schaufenster der freien Welt, dann
nach dem Mauerbau Treffpunkt geistiger Eliten aus aller

Welt, dann, Ende der sechziger Jahre, ein Anziehungs-
punkt für junge Linke, die sich hier auch dem Wehrdienst
entziehen konnten, dann Anfang der siebziger Jahre das
große Asyl für Ausländer, Türken vor allem, dann eine
Kongreßstadt für unsere wachsende Verbands-Demokra-
tie – nie entzog sich Berlin diesen wechselnden Rollenan-
geboten. Immer spielte es mit. Stets nahm es die neue
Aufgabe an und machte daraus, was eben möglich war.

Und heute? Heute hat die Weststadt einen Grad der
Normalisierung erreicht, der den neugierigen und kritischen Besucher immer wieder verblüfft. Trotz der isolier-
ten Insellage inmitten der DDR lebt man hier nicht anders als in anderen westdeutschen Großstädten. Eine
neue Dynamik ist spürbar. Junge Unternehmer ziehen
hierher. Junge Intelligenz siedelt sich gern an. Für viele
junge Berufstätige aus der Bundesrepublik hat West-Berlin wenigstens für ein paar Jahre eine ganz neue Anziehungskraft gewonnen. Wenn sie die Wahl zwischen
Frankfurt, Hamburg, Berlin haben, so wird sehr oft jetzt
Berlin gewählt. Alles scheint hier lebendiger, interessan-
ter, weniger festgelegt als in den Städten der Bundesrepublik. Der Freizeitwert der Stadt ist berühmt. So entwik-
kelt sich dieses besondere Gemeinwesen zur großen Al-
ternativstadt der Deutschen. Hier sollen Modelle einer
Welt von morgen durchgespielt werden. Berlin will ein
Experimentierfeld für die Zukunft werden. Wie werden
wir alle im Jahr 2000 leben? Das sind die jüngsten Ideen,
die die Stadt jetzt beflügeln. Die Berliner Wirtschaft spürt
Aufwind.

Man kann diese jüngste Zuversicht der Weststadt als
Wunder verklären. Doch das ist es nicht. Es war immer
Berliner Stil, nach vorne zu blicken. Hier zählte immer
nur die Gegenwart. Was die Stunde geschlagen hatte, nur
das ging als Ruf durch die Straßen der großen Stadt. Diese Berliner Lust am Neuen, ja Sensationellen: Tempo und
Schwung gehörten dazu. Das war in Bismarcks Gründer-

jahren nicht anders gewesen als dann in der Weimarer Republik. Diese fixe und produktive Anpassungsfähigkeit jenes »verwegenen Menschenschlags«, von dem Goethe sprach, scheint mir der tiefste Grund dafür, warum Berlin nicht nur weiterlebt, sondern blüht in all seinen schrecklichen Grenzen.

Seit über vierzig Jahren lebt die Stadt so: so absurd. Eine Stadt im Wartestand der Geschichte, eine Metropole im Tiefkühlfach der Weltmächte. Alles ist eingefrostet – nach Hitler. Und doch: Berlin bleibt ein Bruchstück mit Zukunft.

Kennst du das Land?
Ermutigungen zu Reisen in die DDR

I

Ich sage es ehrlich voraus: Für jedermann ist das nichts. Wer blaue Ferienträume sucht, sollte die Finger davon lassen. Es ist kein Land der Träume, in das ich einlade. Es ist eine wahre Geschichte, gleich nebenan. Wahre Geschichten setzen wache Geister voraus, kritische Köpfe, die auf Reisen nachdenken und zulernen wollen. Feinschmecker und Liebhaber des Besonderen sind gefragt. Ich könnte auch sagen: Ich biete die alternative Reise an. Fliegt doch nicht immer nur in die blaue Hitze des Südens, die sowieso schlapp macht und schließlich verblödet. Bleibt doch mal hier – in Deutschland. Das Abenteuer liegt vor der Tür. Ihr werdet es sehen.

Andererseits sollte man auch nicht so geschwollen daherkommen. Die Ritter der freien Welt brechen jetzt auf zum Kreuzzug ins Heidenland. Wir wollen denen mal beibringen, was Demokratie ist. Es muß nicht einmal staatspolitisches Engagement treiben: in Einheit und Freiheit. Es genügt für meine Reiseeinladung die uralte Neugier des Menschen, diese ewige Entdeckerlust, die Offenheit für die frühe, schöne Kinderfrage: Was ist das? Wie sieht es denn hinter dem Gartenzaun aus? Wie geht die Welt, die wir nicht kennen, denn draußen weiter? Das genügt.

Wer so kommt, für den lohnt sich das Reiseland DDR. Er wird Erfahrungen unvergleichlicher Art sammeln: Deutschland, aber ein anderer Staat. Menschen wie wir, aber in einer ganz anderen Gesellschaftsordnung. Unsere Sprache, aber ein anderer Geist, der weht. Unsere gemeinsame Geschichte, aber anders interpretiert. Man ist fast zu Hause und doch in der Fremde, unbestreitbar.

Das ist der einmalige Reiz, den nur dieses Land bieten kann. Deutschland verdoppelt, das ist der schmerzlich-schöne Gewinn. Es spielt also auch etwas Leidenslust mit. Heinrich Heines alter Vers klingt an: »Denk ich an Deutschland in der Nacht, so bin ich um den Schlaf gebracht.«

Im Klartext: Der Fahrplan heißt natürlich die deutsche Teilung. Sie begleitet. Zwei Staaten deutscher Nation: Wie sieht das nun aus, von dem wir täglich hören, sehen, lesen, jetzt, nach vierzig Jahren? Zugegeben, es sind ernste, aber auch aufregende Fragen, die uns täglich betreffen, hier und drüben. Wer ihre Dramatik und Faszination in sich spürt, sollte die Reise antreten. Ich will ihn begleiten, ein wenig.

Erinnerung

Es waren der Schnee, das Eis, der Matsch, die mich sagen ließen: Das Auto bleibt stehen in Frankfurt. Fliegen ist auch unsicher. Für Frankfurt ist Nebel angekündigt. Man könnte doch auch mit der Bahn nach Berlin fahren? Das ist doch möglich nach dem Grundvertrag, warum eigentlich nicht?

Auf diese Weise kam es, daß wir vor kurzem zum erstenmal auf so unglaublich gemütliche und altmodische Art nach Berlin fuhren. Man steigt jedenfalls schon auf dem Hauptbahnhof Frankfurt am Main in einen Waggon der Deutschen Reichsbahn ein, die es tatsächlich immer noch gibt, drüben, DDR-betrieben. Gleich hinter Bebra heißt dann die erste DDR-Station Gerstungen. Da steigt zwar die hohe Kommission des anderen Staates zu, ist aber höchst korrekt. Nichts wird durchsucht, nichts wird gefragt. Sogar die Bild-Zeitung kann liegenbleiben. Sie knallen dir in deinen Paß das Visum des Staates: blitzschnell, sehr geschäftsmäßig, und ab geht es im Transitzug Richtung Thüringen: Erfurt, Jena, Berlin.

Die Landschaft zwischen Weimar und Jena ist schön. Sie ist sanft und hüglig. Altes deutsches Feriengebiet, obwohl da und dort mächtige Fabrikschornsteine qualmen. Ab Halle-Bitterfeld kommen riesige Industriezonen. Die Fabriken wirken monumental. Phantastische Eisenlandschaften, die, auf fast frühkapitalistische Weise stampfend und dampfend, Produktivität demonstrieren. Komisch, bei uns sieht man das kaum noch, höchstens im Ruhrgebiet.

Dann kommt die Mark Brandenburg. Man spürt Reste von Preußen. Die Reste liegen dick unter Schnee. Immer habe ich das Gefühl: Wenn es in der DDR schneit, schneit es schöner, dichter, flockiger. Der Frost ist noch härter, das Eis klirrender. Richtigen Winter scheint es nur hier noch zu geben. Die DDR ist das deutsche Wintermärchen – für uns. In der Bundesrepublik taut doch alles immer gleich weg, oder täusche ich mich? In Hessen jedenfalls heißt Winter meistens Dreck.

Kurz vor Werder an der Havel dann diese großen Laubenkolonien. So etwas gibt es auch bei uns, natürlich. Aber hier drüben sind sie viel aufwendiger, fast pompös. Auf den winzigen Grundstücken stehen kleinste Villen, handgestrickt. Sehr liebevoll und kunstsinnig sind sie gezimmert. Es sind die letzten Fluchtburgen der Privatinitiative, die den Leuten blieben. Das Private ist einfach nicht totzukriegen. Überall sieht man: Die Datschakultur blüht.

Es war dunkel geworden. Draußen war Nacht. Aber auch bei Nacht ist immer noch Bemerkenswertes auszumachen. Ein beträchtlicher Wohnungsbau ist zu erkennen. Das Land ist viel dünner besiedelt. Nur Dunkelheit und Schnee also. Aber dann und wann recken sich kolossale Neubau-Wohnsilos empor. So aus der Nacht kommend, fliegen sie wie Betongebirge vorbei. Das Licht, das aus den Fenstern kommt, strahlt anders: greller, monotoner. Überall scheint dieselbe eine Birne zu brennen. Sie hängt in allen Zimmern überall auf der gleichen Höhe. Sie brennt auch in gleicher Lichtstärke. Die Einheitspartei spendet Licht, kollektiv aus dem HO-Laden, könnte man sagen.

Unmittelbar vor der Einfahrt nach West-Berlin hält der Zug an der Behelfsstation Griebnitzsee. Die hohe Kommission und das andere DDR-Personal steigen aus. Und dann fährt man langsam an vielen Mauern und Zäunen entlang in den Westen ein, so östlich. Ach, Berlin, meine alte Kitschgeschichte! Die Häuser vom Wannsee ab wirken doch freundlicher, kleiner, auch gepflegter. Das Licht ist nicht monoton, jedes Fenster leuchtet etwas anders.

Und als wir dann schließlich auf dem Bahnhof Zoo, also mitten in West-Berlin, standen, legte ich mit unseren Koffern zunächst eine kleine Gedenkminute ein. Nun stell dir das einmal vor, sagte ich. Früher konnte man von hier aus noch einmal genau 700 Kilometer östlich weiterfahren bis hoch nach Ostpreußen. Das war einmal das Deutsche Reich und Berlin seine schöne Mitte. Von Konstanz bis Königsberg – das war einmal meine Jugend. Und dann kam so ein Österreicher und redete den Deutschen ein, daß sie ein Volk ohne Raum wären. Die Deutschen, wenn sie nicht verhungern wollten, brauchten noch Rußland dazu, mindestens bis zum Ural.

Ich meine, damit hat alles begonnen, wovon ich hier berichte. Und woran wir immer noch würgen, jeder auf seine Weise. Nur in Berlin ist das mit Händen zu greifen und zu sehen mit Augen, die sehen wollen. Nur die Deutsche Reichsbahn erzählt so alte, wahre Geschichten.

II

Liebe gnädige Frau! Was für eine Konstellation! Da leben Sie also seit fast dreißig Jahren im schönen Eschwege, ganz nah an der hessisch-thüringischen Grenze, und sind noch nie da drüben gewesen. Nicht einmal ins nahe Eisenach sind Sie gefahren. Im kleinen Grenzverkehr geht das mühelos. Früher war ohnehin die alte Beamtenstadt Eisenach mit ihrer Wartburg immer die klassische Einkaufsstadt für Ihre Region gewesen. Sie lehnen das alles ab, jetzt. Sie wollen nicht zur Kenntnis nehmen, daß auch dort das Leben weitergeht, daß auch in Eisenach Deutsche leben genau wie wir, wenn auch anders, ganz anders. Das ist schon wahr.

Täusche ich mich, wenn ich jetzt ganz brutal sage: Irgendwo haben Sie Angst? Sie trauen sich nicht. Sie haben wie so viele Bundesbürger immer noch dieses unheimliche Gefühl in sich, da drüben in schreckliche Geschichten verwickelt zu werden. Ob man auch sicher sei? Ob man da nicht von der Polizei schikaniert werde? Es gibt intelligente und aufgeklärte Zeitgenossen in der Bundesrepublik, die gegenüber der DDR absolut neurotisch reagieren. Das heißt, sie reagieren nach alten Mustern. Sie bekommen schon eine Gänsehaut, wenn man sie an diesen anderen Staat in Deutschland erinnert.

Ich sage Ihnen aus langer Reiseerfahrung: Das war einmal berechtigt, gilt aber heute nicht mehr. Spätestens seit dem Grundlagenvertrag zwischen den beiden deutschen Staaten Anfang der siebziger Jahre ist diese Sorge unbegründet.

Die DDR ist zwar kein Rechtsstaat in unserem Sinn. Das heißt: Ihre eigenen Bürger können ihre eigenen Rechte, wenn sie vom Staat verletzt werden, bis heute an keinem Verfassungsgerichtshof einklagen. Aber Ausländern gegenüber – und das sind wir nun einmal, staatsrechtlich, von drüben aus gesehen – verhält sich dieser andere Staat vertragstreu und korrekt, ja höchst pedantisch. In den vielen Handelsverträgen beweist es die DDR täglich. Sie ist absolut vertragstreu. Im Zahlungsverkehr gilt sie in westlichen Bankkreisen geradezu als Musterland korrekter Erfüllungen. Das trifft auch auf den Reiseverkehr zu. Sie müssen ja ohnehin eine Reisegenehmigung zuvor beantragen. Wurde sie Ihnen erteilt, so können Sie sich drüben vollkommen sicher fühlen. Es wird Ihnen kein Haar gekrümmt. Mit den Einreisepapieren, dem Paß der Bundesrepublik und einem Bündel Westmark in der Tasche sind Sie beinah willkommen. Der Tourist ist frei – in Grenzen natürlich.

Erinnerung

Es war damals der Müggelsee gewesen, den ich entdecken wollte. Im S-Bahnhof Friedrichstraße, tief unten, zunächst also jene pedantisch-präzisen Prozeduren des Grenzübertritts, die sie dir als Tourist immer wieder einbleuen: Es ist Ausland, das du jetzt betrittst. Mir will das als altem Berliner noch immer nicht ganz einleuchten, aber sie können das. Wer die Macht hat, hat auch das Recht. Drüben jedenfalls gilt dieser Satz. Ich saß dann in meinem S-Bahn-Abteil Ost. Odysseus, der Listenreiche, Verschlagene, kehrt heim in die Fremde.

Ich war erstaunt, wie vertraut mir alles war aus Kindertagen. Es klang wie damals: die Lautsprecherstimme vom zugigen Bahnsteig, die »Bitte zurückbleiben!« rief, das Zuschlagen der elektrischen Türen, das Aufsingen des Zuges, anfahrend, und wie die altmodischen Wagen dann ratternd und schlagend durch das endlose, graue Häusermeer sich schlängelten: Ost-Berlin ist sehr groß.

Ältere Frauen stiegen mit Einkaufstaschen und verschafften Gesichtern zu. Jeansjugend lümmelte sich auf den gelben Holzbänken, manche mit Kofferradios, aus denen Popmusik dröhnte – Ost oder West? Das ist kaum noch zu unterscheiden. Am Bahnhof Alexanderplatz stiegen drei Rotarmisten zu. Sowjetoffiziere. Sie nahmen nicht Platz. Sie blieben reglos wie steinerne Standbilder an der Tür stehen. Sie schwiegen. Sie waren deutlich im Dienst. »Unsere Freunde« nennt man sie hier, ironisch-resignativ.

Um an den Müggelsee zu kommen, muß man bis zum S-Bahnhof Friedrichshagen fahren, weit draußen. Der Ort Friedrichshagen wirkte ziemlich DDR-schäbig. Er ist eine Gründung Friedrichs des Großen. Um 1900 war hier eine bedeutende Dichterkolonie zu Hause, die unter dem Einfluß Gerhart Hauptmanns dem Geist des Naturalismus huldigte. Straßenschilder erinnern daran. Die Leute sind mit anderen Sorgen befaßt: Versorgungsprobleme. Sie sind immer mit Taschen unterwegs, die Frauen mit Einkaufstaschen, die Männer mit Aktentaschen. Ein Volk unterwegs, von Laden zu Laden. Es ist eine für Westmenschen schwer definierbare Atmosphäre armseliger Rechtschaffenheit, die den Alltag fast aller DDR-Kleinstädte bestimmt: traumlos und brav. Die Kunst der Verführung fehlt. Wir sagen: trist.

Am Ufer des Müggelsees aber empfängt den Besucher eine freundliche Parklandschaft. Die Straßenpromenade führt zu Anlagestellen, wo ein paar Motorschiffe der »Weißen Flotte« liegen. Kiefern, Fichten, Eichen im Hintergrund. Da und dort Ruhebänke und kleine Holzlauben zum Unterstellen beim Regen. Im übrigen: Sand, überall Sandkuhlen und das Wurzelwerk der Föhrenwälder. Die Erde ist weder flach noch hügelig. Sie ist auf wunderliche Weise wellig-erregt. Man könnte auch sagen: zerbeult. Wer vom gutplanierten Wanderweg abgeht, hat mit viel Sand in den Schuhen zu rechnen. »In Staub mit allen Feinden Brandenburgs!« Man versteht den berühmten Verwünschungsruf Heinrich von Kleists höchst konkret, hier manchmal stolpernd.

Der Müggelsee lohnt. Seine Größe scheint endlos. Seine Bezeichnung als »Berliner Meer« ist natürlich berlinerisch, also ironisch gemeint. Trotzdem geht wirklich ein Gefühl ozeanischer Weite von ihm aus. Die Stille wirkt fast bedrückend. Man spürt schon die Endlosigkeit des Ostens. Man ahnt auch den Spreewald mit all seinen alten Sagen und Mythen aus der Wendenzeit, der dahinter beginnt. Dieses dunkel Verschwiegene gibt dem See noch heute eine bescheidene Würde, jenen unvergleichlichen Ernst, der Respekt erzwingt. Menschen, die es zum Wassertod drängt, liegen hier richtig. Tatsächlich übt er eine besondere Anziehungskraft auf Lebensmüde aus. »Der Müggel ist bös«, hat Fontane, der unvergleichliche Kenner der Mark Brandenburg, einmal geschrieben. Er hat bedeutungsvoll hinzugefügt. »Die alten Mächte sind besiegt, aber nicht tot, und in der Dämmerstunde steigen sie herauf und denken, ihre Zeit sei wieder da.«

Nachmittags 14.15 Uhr wird eine Kaffeefahrt mit einem Motorschiff der »Weißen Flotte« geboten. Ich stieg zu. Es geht ohne Anlegepause drei Stunden durch das stille, weitverzweigte System von Wasserstraßen, alles Spreearme. Geruhsam und schön sind solche Flußfahrten im Osten. Mehr noch: Sie sind aufschlußreich für den Westtouristen. Sozialistische Gastlichkeit kann man studieren. Man saß im Unterdeck jeweils an einem Tisch, der für sechs Fahrgäste gedeckt war. Von der volkseigenen Mitropa waren auf jedem Tisch vorsorglich sechs Kaffeetassen deponiert worden. Und als dann später die Kellnerin kam, den Kaffee ausschenkte, jedem, ungefragt, auch ein Stück Erdbeertorte auf den Teller schob, breitete sich im Salon für so viel Labung eine kollektive Dankbarkeit aus, die mich verblüffte. Wie dankbar die Leute hier sind, wenn überhaupt etwas funktioniert, ging es mir durch den Kopf.

Die Mehrzahl der Gäste war nicht aus Berlin. Es waren DDR-Bürger aus Sachsen, aus der Lausitz, aus dem Bezirk Potsdam, die hier Urlaub machten, rund um den Müggelsee. Alle waren hochzufrieden. Sie lobten den Kaffee, die Torte, die ich, beide, eher wäßrig fand. Sie priesen überhaupt die Gastronomie rund um den See. Ob ich schon das Restaurant »Rübezahl« besucht hätte? fragte mich mein Nachbar. Auch die »Müggelperle« sei besuchenswert, warf die Dame mir gegenüber ein. Der Gipfel sei im Augenblick aber doch die »Müggelbaude«, so beschied das Kollektiv ganz allgemein. Warum? fragte ich neugierig. »Privat!« riefen alle beglückt wie im Chor. Die »Müggelbaude« werde ganz privat von einem tüchtigen Ehepaar betrieben. Es sei erstaunlich, was es da alles gäbe und wie!

Privatunternehmen erregen in der Tat heute im real existierenden Sozialismus ganz ähnliche Hoffnungen und Träume, wie es unter der linken Jugend der Bundesrepublik sozialistische Träume tun. Zweimal Berlin, dachte ich. Um so etwas zu erfahren, muß man hierhergefahren sein. Draußen zog eben in östlicher Melancholie lautlos der Spree-Oder-Kanal vorbei.

III

Man sagt, das Auto sei des Bundesbürgers liebstes Kind. Ich sage: Wenigstens in dieser Hinsicht sind uns die Bürger der DDR weit überlegen. Sind auch ihre Vehikel der Motorisierung meist glanzlos und bescheiden, sie lieben ihre Trabants und Wartburgs abgöttisch. Sie putzen sie noch länger als wir, sie fummeln am Wochenende noch fachkundiger am Motor herum: Etwas ist hier ja immer defekt. Und wenn sie dann am Sonntagnachmittag vollbepackt und mit vierköpfiger Familie über die Straßen der Republik tuckern, ist unverkennbar ein gesamtdeutscher Traum erfüllt. Der Familienvater sitzt steif und stolz und merkwürdig hoch am Steuerrad. Er fährt wie ein Fahrschüler mit äußerstem Ernst und verbissener Aufmerksamkeit, was komisch wirkt, weil wenigstens die kleinen Trabbis eher an Kinder- und Spielautos erinnern. Obwohl total überfüllt, sind diese Wägelchen oft am Rückfenster noch mit Kissen, Stofftieren, Brokatschärpen und anderen Wahrzeichen gemütlicher Häuslichkeit vollgestopft. Das deutsche Kleinbürgertum blüht und fährt.

Von daher ist verständlich, daß auch der Bundesbürger, der als Tourist einreist, mit seinem Privatwagen erwartet wird. Je imponierender das Modell aus dem Westen, um so aufmerksamer wird er empfangen. Unsere linken Friedensfreunde und grünen Ökopazifisten seien gewarnt: Ihre neue Einfachheit wird hier nicht geschätzt. Wer wie zur Bundestagsdebatte mit dem Fahrrad oder gar auf Schusters Rappen in den anderen Staat einreisen will, wird abgewiesen. Man kann natürlich mit der Bahn kommen. Doch was wäre dann am Zielbahnhof? Mit Kofferträgern oder gar Taxis ist nicht zu rechnen.

Das Reiseland DDR erschließt sich am besten mit dem eigenen Wagen. Ist man einmal drüben, so sind seine Vorzüge unvergleichbar. Man hat ein Stück Heimat dabei, man ist beweglich, ein Gefühl von Freiheit fährt mit, auch durch das Autoradio, das Westsender bringt. Solche Vorteile kosten ihren Preis. Auf Provinzstraßen muß man mit Asphaltaufbrüchen und grotesken Schlaglöchern rechnen. Manche Hinweisschilder sind höchst verwirrend, andere schlicht verdreckt. Dreck ist überhaupt sehr verbreitet, drüben. Wer Super fährt, muß rechtzeitig eine Intertankstelle ausfindig machen. Man halte sich eisern an die Verkehrsregeln hier. Schon ein Glas Bier kann, wenn man Pech hat, den Führerschein kosten. Schon zehn Kilometer zu schnell können Bußgelder von atemberaubender Höhe zur Folge haben, und dies bitte in Westwährung, nicht in der Landeswährung. Die Volkspolizei ist da sehr großzügig im Abkassieren.

Man muß auch mit kleinsten Verlusten rechnen. Mercedesfahrer, die ihren Wagen ordnungsgemäß auf dem Marktplatz parken, haben Glück gehabt, wenn sie am nächsten Morgen ihren guten Stern auf allen Wegen noch vorfinden. Auch beim BMW erfreut sich das weiß-blaue Markenzeichen größter Beliebtheit. Die Jugend hier sammelt sie liebend gern ein, des Nachts. Gönnen wir es ihnen, denke ich immer wieder in solchen Fällen. Fetische des Kapitalismus sind Schmuckstücke im Sozialismus. Das ist die Lage.

Schließlich: Der Autotourist muß beim Grenzübergang mit zusätzlichen Wartezeiten rechnen. Den Kofferraum auf, die Motorhaube öffnen. Alles wird haargenau observiert. Das Handschuhfach jetzt. Jetzt bitte die hintere Sitzbank abschrauben! Ich gerate dabei immer in Schweiß und Verlegenheit. Wo sind denn da Schrauben? Es gibt weitere Prüfprozeduren: Ein Draht kann den Tank prüfen, ein Spiegelkarren kann Einblicke von unten gewähren: Irgendwie obszön scheint mir das immer. Zeigt man sich störrisch, so können solche Observationen beliebig ausgedehnt werden. Rein theoretisch kann das Auto bis ins kleinste zerlegt werden, tagelang.

Mein Ratschlag in solchen sehr seltenen Fällen: bloß keine Aufmüpfigkeit! Nur kein Protest! Eifrige Zustimmung, emsige Unterwürfigkeit beschleunigen die Abwicklung. Ich sage dann immer: »Wie wahr, wie richtig! Ich verstehe Sie schon. Es gibt ja wirklich unglaubliche Bundesbürger!« Den ironischen Unterton spüren sie nicht. Sie fühlen sich jetzt in ihrer Würde bestätigt, und plötzlich erlischt ihr wachsames Mißtrauen. »Spur 8!« sagt der Grenzer plötzlich sehr flott. Spur 8 ist am Grenzkontrollpunkt Wartha-Herleshausen immer die letzte Schleuse zur Freiheit.

Merke ganz generell: Im Konfliktfall mit den Staatsorganen ist im real existierenden Sozialismus Unterwürfigkeit immer noch die Bürgertugend Nummer eins. Da hat sich seit Kaisers Zeiten nichts geändert. Preußen ist das.

Erinnerung

Seltsames Erlebnis, als Bundesbürger plötzlich in ein richtiges Provinznest der DDR verschlagen zu werden, und dann auch noch abends. Die Dunkelheit, vor allem in den Kleinstädten, ist erschreckend. Es gibt nur wenige Straßenlaternen im Zentrum. Drei Viertel der Stadt liegen in stockschwarzer Nacht. Manchmal fällt die Beleuchtung ganz aus. Stromsperre heißt das. Der Kraftstrom ist eben ein Engpaß, im Augenblick. Es gibt Regionen, in denen dieser Augenblick schon über dreißig Jahre dauert. Man kommt aus einem Staat, in dem Licht und Helligkeit sich von selbst verstehen, und plötzlich ist es wieder wie im Krieg: alles verdunkelt.

Das Hotel, in dem man uns behelfsweise untergebracht hat, ist kein Interhotel: Gehobene DDR-Klasse würde ich sagen. Früh um sieben poltern schon fröhliche Delegationen durch das Treppenhaus. Es sind junge Funktionäre volkseigener Betriebe, die auf Dienstreise sind, im Kollektiv, versteht sich. Männer und Frauen Anfang Dreißig, die ungeheuer laut, fröhlich und tatendurstig sind. Sie laufen durch das Treppenhaus, als wenn sie Schaftstiefel trügen. Sie rufen, singen, lachen laut. Sie schlafen natürlich getrennt. Die jungen Männer klopfen um 6.30 Uhr an die Zimmer der Mädchen und rufen im Jargon leutseliger Wehrmachts-Unteroffiziere: Alles aufstehen, fertig machen, antreten, los, Kinder, dalli, dalli, bitte! Sie kichern dabei, rütteln einen Augenblick an den Klinken der Mädchentüren, stürmen dann wieder nach oben, in Delegationen, so scheint es. Ein Lachen versackt hinter zugeschlagenen Türen.

Später hört man ihre Wagen im Hotelhof anfahren. Es scheppert und dröhnt. Sie rangieren ihre wunderlichen Zweitakter mit aufheulendem Motor und gewaltigen, bläulichen Gaswolken im Hof hin und her. Es riecht nach Minol, nach süßem, eiligem Fortschritt. Vertreterreisen im Sozialismus: Schon um halb neun Uhr sind alle weg. So gegen halb zehn, wenn wir zum Frühstück herunterkommen, ist alles leer. Der Speiseraum sieht wie eine Bahnhofsgaststätte 3. Klasse aus. Die meisten Stühle sind umgekehrt auf den Tisch gestellt. Putzfrauen sitzen in der Ecke, frühstücken auch, blicken uns mißbilligend an. Der kalte Rauch, der Biergeruch von gestern abend stehen noch im Raum. Nur Mut, sage ich, nur jetzt die Augen auf! Normalerweise kommt hier kein Westbürger rein. Das ist DDR-intern. So leben, so reisen die Bürger hier, die keine Westmark haben. Wer kennt das bei uns?

Die Kleinstadt, nicht weit von Magdeburg, ist heute ein Zentrum des Maschinenbaus. Munition wird auch produziert. Ein fleißiges, graues Industriestädtchen. Die Wohnhäuser alt und zerfallen. In den grünen Postkästen an den Haustüren steckt überall ›Neues Deutschland‹. Im Zentrum des Ortes beherrschen Fabriken das Bild. Die DDR ist heute eine führende Industrienation, und hier kann man sie arbeiten sehen: Schornsteine, Eisengestänge, Fabrikportale, Stechuhren. Jeder, der aus dem Portal kommt, schließt an einem Schalter herum, nimmt die Aktentasche in die Hand, geht auf die Hauptstraße zu, die nachmittags um fünf wimmelt von Menschen, die einzukaufen versuchen. Eine eiserne Welt. Manchmal hört man Lokomotiven pfeifen. Das hier ist Preußen, denke ich, das ist deutsches Kernland, ungeschminkt. So war es hier schon immer, vor fünfzig, vor achtzig Jahren. Komisch: Eine Reise in die DDR ist fast immer eine Reise in die Vergangenheit. Steht die Zeit still?

Immerhin, der »Preußische Adler« ist heute unverkennbar volkseigen. Des Abends sitzen die Arbeiter im Hotelrestaurant zusammen. Biergeruch, Zigarettenqualm. Es riecht aus der Küche verlockend nach Bratensauce. Ein junger Kellner, der einen abgewetzten Smoking trägt, serviert pausenlos und sehr schnell. Er bedient die Gäste nicht schlecht. Sie essen Kohl mit Rindfleisch,

Hammelkeule oder Rinderroulade mit Rotkohl. Viel Bier dazu. Sie neigen alle zur Dicklichkeit jetzt in der DDR. Für Gäste, die das berücksichtigen wollen, gibt es auch Schonkost: Spaghetti mit Schinken und Ei. Das kostet 3,50 Ost, das soll kalorienarm sein. Sie essen und trinken, reden in den nächtlichen Qualm hinein: unsere Brüder und Schwestern, wie es bei uns früher hieß. Da hast du sie, unverfälscht.

IV

Jetzt könnte ich wie ein Reiseführer einsetzen. Man müßte dann eine Landkarte der DDR aufschlagen und sagen: Sieh her! Von der Ostsee bis zum Erzgebirge, vom Harz bis zu den Seelower Höhen im Oderbruch, vom Eichsfeld bis Görlitz – lauter Orte, die wir nicht kennen: Wer will sie entdecken? Ich stelle anheim. Das meiste ist für uns Westmenschen nur auf den ersten Blick interessant. Der zweite entzaubert. Doch liegt das im Auge des Betrachters. Wer mit dem Blick des Kenners kommt, für den kann alles staunenswert und höchst bedenklich sein. Fast alles ist uns fremd, in diesem nahen Land.

Und ich? Ich suche immer Deutschland. Ich fahre rüber, weil unsere Geschichte hier so streng, so groß versammelt ist, auf kleinstem Raum. Ich meine nichts Museales. Es sind die Ursprünge, die hier zu finden sind. Die Kultur der Deutschen ist zu besichtigen auf Schritt und Tritt. Wer wissen will, was Frömmigkeit im Mittelalter war, muß einmal den Dom von Naumburg gesehen haben. Er ist ein Wunder, unvergleichlich. Wer Martin Luthers Werk verstehen will, kommt nicht umhin, nach Erfurt, Wittenberg zu fahren. Er wird dort alles finden. Wer spüren will, aus welchem Geist einmal die Bachkantaten entstanden, muß sich in Leipzig seinen Thomanerchor anhören. Er lebt und singt wie früher weiter. Wer Händels strahlende Oratorien schätzt, braucht nicht nach London zu fahren: Halle tut es auch. Wer Preußens Glanz und Elend sehen will, der reise zwischen Potsdam, Rheinsberg, Ost-Berlin. Die deutsche Klassik, Goethes, Schillers Welt, ist, wie man weiß, in Weimar zu betrachten.

Und Groß-Berlin? Es mag ein Zufall sein oder das, was Hegel die List der Geschichte nannte: Alles, was historisch wirklich wichtig ist, beginnt erst hinter der Mauer, drüben vom Brandenburger Tor bis zum Alex. Was wir heute West-Berlin nennen, ist eigentlich nichts als ein grüner Vorort: Bismarcks Villenkolonie, könnte man die Szene rund um den Kurfürstendamm nennen. In summa: Wenigstens die Faustpfänder der mitteldeutschen Geschichte besitzt heute dieser andere Staat. Schon deshalb ist die DDR ein Reiseland von Rang. Sie hält die Eintrittskarten in der Hand.

Ich bin bisher mit Kritik und Skepsis nicht geizig gewesen. Deshalb bin ich froh, endlich einmal auch loben zu können. Wenigstens als Nachlaßverwalter unserer gemeinsamen Geschichte läßt sich die DDR nicht lumpen. Historie wird fast überall sehr schön und instruktiv den Gästen präsentiert. Mag es auch kompliziert sein, auf Ost-Berlins Prachtstraße »Unter den Linden« mittags um eins einen Ort der Gastlichkeit zu finden, wo man sein Schnitzel kriegt, der Zugang zur Geschichte steht offen, nicht nur auf der Museumsinsel.

Wunderliche Erfahrung im Sozialismus, die ich immer wieder machte. Dort, wo die einfachen Leute leben, wohnen, arbeiten, sieht es meistens bös aus: schlimm bis verwahrlost. Kommt man aber, oft nur hundert Meter weiter, an eine jener Stätten, die man hier etwas geschwollen »unser nationales Kulturerbe« nennt, so sind sie, das gilt von Eisenach bis Frankfurt/Oder, fast immer in einem Zustand wie bei uns: gepflegt und aufgeräumt. Es strahlt im grauen Umfeld. Warum? Jetzt kommt ein zweites Lob: Dieser Staat hier weiß genau, wovon ich jetzt rede: Der Schlüssel für die Zukunft liegt in der Vergangenheit. Nur wer die Herkunft kennt, kann auch das Ziel bestimmen. Geschichte ist wichtig. Manche Stadt in der Bundesrepublik könnte in dieser Sache drüben sogar Nachhilfestunden nehmen.

Nachwort: Mein Lob erstreckt sich auch auf die dunkelsten Orte unserer Geschichte. Politische Denkmalkunst drüben ist meist in grandioser Pathetik, Gespreiztheit und einer Monumentalität Gestalt geworden, die die dahinter gähnende Leere verblüffend klar zeigt. Ich denke etwa an das Karl-Marx-Monument in jener Karl-Marx-Stadt, die früher schlicht Chemnitz hieß. Der aufgedonnerte Kopf des großen Denkers ist zum Lachen. Das Lachen vergeht einem aber, wenn man in der DDR die Konzentrationslager der Nazizeit besucht. Sie nennt man hier »nationale Mahn- und Gedenkstätten«! Ich habe sie alle besucht. Sie sind würdevoll, ernst und von großer Eindringlichkeit: wirkliche Stätten der Mahnung. Das Erstaunlichste für mich: Auch die Denkmäler im Lager sind von einem Stil, einer schlichten Größe, die glaubwürdig ist. Ich sage: Vergeßt auf einer Reise auch diese Orte nicht. Von Weimar nach Buchenwald ist es nur ein Sprung. Er lohnt.

Erinnerung

Meine lieben Sachsen! Endlich will ich ihnen das kleine Denkmal setzen, das sie längst verdient haben in meinem Reiseprospekt. Sie sind von heiterer, höchst kultivierter Lebensart. Ihre Kunstsinnigkeit ist berühmt, aber im Ensemble der deutschen Stämme sind sie irgendwo zu kurz gekommen. Man grinst immer nur oder verhöhnt sie gar. Historisch gesehen, sind sie einer der wichtigsten Stämme. Das finnische Wort für Deutschland heißt noch heute schlicht: Saksa. Ihr Stammland liegt genau in jener Mitte Deutschlands, von der ich rede. Das Sächsische, das uns leicht lachen macht, war sogar einmal die Kanzlei- und Amtssprache des Heiligen Römischen Reiches Deutscher Nation.

Trotzdem fehlt es ihnen an Reputation. Im letzten Jahrhundert fühlten sie sich zunehmend von Preußen unterdrückt. Wittern sie jetzt Morgenluft? Spottvögel behaupten, die ganze DDR sei eigentlich nichts anderes als die späte Rache der Sachsen an den Preußen. Ich halte mich da raus. Zu leicht könnten die maßgeblichen Autoritäten des Arbeiter- und Bauernstaates meine Bemerkungen als Einmischung in ihre inneren Angelegenheiten mißverstehen. Das soll nicht sein. Wenigstens die Humorlosigkeit der DDR-Mächtigen spricht ja auch gegen die These. Sachsen lachen – diese nicht.

Fest steht jedenfalls, daß die Sachsen nie jenes kraftvolle Selbstgefühl entwickeln konnten, das sich für die Bayern ebenso wie für die Berliner versteht. Auch die Schwaben und Rheinländer geben sich ungemein souverän. Nicht sie, meine lieben Sachsen. Dabei hätten sie allen Grund, auf sich selbst stolz zu ein. Ihre Landschaft ist eine der lieblichsten in Deutschland. Ihre Fürsten haben fast tausend Jahre das Land mit jener milden Gewalt regiert, die Seltenheitswert hat. Gemessen an Preußen waren sie geradezu überwältigend unaggressiv. Große Kriegshelden sind sie selten gewesen. Ihre Tugenden sind schon in ihren Fürstennamen präsent: Friedrich der Sanftmütige, Friedrich der Weise, Johann Friedrich der Großmütige seien erwähnt. Ihr einziger Herrscher, der Weltruhm erlangte, war August der Starke. Die Stärke des Königs bezog sich bekanntlich nicht auf Schlachtenruhm, sondern seine Manneskraft. 368 Kinder zeugte der

Mann in jenem Land, wo – so das Sprichwort – die schönen Mädchen auf den Bäumen wachsen.

Weiter: Die Sachsen haben schon damals eine der schönsten Residenzstädte Europas hervorgebracht. Dresden war ein glanzvoller Musenhof und wird noch heute als Deutschlands Elb-Florenz gepriesen. Na ja, man muß dann nur die heutige Prager Straße vergessen. Eine sozialistische Musterstraße soll das sein. Sie wurde gräßlich »modernisiert«. Schwamm drüber. Vergiß es!

In Dresden verstand man damals, ganz undeutsch, beinah französisch leicht zu leben. Lässig und locker waren die Sitten. Das Leben am Hof war süß, gemessen an der Strenge und Kargheit des preußischen Hofes. Der Vater jenes Königs, der dann später Friedrich der Große genannt wurde, hat in Dresden versucht, seinen Sohn in die Kunst der Liebe einführen zu lassen. Die Einführung wurde ein Mißerfolg. Daß aus dem jungen Prinzen später so ein rabiater Weiberfeind wurde, sollte man jedenfalls nicht den Sachsen anlasten. Es hatte andere Gründe.

Was kann ich noch anführen in meinem Plädoyer für einen belächelten Stamm? Sie haben zur deutschen Kultur Erstaunliches beigetragen: Martin Luther war Sachse. Lessing war es und Bach. Richard Wagner war Sachse wie Nietzsche. Von Händel über Novalis bis zu Karl May und Ringelnatz geht die stolze Liste. Und heute? So klangvolle Namen wie Erich Kästner, Ina Seidel, Peter Bamm seien genannt. Die typische Verschmitztheit eines Schauspielers wie Gert Fröbe ist ungemein sächsisch. Und was ist mit Hans-Dietrich Genscher, unserem beredten Außenminister? Es fällt einem wie Schuppen von den Augen, wenn man anfängt, das Buch der Geschichte aufzuschlagen.

Ihr Fehler: Sie verstanden es nie, dem Ruhm der Größe nachzueifern. Immer sind die Sachsen in der Öffentlichkeit bescheiden und anspruchslos aufgetreten. Ihre Größe bestand in der genialen Beherrschung des Kleinen.

Lauter Handwerksmeister, könnte man sagen: die Käthe-Kruse-Puppe, das Fürst-Pückler-Eis, die Hoffmanns-Tropfen, die Klöppelspitzen, die Reclam-Bändchen, sogar das Skatspiel – alles typisch sächsisch. Auch typisch, daß sie sich mit solchen Hervorbringungen nie brüsteten. Ich erwähne sie deshalb.

Jeder zehnte Deutsche sächselt, hat ein Fachmann festgestellt. Die neun anderen Deutschen lachen deshalb über den Sachsen, hat er hinzugefügt. Ich vermute, hier liegt die Wurzel zu allem. Das Sächsische ist als Sprache ein Kuriosum. Woher kommt das? Soll ich nun wieder von deutscher Enge sprechen? Es ist bei sehr großen Posen eine wunderliche Kleinbürgerlichkeit typisch. Behäbigkeit und Theatralik kreuzen sich. Gemütlichkeit und Pathos sind im Sächsischen so verrührt, daß daraus ein Realismus der Region entsteht, der unbeschreiblich ist. Die Meininger haben ihn als Theaterstil gepflegt. Ich meine: Das beschränkt Betuliche der Region steht immer in einem grotesken Gegensatz zum Ernst der großen Sache, die behandelt wird. Das macht den Dialekt so komisch. Heimat und Welt: Hier fällt das zusammen.

Der Gedanke jedenfalls, daß Richard Wagner den Text des ›Ring des Nibelungen‹ leicht sächselnd schuf, ist verwirrend. Weltuntergang im Plüschsalon mit Blümchenkaffee – wie kommt das zusammen? Die Vorstellung, daß Friedrich Nietzsche seine Umwertung aller Werte des Abendlandes in diesem Dialekt betrieb, ist schwer zu vollziehen. ›Also sprach Zarathustra‹, 1885 zum erstenmal vorgelegt – sprach Zarathustra deutlich sächselnd? So etwas, konkret vorgestellt, bringt Gipfel des Geistes ins Wanken. Die alte deutsche Misere, etwas stimmt da nicht zwischen Form und Inhalt. Es ist jedenfalls kein Vergnügen, mit jedem ernsthaften Satz, den man ausspricht, das Vergnügen der anderen zu sein.

V

Wer das Land bereist, kommt unvermeidlich in Gespräche. Das ist das Einmalige, das Unvergleichliche jetzt: Die reden deutsch wie wir. Es soll da und dort Toren und Opfer des Kalten Krieges geben, die meinen, die da drüben sprächen russisch, beinah. Keine Spur. Es sind zwar nach vierzig Jahren an den Sprachrändern geringfügige Eigenheiten heute im DDR-Deutsch zu registrieren. In beiden Duden der beiden deutschen Staaten kann jeder, den das interessiert, so jüngste Varianten überprüfen. Aber das gehört schon ins Studienfach Komparatistik, also in die vergleichende Sprachwissenschaft.

Für den Reisenden bleibt es ohne Belang, obwohl es schon nachdenklich machen kann, wenn man in der Hotelrezeption drüben zum erstenmal das Wort »Gastronomservice« lesen kann. Was meint die Kellnerin, wenn sie jeden Morgen beim Frühstück von »Jüs« redet? Saft? Ja, warum sagt sie nicht Saft? Warum schreibt die DDR-Presse täglich von Meetings? Gestern sei wieder ein Kampfmeeting in Leuna gewesen. Herr Mies sei dabeigewesen, der von der DKP. Erwählte Fremdwörter gehen um. Das Niveau hebt sich ja täglich in der DDR. Weltniveau wird erstrebt. Doch lassen wir das, da ganz oben.

Ich behaupte: Es gibt keinen anderen Staat deutscher Sprache, in dem man so leicht, so mühelos mit den Leuten ins Reden kommt. Was stellt man fest? Bruchtiefen der deutschen Teilung sind auszuloten.

Ich meine das so: Wenn man in Basel, etwa in einem Restaurant, mit einem Fremden ins Gespräch kommt, so sind das Fremde für uns, eben Schweizer. Ich bin der Ausländer. Wenn ich in Wien in einem Café sitze, so spüre ich Distanz: eine andere Kultur, eine komisch verkauzte, krause Sprache. Ich bin der Fremde, der Reichsfritze von früher. Und hier? Die reden wie wir. Die denken wie wir. Die lachen wie wir. Sie haben natürlich ihre eigenen Probleme, ihre besonderen Schwierigkeiten und Sorgen, das schon. Aber es sind Deutsche. Ich höre das. Ich spüre das. Kein fortschrittlicher Vordenker der deutschen Teilung wird mir das ausreden können. Es sind Deutsche geblieben, DDR-Deutsche, das ist einzuräumen.

Und wie frei sie reden! Immer wieder bin ich erstaunt, ja verblüfft, sie machen aus ihrem Groll kein Grab. Sobald man mit ihnen zusammensitzt auch in Gruppen, lassen sie Dampf ab. Ganz ungeniert und kompakt kommt da ein kritischer Unmut hoch, der vor nichts zurückschreckt. Das, was man unter Hitler den deutschen Blick nannte, ist fast unbekannt. Die reden frei von der Leber weg. Gerade in solchen Augenblicken spürt man, wie wichtig es ist, daß wir zu ihnen kamen. Endlich haben sie einen Gesprächspartner, an dem sie den angestauten Zorn loslassen könne. Endlich können sie auch einmal Fragen stellen. Wie ist das nun wirklich bei euch, zum Beispiel mit der Arbeitslosigkeit? In eurem Fernsehen hören wir ja täglich Schreckensbotschaften, täglich wird es schlimmer bei euch. Ist das denn so?

Allein um solcher Gespräche willen sollte man rüberfahren. Man kann sie immer und überall führen, ganz offen. Auch ich nehme da kein Blatt vor den Mund. Ich warne nur vor einem. Man sollte in die Kritik an den DDR-Verhältnissen, die einem da entgegensprudelt, nicht allzu selbstgerecht einstimmen. Es gibt einen spezifischen DDR-Masochismus, der kann sich gar nicht genug tun im Runtermachen der eigenen Lebenszwänge. Er kann höchst unterschiedliche Wurzeln haben. Manche schimpfen auch nur, um beim Bundesbürger auf längere Sicht Westmark rauszuleiern. Andere tun es, um sich einfach Luft zu verschaffen. Es wäre jedenfalls ein Mißverständnis der Situation zu glauben, daß aus jeder Wut hier schon ein heimlicher Fluchtwunsch spräche.

Heizt man den DDR-Masochismus noch mit eigenen

glühenden Kohlen an, so kann es einem nämlich passieren, daß sie blitzschnell umschlagen im Redegefecht. So sei das nun auch wieder nicht zu sehen. Es gäbe ja auch gute Einrichtungen. Man spürt, es gibt auch hier eine Identifikation mit der eigenen jüngsten Vergangenheit, die ja nicht unsere ist. Auch die DDR-Geschichte hat ihre eigene Bindungskraft. Viele wollen gar nicht weg. Sie wollen nur mehr Freiheit, auch mehr Wohlstand. Vor allem Reisefreiheit wollen sie. Die meisten würden wiederkommen, wenn man sie reisen ließe. Sie fühlen sich trotz allem hier zu Hause am Ort. Manches wurde gelockert in letzter Zeit. Ich frage trotzdem: Was ist das für ein Staat, der seinen eigenen Bürgern so mißtraut? Etwas ist faul da im Staat der Deutschen Demokratischen Republik.

Erinnerung

Bußtagabend. Wir sind sehr spät gekommen. Der Gottesdienst ist schon aus in der alten Dorfkirche. Der Pfarrer steht vor der Kirchentür und verabschiedet die Gläubigen mit kräftigem Handschlag, der Dank, Beistand und Fürsorglichkeit ausdrückt. Er steht jung, hochgewachsen, blond vor der Kirchentür, ein Mann Anfang Dreißig, mit ruhigem, derbem Pommerngesicht, das trotzig wirkt. Ein streitbarer Verkünder der Schrift. Er stützt sich auf einen Krückstock. Er hat ein steifes Bein. Ich merke es erst jetzt, als er uns in die Kirche führt, die leer und kalt und ungastlich wirkt. Der junge Pfarrer hinkt hinter uns her. Auf dem Altar brennen noch Kerzen. Gesangbücher liegen steif und dick hinter den Bänken. Ein Harmonium erinnert an Schülertage. Evangelische Trostlosigkeit gestern und heute. Ach, was sind Luthertum und Preußentum doch für eine strenge und ernste Sache. Man fröstelt in solchen Kirchen.

Und wir sagen, was man so sagt in solchen Augenblik-
ken. Wir sind aus dem Westen, sagen wir. Wir wollten
mal reinsehen, weil wir Licht sahen in dieser schönen
Kirche. Wissen Sie, sagen wir später, wir haben doch
keine Ahnung drüben – Sie verstehen das? Man kommt
sich ein wenig aufdringlich und taktlos vor, einfach hin-
eingeschneit zu kommen. In dicke, schöne Wintermäntel
gehüllt. Aus dem Westen – ach: Hier sind das kaum vierzig Kilometer entfernt. Es klingt, als wenn man von einem anderen Kontinent spräche, vom Wilden Westen
zum Beispiel.

Aus dem Westen – das Wort wird von den Wänden des
hohen Kirchenschiffs kalt zurückgeworfen. Es steht jetzt
fremd im Raum. Es klingt ziemlich aufdringlich, fast etwas frech, als ich dann frage: Wie ist das denn so bei
Ihnen? Wie viele Leute kommen denn noch zum Gottesdienst, ungefähr?

Und der große blonde Pfarrer zögert etwas. Das hat
sich wohl noch nie ereignet, daß ein Bundesbürger in
dieser Dorfkirche zu statistischen Erhebungen eintraf? Er
denkt nach, überlegt, seine Stirn legt sich in Falten, die
tief-wülstig sind. Es hat den Anschein, als wenn er ange-
strengt nachgrübele. Er bewegt seine Finger, als wolle er
mit ihnen stumm seine Schäfchen abzählen. Dann lächelt
er und sagt: »Wissen Sie, das ist unterschiedlich hier auf
dem Dorf. Es hängt auch vom Wetter ab. Aber so fünfundzwanzig bis dreißig kommen hier immer noch im
Schnitt. Zu Weihnachten und Ostern sind es mehr. Außerdem gibt es unsere junge Gemeinde, die sich nachmittags manchmal trifft. Die wächst.«

Dann führt er uns hinaus. Er schließt das schwere Portal zweimal ab, steckt den Schlüssel in die Rocktasche.
Man spürt, wie vieles hier zu groß, zu mächtig geworden
ist für diese kleine Gemeinde. Nebel, Nässe, Dunkelheit
fallen, verhüllen den steifen Mann, verwischen die Kon-
turen der Kirche. Es wirkt plötzlich unendlich einsam,

wie er so dasteht zwischen den Kreuzen des Friedhofs, der sich rund um die Kirche zieht. Keine Perspektive, sagt man hier und hofft darauf, daß die Kirche einfach abstirbt, eines Tages. Was heißt keine Perspektive? sage ich später im Auto. Fünfundzwanzig bis dreißig Gemeindemitglieder? Hier wird wieder Urchristentum gelebt. So sahen die jungen Gemeinden ganz am Anfang doch auch aus im heidnischen Rom. Wäre ich fromm, so würde ich sagen: Gott zählt nicht die Seinen. Er wägt.

Es gibt einen anderen Aspekt, der erst in den letzten Jahren deutlicher wurde. Jedenfalls die evangelische Kirche ist für viele, die keineswegs im konfessionellen Sinn Gläubige, oft nicht einmal Christen sind, zu einem Zufluchtsort für alternatives Leben und Denken im Staatssozialismus geworden. Nicht, daß sich da »Staatsfeinde« sammeln würden. Aggressive Staatsfeindlichkeit, die ja denkbar wäre, ist in dieser Diktatur der Bürokraten erstaunlich wenig zu finden. Für manche kritischen DDR-Bürger, vor allem für junge Menschen, ist die Kirche heute einfach ein politikfreier Raum geworden, der einzige, den es in dieser streng überwachten Gesellschaft überhaupt gibt. Tatsächlich ist im Raum der Gemeinde kein Pastor, auch kein Gemeindemitglied verpflichtet, die öden Propagandaformeln der SED zu wiederholen. Solange man im kirchlichen Raum bleibt, ist die Gruppe ganz frei, nicht nur im Denken, auch im Diskutieren.

So hat sich in diesen kleinen Kreisen und unter dem schützenden Dach der Kirche in den letzten Jahren Erstaunliches entwickelt. Kunstausstellungen, Dichterlesungen, Diskussionsabende für Randgruppen der Gesellschaft waren möglich. Es gibt in der DDR genau wie bei uns auch Evangelische Akademien mit ihren Wochenendtagungen. Ich nahm einmal in Wernigerode im Harz an einer solchen Tagung der Magdeburger Evangelischen Kirchenleitung teil. Ich war erstaunt, wie frei man hier sprach. Ich trug meinen Essay über Friedrich den Großen und sein Preußen damals vor.

Frei ist vielleicht ein zu abstraktes Wort? Es gab viel Beifall, viel Gelächter, auch Widerspruch da und dort. Ich spürte die Mißverständnisse und die Schwierigkeiten, sich überhaupt zu verständigen. Meine Art, frei von der Leber zu reden, ist ganz unüblich dort. Man redet nie ungedeckt in der DDR. Auch bei solchen kirchlichen Tagungen hat man immer Autoritäten und Zitate zur Hand, mit denen man seine eigene Meinung absichert und fundiert. Sicher ist sicher, könnte man sagen.

Was bewirken solche Gruppen? Man sollte sie nicht überschätzen. Einen Markt freier Meinungen gibt es nicht in der DDR. Ich bin nicht einmal sicher, ob man, wie es in unserem Westfernsehen oft dargestellt wird, von einer wirklichen Friedensbewegung unter jungen Christen reden kann. Von einer »Bewegung« in der DDR-Gesellschaft, vergleichbar mit unseren jungen Grünen, kann nicht die Rede sein. Aber ganz vereinzelte Ansätze dazu, winzige Gruppen, die die atomare Hochrüstung nicht nur in der DDR, sondern im ganzen Ostblock zu diskutieren versuchen, gibt es im Rahmen der Jungen Gemeinde da und dort. Es wird nicht gegen den Staat opponiert. Auch der bürokratische Sozialismus wird akzeptiert. Kirche im Sozialismus heißt dieser glaubwürdige Versuch. Sein Mut ist bewundernswert.

Mut? Natürlich wacht das Auge des allmächtigen Staates auch über das, was innerhalb der Kirchenmauern gesagt wird. Er horcht, er lauscht, er schreibt mit und berichtet. Die Zeiten, in denen aktive Friedensfreunde anschließend an solche Treffen verhaftet werden, sind aber vorbei. Die Kampfmittel sind feiner, subtiler, auch hinterhältiger geworden. Die Partei reguliert alle Abweichungen über den Betrieb und den Arbeitsplatz dort. Über jeden DDR-Bürger gibt es eine Kaderakte, in der alles an Verdiensten und Verfehlungen genau zu Buche genommen ist. Bei einem aktiven Pazifisten kann es dann passieren, daß er im Betrieb ganz lautlos heruntergestuft wird. Gestern noch Abteilungsleiter, ab morgen nur noch Nachtwächter. Zu Begründungen ist die Partei nicht verpflichtet. Eine Zahnärztin kann in ihrer staatlichen Klinik zur Putzfrau degradiert werden – warum? Sie und die Partei wissen den Grund. In der Kaderakte wird darüber Buch geführt.

VI

Ich male jetzt ein Bild. Ich backe mir einen Lebkuchendeutschen zur Sache. Den gibt es natürlich nicht, trotzdem könnte man ihn sich vorstellen, ungefähr so: Er ist Ende Dreißig, verheiratet, zwei Kinder. Von Beruf Studienrat. Er wurde in Passau geboren, unterrichtet heute in Nürnberg. Also ein Bayer? Ja, aber nur sozusagen. Seine Eltern und Großeltern stammen noch aus dem Osten. Genauer müßte man sagen: aus Mitteldeutschland. Seit vielen Generationen lebten seine Vorfahren im Mecklenburgischen, nehmen wir an: bei Schwerin. In Erbschaftsangelegenheiten mußte er einmal dorthin. Eher widerwillig geschah das, damals.

Seitdem ist etwas mit ihm geschehen. Soll ich es Ahnung des Ursprungs, Macht der Vergangenheit oder einfach Reiselust nennen? Genau weiß er es selber nicht. Es zieht ihn nur manchmal zurück. Von seinen vielen Urlaubstagen im Jahr verbringt er gute drei Wochen, wie alle in der Bundesrepublik, mit seiner Familie im Süden: Neapel, Provence, Südspanien – das übliche also. Von der restlichen Ferienzeit hebt er sich zehn Tage für die Reise nach drüben auf. Er nennt es mit einem verschmitzten Lächeln »die besondere Reise«. Er sagt, er brauche sie auch für den Schulunterricht. Er fährt nur mit seiner

Frau. Seit sieben Jahren macht er das. Er weiß, daß man solche Exkursionen dosieren muß. Zehn Tage pro Jahr sind richtig. Eine Woche wäre zu kurz. Zwei Wochen fast schon zu lange. Wer noch länger bleibt, hat mit Gereiztheiten und Depressionen zu rechnen.

Er fährt immer Anfang Oktober mit dem Auto. Herbstzeit, Erntezeit, schönste Zeit im Oktoberlicht. Es ist die Natur, es sind die vielen Landschaften und alten Städte, auf die er neugierig ist. Für jede Reise sucht er sich einen anderen Bezirk aus: einmal Halle, einmal Frankfurt an der Oder, ein andermal Rostock oder Dresden. Nein, er ist kein Kommunist, eher das Gegenteil nach so vielen Einblicken. Auch sein Hang zur heimlichen Selbstbestrafung hält sich in Grenzen. Er ist nur besessen von der Lust der Erfahrung. Das ist doch alles Deutschland, sagt er. Deutschland ist doch nicht an der Elbe zu Ende. Dahinter fängt es erst faustdick an. Was ist? Er hat seine Grenzen erweitert. Und wenn über die deutsche Frage diskutiert wird: Er weiß ein klein wenig Bescheid. Er könnte mitreden, hält sich aber meist zurück. Die Leute bei uns haben doch keine Ahnung, sagt er. Sie sind vollkommen naiv. Das ist das Elend bei uns.

Ich möchte ihn einen Rückfalltäter nennen. Rückfalltäter werden dringend gesucht.

VII

Ich stelle mir einen Berliner vor, der mir gefolgt ist – bis jetzt. So etwas wie heitere Skepsis, mit untergründigem Groll gemischt, mag ihn längst eingeholt haben. Gott, diese bläßlichen Greenhörner in Westdeutschland drüben, wird er längst gedacht haben. Die haben uns gerade noch gefehlt. Da lebt einer in Frankfurt und will uns gute Ratschläge erteilen, per Distanz. Ein Westdeutscher will uns die DDR als Reiseland ans Herz legen. Haben wir das zwischen Spandau und Lankwitz eigentlich verdient? Der Mann soll die Klappe halten. Stell ab!

Das Greenhorn erwidert: Nur langsam, so einfach liegt der Fall nun auch wieder nicht. Man muß doch gespürt haben, daß hier kein waschechter Bundesrepublikaner die blaue Fahne eines fröhlich-unverbindlichen DDR-Tourismus schwang. Ich bin da doch eingemischt. In Magdeburg kam ich zur Welt. Auf dem Kaiserdamm rollte der Kinderwagen mit mir. In Eichkamp wuchs ich auf. Es ist wahr, s´t dem Kriegsende lebe ich im Westen. Seit fast fünfundzwanzig Jahren jetzt schon in Frankfurt am Main.

Ich denke: Gerade diese Doppeloptik gibt mir ein Recht, zur Sache zu sprechen. Gerade dieser zweifache Blick kann meine Werbeaktion wohltätig inspirieren. Sehnsucht beflügelt. Nur einer, der nicht mehr zu Hause ist, kann die Heimat noch suchen. Das tue ich immer wieder. Schon wenn ich auf der Autobahn noch tief in der DDR das erste Autobahnschild »Berliner Ring« lese, spüre ich diese merkwürdige Erregung in mir. Heimatgefühle: Riechst du das Zuhause? Siehst du nicht Preußen überall? Die Föhren, das Kiefernholz, der märkische Sand und all die Zäune und Gitter, die Wachtürme und Grenzbäume. Strenge Paßkontrollen. Plötzlich ist man im Westen, ganz östlich. Plötzlich ist man auf der Avus. Man fliegt der Stadt entgegen, jedesmal neu. Immer wieder ist es eine Art Heimkehr für mich – auf Zeit.

Für die Bürger von West-Berlin stellt sich dasselbe natürlich ganz anders dar. Wer auf dieser Insel zu Hause ist, wird alles viel nüchterner sehen. Skepsis und Eigensinn aller Inselbewohner: alles bekannt, alles tausendmal durchexerziert. Nur keine Aufregung. Das Land ist ja ganz nahe, zu nahe vielleicht? Wer gewöhnt ist, in der Stadt nach einer halben Autostunde spätestens immer auf Grenzen und Mauern zu stoßen, kann nicht dem naiven Entdeckergeist des Touristen frönen. Er fühlt eher die

Beengung. Er kennt den Laden. Kritische Distanz versteht sich.

Ich kann sogar den Taxifahrer verstehen, den man hier immer wieder trifft. Noch nach dreißig Jahren motorisierten Kreisens in West-Berlin winkt er müde ab: »Nee, danke, nie drüben gewesen. Kein Interesse. Die Brüder da drüben, alles bekannt, ohne mich, mein Herr. Nicht für uns alte Berliner!« So denken viele. So leben sie auch. Ich vermute, daß mindestens die Hälfte der alten Berliner noch nie auch nur im Ostteil der Stadt war. Man muß auch das akzeptieren. Es macht das Wesen der Freiheit aus, auch nein sagen zu dürfen. Man muß nicht. Man sollte dann nur wissen, was man dabei einbüßt, allmählich: den Blick auf die Wirklichkeit, die ja auch drüben weitergeht, wenn auch anders.

Weit mehr kann ich die Leute verstehen, die ab und zu rübergehen. Verwandtenbesuche heißt das heute. Immer noch gibt es familiäre Bindungen vielfacher Art, und wenigstens an den großen Feiertagen werden sie wiederbelebt. Was geschieht da? Wie reden die miteinander? Ich vermute, auch wenn es im Persönlichen gut geht, auch wenn man sich noch versteht, sich etwas zu sagen, auch mitzubringen hat, so bleibt es merkwürdig perspektivelos. Man tritt auf der Stelle. Im Grunde ist die Erfahrung drüben immer wieder dieselbe. Die Prozeduren eines Grenzübertritts sind auch kein Vergnügen. Für die meisten Berliner ist es einfach zu teuer geworden. Das Staatstheater DDR läßt sich die Eintrittskarten in sein Haus hoch bezahlen. Zu hoch für viele, die wollten, es sich aber nicht leisten können auf Dauer. Es werden außerdem Geschenke erwartet, mit Recht. Jeder, der rüberfährt, kennt das. Er muß nur bedenken: Dieser Effekt der sinkenden Besucherfrequenz ist beabsichtigt. Jedenfalls die Machthaber drüben betreiben das Geschäft der Abgrenzung langfristig, zielstrebig, auch nicht ohne Erfolg. Die Frage muß erlaubt sein: Sollen wir sie dabei noch unterstützen?

Es wäre natürlich verführerisch, den Appell an die Westdeutschen vorhin, »Rückfalltäter gesucht!«, jetzt zum Schluß noch einmal aufzunehmen. Frankfurter Fanfarenstöße: Fahrt doch mehr rüber! Ihr habt's doch so nahe, so leicht! Tut etwas für die Einheit der Stadt und der Deutschen! Ich sage das nicht. Ich halte mich da raus. Jedenfalls als Bundesbürger steht einem das nicht zu: Ratschläge aus dem Westen für die Inselstadt. In dieser seltsamen, schwierigen Stadt ist alles etwas anders als anderswo. Ich sage aber wie schon zuvor: Ich darf mir doch einen Wunschberliner backen, so, wie ich es zuvor schon mit dem Lebkuchendeutschen aus Nürnberg tat? Es kann nicht verboten sein, sich wenigstens in der Phantasie einen Bürger aus West-Berlin vorzustellen, für den die DDR als Reiseland existiert – wie?

Jetzt, wo ich über ihn nachzugrübeln beginne, spüre ich zunächst, daß er von ganz anderer Art sein müßte als mein Nürnberger. Kein Reisefan und Tourist, kein Ehepaar Ende Dreißig. Merkwürdigerweise stelle ich mir meinen Traumberliner als einen älteren Mann vor, vielleicht aus Charlottenburg oder Spandau? Nicht gerade ein Junggeselle, aber doch ein Einzelgänger mit den wunderlichen Pedanterien von Sonderlingen. Er kennt noch Groß-Berlin ungeteilt aus seinen Jugendtagen. In ihm rumort jene Kinderfrage, von der ich am Anfang sprach: Wie sieht es denn hinter der Mauer aus? Wie geht unsere Welt drüben weiter, jetzt? Ich möchte ihn als Feinschmecker der Landschaften sehen. Die Abenteuer der Nähe sind seine Passion. Heimatkunde ist sein Freizeitfach.

Mit dieser Passion fährt er vier- oder fünfmal im Jahr rüber. Er sagt immer noch »in die Zone«, was aber nichts besagt, politisch. Stehengebliebene Sprachruinen, heute mit einem nostalgischen Unterton. Jedesmal fährt er höchstens drei oder vier Tage, nie länger. Einmal erforscht er das Havelland: zur Baumblüte nach Werder mit Potsdam. Einmal fährt er nach Rheinsberg und Neu-ruppin, auf den Spuren Schinkels sozusagen. Er hat Erin-nerungen an Gransee, an das Totenmal für die Königin Luise, wohin seine Eltern früher gepilgert waren. Das will er wiedersehen. Im Herbst zieht es ihn weiter öst-lich: Märkische Schweiz. Über Rüdersdorf, Straußberg nach Bukow fahren – für ihn ist es jedesmal wie eine Heimkehr in Kindertage. In Bukow, Seestraße 7, hatten seine Großeltern eine Villa besessen mit Seegrundstück. Sie hatten da im Sommer gebadet, gerudert, Familienfeste gefeiert. Es war am Anfang der Nazizeit gewesen.

Also Nostalgien und romantische Heimatkunde? Ja, auch, aber nicht nur. Einer aus der Inselstadt, der sich so die Mark Brandenburg wieder zurückerobert, gewinnt nicht nur den Blick für das Umland, die Heimat, also das Ganze, aus dem die Stadt einmal erwachsen war vor hun-dert Jahren. Damals war das ja Preußen gewesen. Er kommt nicht drumrum, auch die Veränderungen wahr-zunehmen. Jede dieser Kurzreisen ist für ihn ein aufre-gender, fast paradoxer Erlebniskomplex. Einerseits ist je-der Schritt hinter die Mauer für ihn wie das Einsinken in tiefe Vergangenheit. Die Dörfer, die Kirchen, die alten Städtenamen. Es ist, als sei hier die Zeit stehengeblieben.

Andererseits herrscht hier ein ganz anderes Gesell-schaftssystem. Politisch ist alles umgekrempelt worden. Sozialistisch sollte das sein: der HO-Laden und die land-wirtschaftliche Produktionsgenossenschaft. In Eisenhüt-tenstadt, das er noch ungefähr als Fürstenberg in Erinne-rung hat, studierte er die erste sozialistische Stadtgrün-dung der DDR. In Bukow das feinere Ferienidyll für sozialistische Künstlereliten – nicht von schlechten El-tern, ging es ihm durch den Kopf. Alles war anders orga-nisiert. In der Theorie sicher gerechter, dachte er oft auf der Heimfahrt. Das war einmal Junkerland gewesen, bei Gott. In der Praxis aber? Er war ratlos. Er war froh, heute abend wieder über den Kontrollpunkt Drewitz in sein West-Berlin einfahren zu können. Das Leben auf der Insel war einfach einfacher, auch unbeschwerter. Komisch, dachte er oft, es müßte doch umgekehrt sein?

So, jetzt bin ich wieder am Anfang. Das Reiseland DDR erzählt von zwei Staaten deutscher Nation und wie sie sich immer fremder werden, trotz allem. Soll ich es Besuch bei einem Jahrhundertprozeß nennen? Ich weiß nicht so recht. Die Sache sollte uns jedenfalls eine Reise wert sein – als Zeitgenossen. Geschichte erwartet uns. Deutsche Geschichte, hier und drüben. Ich möchte dazu ermutigen.